오바마의 미국, MB의 대한민국

오바마의 미국, MB의 대한민국

지은이 | 김종철
펴낸이 | 김성실
편집기획 | 박남주 · 천경호 · 조성우 · 손성실
마케팅 | 이준경 · 이용석 · 김남숙 · 이유진
교정 | 한지은
편집디자인 | 하람 커뮤니케이션(02-322-5405)
인쇄 | 미르인쇄
펴낸곳 | 시대의창
출판등록 | 제10-1756호(1999. 5. 11)

초판 1쇄 인쇄 | 2009년 8월 20일
초판 1쇄 발행 | 2009년 9월   5일

주소 | 121-816 서울시 마포구 동교동 113-81 (4층)
전화 | 편집부 (02) 335-6125, 영업부 (02) 335-6121
팩스 | (02) 325-5607
블로그 | sidaebooks.net
이메일 | sidaebooks@daum.net

ISBN 978-89-5940-155-0 (03300)
책값은 뒤표지에 있습니다

오바마의 미국, MB의 대한민국

김종철 지음

시대의창

　버락 후세인 오바마가 2008년 11월, 미국 제44대 대통령으로 당선된 것은 21세기 초에 일어난 가장 중대한 '사건'이라고 볼 수 있다. 그가 미국 역사상 최초의 흑인 대통령이라는 사실도 의미가 크지만 세계의 정치 지형과 외교, 환경 문제를 비롯한 여러 분야에 큰 변화가 일어날 것이 분명하기 때문이다.

　오바마가 2007년 2월 10일 대통령 선거에 출마하겠다고 발표했을 때, 그의 당선 가능성을 예상하는 전문가들과 언론매체는 극소수였다. 빌 클린턴 전 대통령의 부인 힐러리 클린턴이 오바마보다 오래 전부터 '최초의 여성 대통령'이 될 준비를 해오면서 선두를 달렸기 때문이다. 그러나 오바마는 불가능을 가능으로 만드는 선거 전략으로 클린턴을 한 걸음씩 추격하더니 마침내 2008년 6월 3일 민주당 대통령후보로 확정되었다. 그것이 처음에는 '기적'으로 보였지만, 대통령 선거에 출마를 선언하기 오래 전부터 연방 상원의원으로서 진중하고도 성실하게 준비해온 과정을 되돌아보면 당연한 결과였다고 볼 수 있다.

　오바마가 대통령 선거에 나서겠다고 발표한 직후부터 우리나라에서도 그에 대한 관심이 높아졌다. 그것을 반영하듯이 그 무렵부터 2009년 1월 그가 대통령에 취임할 때까지 그에 관한 책들이 30권이 넘게 나왔다. 그 책들 중에는 오바마 스스로 쓴 자서전적 성격을 띤 것도 있고 이념과 정책과 세계관을 그 자신이 기록한 저서도 있지만 나머지 대부분은 그의 삶과 '성공신화', 뛰어난 정치력과 대중 연설 능력 같은 것을 다루고 있다.

나는 그 책들을 일별하면서 아쉬움을 느꼈다. 오바마의 미국이 있기까지 역사적으로 얼마나 많은 비극들이 벌어졌으며, 오바마 자신이 그것을 어떻게 인식하고 있는가를 알려주는 내용이 거의 보이지 않았기 때문이다. 특히 오바마 시대에 한국의 정부와 정치인, 기업인, 교육가, 언론인, 남북문제 전문가들이 어떻게 대처해야 하는지 기본 방향을 제시하는 책을 거의 볼 수 없었다. 그리고 2007년 대통령 선거에서 참패한 뒤 참담한 시련의 세월을 보내고 있는 과거의 민주 세력이 오바마에게서 무엇을 배우고 그의 한계를 어떻게 극복할 것인가를 조언하는 책도 찾아볼 수 없었다. 일부 언론에 '한국판 오바마'의 가능성을 짚어보는 기사들이 실렸을 뿐이다. 이 책은 내가 아쉽게 여긴 바로 그런 면들에 초점을 두고 쓴 것이다.

이 책의 전반부는 버락 오바마가 첫 흑인 대통령이 되기 이전의 미국 역사와 보수파의 공세를 이겨내고 대선에서 승리를 거두기까지 그의 삶과 정치 역정을 주로 다루고 있다. 후반부에서는 '오바마를 거울삼아' 한국의 정치를 비롯한 주요 분야들을 조명하고, 이명박 정부가 들어선 뒤의 우리 사회를 비판적으로 살펴보았다. 그리고 미국과 한국이 북한과 더욱 날카롭게 대립하고 있는 현실을 분석하고 해결책을 제시하려고 노력했다.

미국은 한국과 거리는 아주 멀지만 언제나 우리 곁에 있다. 1945년 8월의 남북 분단 이래 미국은 정치, 경제, 군사, 문화, 종교를 포함한 여러 분야에서 언제나 한국에 절대적인 영향을 미쳐왔다. 미국의 역대 행정부를 제쳐놓고 한국의 '해방 이후 역사'를 논할 수는 없다. 그런데 60년이 넘는 그 기간에 우리나라 학자들이나 언론인들의 미국에 대한 시각은 보수와 진보에 따라 차이를 보였다. 보수 세력은 미국을 '혈맹이자 우방'으로 여 긴 데 반해 진보 세력은 '우리 민족의 자주와 독립을 저해한 나라'로 보는 경향이 대세를 이루었다. 진보 진영에서도 더 왼쪽으로 나간 사람들은 미 국을 '신제국주의' '신식민주의'라고 비판했다.

어쨌든 이 해묵은 논란에는 아랑곳하지 않고 미국은 오늘도 우리 옆에 있다. 3만 명에 가까운 미군이 남한 땅에 상주하고 있고, 미국의 영화, 음 악, 뮤지컬, 텔레비전 드라마를 비롯한 온갖 문물이 한국의 문화를 숨막 히게 하고 있다. 특히 그 나라 말인 영어는 한국의 청소년은 물론이고 유 치원에 다니는 어린이들, 기성세대의 직장인들과 중장년까지 '몰입교육' 아니면 사교육 시장으로 빨아들이고 있다. 미국식 영어를 잘 못하면 대학 을 졸업한 이들도 지식인 행세를 하기 어렵고, 교사들조차 학생들에게 스 승 대접을 받기 힘든 지경에 이르렀다. 그야말로 '영어 공용화' 일보 직전 에 이른 느낌이다.

나는 이런 때일수록 한국인의 문화적 주체성은 무엇인지를 어른들이 깊이 생각하고 젊은 세대에게 일깨워주어야 한다고 믿는다. 그렇게 하려 면 먼저 미국의 역사와 문화에 관해 정확한 정보들을 알려야 한다. 나는 이런 점에도 중점을 두면서 이 책을 썼다. 그렇게 하다 보니 미국의 역사 적 사건들이나 그 배경을 상세히 설명하고, 미국인들은 물론이고 우리나 라 사람들이 잘못 알고 있다고 생각되는 사실들을 다시 조명해야 했다.

이 원고를 출판사에 건네고 교정지가 나오기를 기다리던 5월 23일 대 한민국 역사상 처음으로 전직 대통령이 스스로 죽음의 길로 가는 사건이 일어났다. 국민들이 엄청난 충격을 받았음은 물론이고, 이명박 정부와 보

수언론의 비열한 공격이 그를 죽음으로 몰고 갔다는 비판이 강하게 제기
되었다. 그리고 그의 고향이자 살림터인 봉하마을과 전국의 분향소에
500만 명이 넘는 추모객들이 줄을 서는 대한민국 조문 사상 최대의 '사
건'이 벌어졌다. 나는 이 책의 1차 원고에 노무현 전 대통령에 관한 내용
을 적지 않았지만, 한국 정치와 민주화운동사에 비추어 그의 죽음이 갖는
역사적 의미와 살아 있는 사람들이 서거의 참 뜻을 어떻게 살려야 하는가
에 관한 생각을 보완해야 한다고 판단했다. 그래서 원고의 양이 원래보다
좀 늘어났다.

　이런 곡절을 거치면서 나의 글을 책으로 엮어서 펴내주신 시대의창 김
성실 대표와 손성실 차장, 천경호 편집 실무자의 '성실한' 작업에 깊이 감
사드린다. 그리고 책이 나오기 전에 온라인에 연재해주신 《미디어오늘》
의 현이섭 전 사장과 박근애 편집국장, 다산연구소의 김태희 기획실장께
도 고마움의 말씀을 드린다.

김종철

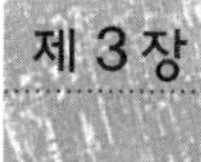

제 3 장
말콤 엑스와 마틴 루터 킹 _ 55

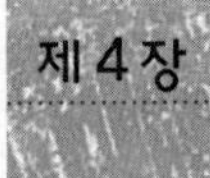

제 7장
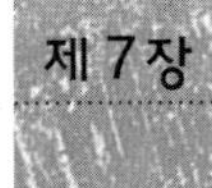

오바마를 거울삼아 보는 한국 사회 _ 217

흑인들의 영혼은 울었다

흑인들의 영혼은 울었다

2009년 1월 21일 오전 2시(워싱턴 시각 20일 정오) 버락 후세인 오바마 2세가 미국 제44대 대통령으로 취임했다. 사흘 전에 1776년 미국 독립운동의 발상지인 필라델피아에서 '통합열차'를 타고 워싱턴에 도착한 오바마는 그 전의 어떤 행사보다 열띤 분위기에서 미국과 세계 여러 나라 사람들의 축복을 받으면서 대통령으로서 첫 날을 맞이했다.

이날부터 76일 전인 2008년 11월 6일 오후 1시(한국시간)는 미국인들은 물론이고 자유와 평화를 사랑하는 세계인들에게 21세기 초의 중대한 변혁기가 다가온 때로 기록될 것이다. 미국 최대의 뉴스 전문 케이블 TV인 CNN이 자막으로 '오바마 대통령 당선'을 알리던 바로 그 순간, 조지 W. 부시가 대통령 자리를 지킨 7년 9개월 동안 악몽에서 벗어나지 못하던 사람들은 환성을 질렀다. 그들과 반대로 '그래도' 부시를 지지하거나 존 매케인 공화당 후보에게 표를 던진 유권자들은 최초의 흑인 대통령이 현실로 나타나자 전율했을 것이다.

버락 오바마 당선자가 정치적 고향인 일리노이 주 시카고시의 그랜트 파크에서 '승리 연설'을 하는 동안 얼굴이 넓적하고 몸집이 큼직한 한 노

미국 제44대 대통령으로 당선된 버락 오바마

인이 하염없이 눈물을 흘리고 있었다. 바로 제시 잭슨 목사였다. 1941년
에 사우스캐롤라이나 주 그린빌에서 태어나 젊은 시절 주로 시카고에서
민권운동과 사회활동을 한 흑인 지도자인 그는 1984년과 1988년 민주당
대통령 예비선거에 출마해서 적지 않은 표를 얻었으나 피부색의 벽을 넘
지 못한 정치인이다.

오늘밤 여러분이 어디에 있든 저는 여러분에게 희망하고 꿈꾸라
고 호소합니다. …… 비록 마약에 취해 있더라도 여러분이 중독
에서 벗어날 그날을 꿈꾸십시오.
희망과 상상력을 생존과 진보의 무기로 활용하십시오. 하지만 젊
은 미국이여, 무엇보다도 꿈꾸길 멈추지 마십시오. 평화를 꿈꾸
십시오. 평화는 이성적이고 합리적입니다. 전쟁은 우리 시대에는
비합리적이고, 승리란 불가능합니다.

피부색의 벽을 넘지 못한 정치인 제시 잭슨 목사

이것은 당선자 오바마의 말이 아니라 잭슨 목사가 1998년 7월 19일 애틀랜타에서 열린 민주당 전당대회에서 한 연설의 일절이다(장석준 지음, 《혁명을 꿈꾼 시대》, 〈네이버〉 블로그에서 재인용). 지금부터 10년 전에 마치 잭슨이 청년 오바마와 대통령 출마를 준비하던 아들 부시를 향해 던진 경구처럼 들린다.

잭슨 목사의 귀에는 오바마의 승리연설 중 특히 이런 대목들이 인상 깊었을 것이다.

이번 선거에서는 역사상 처음으로 이루어진 일들과 앞으로 대대로 전해질 이야기들이 많았습니다. 하지만 오늘 밤 특히 제 가슴에 깊이 새겨진 것은 애틀랜타에서 투표를 한 여성의 이야기입니다. 그는 오늘 줄을 서서 투표로 권리를 행사한 수많은 사람들과 같은 시민입니다. 단 하나 다른 점이 있다면 앤 닉슨 쿠퍼가 106세라는 점입니다.

그는 노예제도가 폐지된 뒤 한 세대만에 태어났습니다. 그때는 길에 차들이 없었고, 하늘에는 비행기들이 없었습니다. 태어난 시기에 그이 같은 사람은 두 가지 이유로 투표를 할 수 없었습니다. 첫째는 여성이었기 때문이고, 둘째는 피부색 때문이었습니다.

그리고 오늘 밤 저는 그가 미국에서 살아온 한 세기 내내 겪은 모든 변화를 생각합니다. 가슴앓이와 희망, 투쟁과 진보 속에서 "너희는 할 수 없다"는 말을 듣던 시절에 "그래, 우리는 할 수 있다"라는 미국의 신념을 품고서 밀고 나간 사람들을 말입니다.

오바마가 인종 차별과 와스프WASP-White Anglo-Saxon Protestant(백인이자 앵글로색슨족이며 개신교도로서 미국의 주류세력)의 장벽을 넘어서 232년 미국 역사상 최초의 흑인 대통령으로 당선된 날의 장면들을 《뉴욕타임스》의 칼럼니스트 찰스 블로우Charles M. Blow는 이렇게 전했다.

역사는 그 밤을 이렇게 기록할 것이다. 살아 있건 죽었건, 흑인들의 영혼은 울었다. 그리고 웃고 아우성을 치고 춤을 추었다. 400년 동안 억눌렸던 감정을 발산하면서. 그들은 대서양 바닥에 뿌려진 시체들, 가족들은 흩어지고 이름은 지워진 사람들의 영혼이었다. 그들은 알고 있었다. 몽둥이를 든 사내들의 습격을 받고, 햇불이 던져진 집에 갇히고, 거친 밧줄 끝에 매달릴 적의 공포를. 그들은 알고 있었다. 남이 뱉은 침이 그들의 얼굴에 흘러내리고, 황혼의 나이가 되도록 어린아이로 다루어지고, 신이 그들에게 준 아름다움 때문에 조롱과 멸시를 받을 때의 굴욕감을.

흑인들뿐 아니라 수많은 백인들도 손뼉을 치면서 기뻐했다. 특히 젊은 이들이 그랬다. '부시 8년'이 역사의 쓰레기더미로 밀려나는 날을 보게 되어서 그랬을까? 그런 점도 있겠으나 '나이는 더 먹었지만 부시의 아우'나 다름없는 공화당의 존 매케인이 대통령이 되면 지구 곳곳에서 추악한 전쟁이 계속되고 기득권층과 보수주의 세력의 이익만을 돌보는 신자유주의가 계속 기승을 부릴 것이라는 걱정을 덜었다는 안도감 때문에 그들은 환호했을 것이다.

4년이 아니라 4분도 못 기다리겠다

다른 여러 나라 사람들은 거기서 미국의 희망을 보았다. 조지 부시가 살육과 광란의 '국제정치'로 8년 가까이 분탕질을 친 끝에 마침내 평화의 서곡이 찾아오고 있다고 믿으면서……. 그것은 세계 유일의 초강대국이라고 자랑하면서 전쟁과 약탈과 가난한 이들 멸시하기를 다반사로 하던 부시와 그 추종세력에 대한 파산선고나 다름없었다(여기서 한 가지 분명히 해둘 것이 있다. 오바마 행정부의 등장이 미국에서 완벽한 진보 세력이 집권했음을 뜻하지는 않는다는 점이다. 첫째, 오바마 자신이 '와스프적 특성'을 어느 정도 지니고 있다. 그리고 대통령에 취임한 뒤 이라크에서 미군을 철수시킨다 해도 미국 패권주의의 또 다른 현장인 아프가니스탄에서는 이른바 '대테러전쟁'을 강화하겠다고 공언하는 것을 보면 오바마는 어디까지나 미국의 이익을 최우선으로 하는 정치인이다. 여기에 관해서는 이 책의 뒷부분에서 자세히 이야기하겠다).

다시 시카고의 그랜트파크로 돌아가자. 필자는 그 드넓은 공원에서 오바마를 향해 "그래, 우리는 할 수 있어"를 연호하는 군중을 보면서 오래전에 읽은 《이봐, 내 나라를 돌려줘Dude, Where's My Country?》라는 책이 생각났다(이 책은 미국의 유명한 다큐멘터리 영화감독이자 저술가인 마이클 무어가

2003년에 초판을 낸 것인데, 우리나라에서는 2004년 6월 김남섭 옮김으로 한겨레출판사가 펴냈다). 무어는 〈보울링 포 콜럼바인〉이라는 영화로 미국 '총기산업'의 흑막과 그 산물인 무차별 살상의 이면을 고발한 뒤 〈화씨 911〉에서는 뉴욕 무역센터 폭파를 둘러싼 의문들을 설득력 있게 제기한 바 있다.

이 책을 지금 다시 펼쳐보면 '부시 타도'를 위한 '육도삼략' 같기도 하고 비범한 능력을 지닌 사람의 예언서처럼 읽히기도 해서 온 몸에 짜릿한 전류가 흐르는 듯하다. 그중 흥미있는 대목들을 여기 소개하겠다.

> 아마도 2004년 선거에서 조지 W. 부시를 패배시키는 일보다 온 국민이 직면한 더 큰 지상 과제는 없을 것이다. 파멸로 가는 모든 길이 그와 그의 정부를 관통하고 있다. 이 미친 세월이 4년 더 지속된다면 캐나다조차도 그렇게 추운 나라라고 생각되지 않을 것이다. 4년 더? 나는 4분도 더 못 견디겠다(위의 책, 269쪽).

무어가 대통령 부시를 '4분도 더 못 견디겠다'고 쓴 것은 극단적인 표현으로 들리기도 한다. 그러나 필자는 이런 관점에서 전적으로 무어에 동의한다. 2000년 미국 대통령 선거 개표 때의 악몽이 또렷이 되살아나기 때문이다. 그 선거에서 부시는 미국 법과 제도의 온갖 허점을 이용해서 '당선'되었다. 그 대표적인 사례가 그의 동생 젭 부시가 주지사로 있는 플로리다 주의 '부정 개표' 혐의였다. 결국 앨 고어는 한 달 남짓의 법정소송에서 패소하고 대선 패배를 선언했다. 플로리다의 선거인단 표가 모조리 부시에게 감으로써 장기간 다툼을 계속해봤자 소득이 없으리라고 판단했던 것이다.

마이클 무어뿐 아니라 '세계 평화를 위해서, 국제사회의 무뢰한을 추방

하기 위해서' 부시를 누를 경쟁자가 반드시 나와야 한다고 절감한 사람들은 2004년 대선을 절호의 기회로 보았다. 그러나 민주당 후보 존 케리 역시 낙선했다. 미국 대통령 선거의 맹점인 50개 주별 '승자독식' 규정 때문이었다. 부시의 손을 들어준 오하이오 주가 세계사의 물길을 다시 한 번 역류시켰다. 그 대선 전에 무어는 얼마나 다급했던지 이렇게 부르짖었다.

내가 지난 1년 동안 받은 수천 통의 이메일과 편지들은 모두 다음과 같은 절박한 문제를 제기하였다. "그를 제거하기 위해 우리는 무얼 할 것인가?"
이 문제 다음에는 훨씬 더 무서운 질문이 따라온다. '도대체 민주당은 어떻게 이 일을 할 수 있을 것인가?' 민주당이 이 일을 할 수 있다고 믿는 사람은 아무도 없다(269쪽).

지금 읽어도 놀라울 정도로 무어는 2003년에 이런 제안을 한다.

우선 대통령은 백인이어야 한다고 믿는 일부터 그만두자. 백인은 유권자의 38퍼센트만을 차지하는, 이 나라에서 줄어들고 있는 소수 그룹이다. 게다가 앞에서 지적했듯이 프랭클린 루즈벨트 이래 (1964년 압도적 승리를 거둔 린든 존슨을 제외하고) 대통령직을 차지한 민주당원은 모두 백인 남성의 표 없이도 선거에서 이겼다. 민주당은 백인 여성, 흑인 남성 및 여성 그리고 히스패닉 남성 및 여성들의 압도적 다수가 그들을 찍었기 때문에 승리한 것이었다(272쪽).

이 글을 읽으면 마이클 무어가 2004년이 아니라 2008년 대선의 결과를 예언한 것처럼 보인다. 이 부분 못지않게 놀라운 것은 다음 구절들이다.

> 나는 우리가 또 우리나라가 흑인 대통령을 맞을 준비가 되어 있다고 믿는다. 우리는 이미 폭스TV에서, 즉 폭스채널에서 가장 시청률이 높은 쇼 중의 하나인 〈24〉에서 한 명을 찾을 수 있다. 그리고 〈딥 임팩트〉에서는 모건 프리먼이 대통령으로 나왔다(그리고 내가 그를 마지막으로 보았을 때 그는 〈브루스 올마이티〉에서 하느님 역을 하고 있었다!). 헐리우드는 〈브루스 올마이티〉가 피츠버그에서 상영될 수 없다고 생각했다면 흑인을 하느님으로 만들지 않았을 것이다(273쪽).

철학자든 시인 또는 소설가든 음악이나 미술이나 영화에 종사하는 예술가든 간에 훌륭한 지식인은 뛰어난 직관력과 통찰력을 지니고 있다. 그것은 역사의 흐름과 당대의 진실을 바르고 깊고 넓게 보는 힘이며 인류사회의 미래를 밝혀주는 원동력이다. 마이클 무어는 바로 이런 면에서 탁월한 지식인이다.

> 2004년 선거든 그 다음 선거든 우리는 이 공화당을 밀어낼 수 있는 새로운 후보를 찾아야 한다. 전제 조건은 대통령 후보가 상원의원이나 주지사여야 한다는 것이다. 후보가 전문적 정치인이 아니라 앨 샤프턴(흑인 민권운동가_옮긴이) 같은 시민이라면 어느 누구도 눈길을 주지 않을 것이다.
> 우리에게 지금 필요한 것은 부시를 물리칠 수 있는 사람이다. 이

미 미국인들의 사랑을 듬뿍 받고 있어 2005년 대통령 취임일이
오면 저 능글맞게 웃는 사람으로부터 해방시켜줄 사람 말이다
(275쪽).

2005년부터 꼭 4년 뒤인 2009년 1월 21일 '능글맞게 웃는' 부시는 대통령은 자리에서 물러났다. 그가 백악관을 떠나기 한 달 남짓 전에 어떻게 보면 처량하고, 다른 면으로는 통쾌한 사건이 일어났다. 때는 2008년 12월 14일, 바그다드의 기자 회견장. 느닷없이 이라크로 날아간 부시는 누리 알 말리키 총리와 함께 기자들 앞에 섰다. 그는 이라크 전쟁은 "미국의 안보와 이라크의 안정, 세계 평화를 위한 행동이었다"고 주장했다. 그리고 나서 총리와 인사를 나누고 돌아서려는 순간 이집트 카이로의 민영방송 《알바그다디아》 텔레비전 기자 무탄디르 알자이디가 "이라크인의 선물이자 작별 키스이다. 개놈아!"라고 소리치면서 신발 한 짝을 부시에게 던졌다. 이라크인인 그 기자는 "이건 미망인들과 고아 그리고 이라크에서 죽은 사람들이 주는 것이다"라며 나머지 구두 한 짝도 집어던졌다. 부시는 머리를 숙여 첫 번째 신발을 피했다. 두 번째 신발도 '목표물'을 빗나갔다. 그 기자는 경호원들에게 끌려 나가면서 "개!"라고 욕설을 퍼부었다. 아랍권에서 신발을 던지거나 신발 바닥을 보이는 것은 큰 모욕 행위라고 한다.

부시가 받은 마지막 선물은 구두짝

그 소동이 끝난 뒤 부시는 "내가 알려줄 수 있는 것은 신발 크기가 10인치라는 것밖에 없다"고 우스갯소리를 하면서 애써 태연한 태도를 보였다고 한다.

사건은 거기서 끝나지 않았다. 이라크 보안당국이 무탄디르 기자를 체포하자, 이튿날 이라크 주요 도시들에서 군중이 "우리의 영웅을 석방하라"면서 시위를 벌였다. 사우디아라비아의 한 남자는 그가 부시에게 던진 신발 한 짝을 10만 달러에 사겠다고 나섰다. 리비아 국가원수 카다피의 딸은 그 기자에게 '용기의 메달'을 전하기로 했다고 한다. 흔한 말로 '해프닝'이라고 넘길 수도 있겠지만, 곰곰이 생각하면 의미심장한 사건이었다. 왜 그런가?

오바마는 대통령에 당선되면 미군을 이라크에서 철수시키겠다고 공약했다. 그런데 레임 덕(절름발이 오리)을 넘어 '죽은 오리'가 되다시피 한 부시는 퇴임을 한 달 앞두고 깜짝쇼를 하러 바그다드로 날아갔다. 아버지 부시는 물론이고 아들 부시 자신이 이란 견제용으로 '키워온' 사담 후세인을 어느 날 갑자기 '대량 살상무기'를 보유한 테러리스트로 몰아 전쟁을 일으켜놓고는 그 나라에서 불쌍하게 죽어간 수많은 백성에게는 사죄의 말 한 마디 없이 그리고 오바마가 대통령으로 취임하면 미국 젊은이들의 희생은 더 이상 없을 것이라는 '덕담'도 없이 어설픈 고별공연을 펼쳤던 것이다. 늘 영어도 제대로 못하는 '지적 저능아'라는 혹평을 받던 처지에 농담이라고 '신발 문수'를 둘러대는 저질 연기를, 크리스마스를 열하루 앞둔 날 이슬람국가인 이라크에서 하면서 말이다. 아랍인 기자가 부시에게 던진 구두짝들은 그가 평생 잊지 못할 크리스마스 선물이 되었을 것이다.

오바마 시대의 개막과 노무현 전 대통령

오바마가 미국사상 첫 흑인 대통령으로 당선이 확정되던 2008년 11월 6일 오후 1시, 대한민국의 제16대 대통령 노무현은 한 시민으로서 경남 김해시 봉하마을의 사저에서 텔레비전으로 그 뉴스를 보았을 것이다. 그날 오전에도 그를 보려고 밀려든 사람들에게 인사를 하고 대화도 나눈 뒤에 자전거로 마을길을 달렸을 그의 가슴에는 어떤 느낌이 스쳐갔을까? '바보'라는 별명을 들을 정도로 고집스럽게 정치 역정을 거쳐온 사람, 학벌이 일생을 좌우하다시피 하는 한국 사회에서 '상고 출신'이라는 이유로 이른바 '주류 세력' 또는 수구보수파의 멸시와 저주에 가까운 비난을 끊임없이 들어야 했던 대통령, 권력의 창과 방패 구실을 하는 보수언론과 맞서 한 치도 물러서지 않고 싸운 '계산에 어두운' 정치지도자. 그는 백인―앵글로색슨―개신교도가 지배해온 미국에서 피부가 검은 오바마가 대통령으로 뽑힌 기적 같은 일을 보면서 보수기득권층의 저항을 어떻게 헤치고 나아갈지 궁금하게 여겼을 것이다.

그러나 노무현은 오바마의 대통령 취임식이 치러진 날인 2009년 1월 20일부터 넉 달쯤 지난 5월 23일 봉하마을 뒤 부엉이바위에서 허공으로 몸을 던짐으로써 삶을 마감하고 만다. 그가 대통령 재임기간에 열정적으로 추진하던 정치·경제·사회·문화적 민주화, 신자유주의라는 비판을 받으면서도 밀고나가던 한미FTA, '10.4 선언'이 대표하는 남북 화합과 공존을 통한 통일 정책 같은 것들이 오바마시대의 미국과 관련해서 어떻게 실현되는지를 제대로 지켜보지 못한 채 그 자신이 유서에 쓴 대로 '운명' 의 길을 따라간 것이다.

제2장

아메리카의 비극

아메리카의 비극

■ '아메리카 인도인'의 참상과 조작된 역사

미국美國은 '아름다운 나라'라는 뜻이다. '쌀의 나라米國'라고 쓰는 데도 있지만 우리나라에서는 'America Beautiful'을 고수하고 있다. 1986년에 대학생들이 서울 미국문화원을 점거하고 "광주 학살의 원흉 미국은 물러가라"고 외치던 때 그들에 호응하던 젊은이들과 민주인사들이 '꼬리 나라尾國'라고 부른 적이 있기는 하다.

실제로 미국은 아름답고 큰 나라다. 자연과 땅덩어리만 보면 대미국大美國이라고 해도 손색이 없다. 동북쪽의 메인 주부터 동남쪽의 플로리다 주까지, 서북쪽의 워싱턴 주부터 서남쪽의 캘리포니아 주까지 그리고 러시아와 코를 맞댄 알래스카 주와 남태평양의 '낙원'이라는 하와이 주를 안고 있는 아름답고 큰 나라다. 그뿐인가. 카리브 해의 푸에르토리코와 버진아일랜드에서 시작해서 남태평양의 괌과 사이판까지 드넓은 영토를 거느린 세계 최강대국이다. 비행기를 타고 미국을 처음 여행하는 외국인들은 국토의 광대함과 자원의 풍성함에 압도당한다.

그러나 그 땅과 자연이 본래는 지금 거기서 주인 노릇을 하는 와스프의 선조들 것이 아니었음은 잘 알려진 사실이다. 아메리카의 비극은 바로 이 잘못된 역사에서 비롯된다. 그것을 상징하는 대표적인 표현이 '콜럼버스의 신대륙 발견'과 '아메리카 인디언'이다.

버락 오바마의 집권을 혁신적인 사건으로 보면서 그것이 한국에 미칠 영향과 한반도가 나아갈 길을 생각해보려는 이 글에서 이런 화두를 던지는 까닭은 이 문제를 정확히 인식하지 않으면 미국의 과거는 물론이고 현재를 바르게 이해할 수 없기 때문이다. 특히 그릇된 교과서로 미국을 배우는 청소년들이 그렇다.

여러 역사가들이 확인했듯이 크리스토퍼 콜럼버스(1451~1506)는 '신대륙을 발견'한 것이 아니라 1492년 10월 12일에, 지금 바하마 제도라고 불리는 곳에 상륙했을 뿐이다. 그는 1500년까지 세 차례나 카리브 해로 항해했는데, 끝내 그 지역을 '인도'라고 믿고 죽었다.

콜럼버스의 본명은 크리스토포로 콜롬보로서, 이탈리아 제노바 출생이다. 그는 1479년 결혼한 뒤 수학자 P. 토스카넬리에게서 지도를 구해 연구한 결과 서쪽으로 항해해도 인도에 이를 수 있다는 확신을 갖게 되었다고 한다. 콜럼버스는 1484년 포르투갈 왕 주앙 2세에게 '인도 탐험'을 제안했으나 허락을 받지 못하고, 지금 스페인의 일부인 카스티아를 통치하던 여왕 이사벨라 1세의 후원을 우여곡절 끝에 얻어내 대서양을 서쪽으로 건너갔다.

미국을 비롯한 '자유세계' 여러 나라들은 콜럼버스를 죽음을 무릅쓰고 신대륙을 발견한 '영웅'으로 추앙해왔다. 아직도 그런 나라들이 수두룩하다. 그러나 콜럼버스는 철저히 자기 이익을 위해 움직인 사람이었다. 그는 항해 결과 발견한 토지의 실질적 통치자로 임명되어 그 권리를 후손에게 물려줄 수 있다는 내용의 계약서를 이사벨라 여왕과 작성했다. 그는 1492년 8월 3일 출항하여 10월 12일, 현재 바하마 제도의 와틀링 섬으로 추정되는 곳에 상륙했다. 그와 선원들이 온갖 어려움과 위기를 겪은 것은 사실이지만 그것은 왕권의 새 영토 개발 전위대로 나선 '탐험가들' 거의 모두가 부닥친 일과 다름없었다.

어쨌든 콜럼버스는 '인도'를 발견하고 지금 쿠바 땅 일부의 부왕副王으로 임명되었다. 그는 권력과 상당한 부를 누릴 수 있었으나 1504년 이사벨라가 죽은 뒤 부왕 세습권도 잃고 사람들의 관심도 별로 못 받은 채 세상을 떠났다.

콜럼버스는 침략자이자 약탈자

콜럼버스는 미국인들에게는 영웅이지만, 카리브 해의 여러 섬 사람들과 아메리카 원주민들에게는 침략자이자 약탈자였다. 그가 첫 번째 항해 때 카리브 해의 섬에 남긴 선원 40여 명은 아메리카 식민 제1세대가 되었다. 그 이래 그 지역 섬들로 간 유럽인들은 원주민들을 죽이고 땅과 물건 빼앗기를 일삼았다.

콜럼버스가 상륙한 바하마 제도나 쿠바는 미국의 동남쪽 끝에 있는 플로리다 주의 마이애미에서 한참 떨어져 있다. 그런데 왜 대다수 미국인들은 그가 아메리카 신대륙을 발견했다고 믿었고, 지금도 그렇게 주장하고 있을까? 미국은 콜럼버스가 바하마 제도에 상륙한 날인 10월 12일에서 가장 가까운 월요일을 해마다 공휴일로 정하고 거창한 행사들을 벌인다. 우스꽝스럽다고 하기에는 너무나 심각한 희극 아닌가?

그 역사적 경위는 다음과 같다. 1497년부터 1503년까지 콜럼버스 선단을 따라 카리브 해 지역과 지금의 파나마 부근으로 여러 번 항해를 한 이

탈리아인이 있었다. 그의 이름은 아메리고 베스푸치Amerigo Vespucci(1454
~1512)였다. 그는 1503년에 알베리쿠스 베스푸시우스(베스푸치의 라틴식
이름)라는 필명으로 《신세계》라는 작은 책자를 냈고, 1505년께에는 〈4회
의 항해에서 새로 발견된 육지에 관한 아메리고 베스푸치의 서한〉을 발
간했다. 이것들을 '근거'로 1507년 독일의 지리학자 M. 발트제뮐러가 《세
계지世界誌 입문》이라는 저서에서 '신세계'를 발견한 아메리고의 이름을
따서 신대륙을 '아메리카'라고 부르자고 제창했고, 유럽인들은 그것을 받
아들였다.

19세기 미국의 사상가이자 문필가인 랠프 에머슨은 "세비야의 피클 장
사로 갑판장의 심부름이나 하던 베스푸치가 콜럼버스를 밀어내고 신대륙
에 자신의 이름을 남겼다"고 비난했다. 얼핏 옳은 주장처럼 들리지만 에
머슨의 말 역시 역사적 진실과는 거리가 멀다. 첫째, 지금의 미국 땅은 신
대륙이 아니라 이미 3만여 년 동안 원주민들이 살아온 곳이었기 때문이
다. 둘째, 콜럼버스가 상륙한 곳도 거기가 아니었는데, 그 사실을 알면서
도 그 땅을 콜럼버스 콘티넨트Continent(대륙)로 명명해봤자, 또 하나의 진
실 왜곡이 될 것이기 때문이다. 1999년 4월에 《뉴욕타임스》는 아메리고
베스푸치의 이름을 딴 '아메리카'를 '1000년간의 최대 실수'라고 지적했
다. 이 역시 에머슨의 주장처럼 명백한 잘못이다.

어쨌든, 그렇게 해서 졸지에 '아메리카'가 태어났다. 그런데 유럽인들
이 '인디언Indian'(인도인)이라고 명명한 그 대륙의 원주민들은 누구였을까?

지금은 비참한 모습으로 살아가고 있지만 인디언들은 아메리카
대륙의 주인이었으며 최초의 아시아계 이민자이기도 했다.
이 최초의 아시아인은 기원전 3만 년경부터 이미 이 대륙에 정착

했다는 사실을 증명해주는 고고학적 자료가 발견되고 있다(윤상
환,《아메리카 인디언 투쟁사》, 2003년 10월, 메드라인 발행, 26쪽).

여기서 버락 오바마를 생각해보자. 그는 대통령 선거 '승리연설'에서
이렇게 말했다.

젊은이와 노인, 부자와 빈자, 민주당원과 공화당원, 흑인과 백인,
히스패닉계, 아시아인, 아메리카 원주민, 동성애인, 장애인과 비
장애인 등 이 모든 아메리카 사람들이 세계를 향해 메시지를 보냈
습니다. 우리는 단순히 개인들의 집합도 아니고, 붉은 주(공화당 지
지 지역)와 파란 주(민주당 지지 지역)의 집합도 아니라고 말입니다.

과연 그럴까? 오바마가 연설에서 열거한 그 많은 미국 시민들 중 (흑인
은 나중에 보기로 하고) '아메리카 원주민'이 그 나라의 당당한 일원으로
'통합'되어 있다는 말인가? 내가 생각하는 답은 '아니다'이다. 그것은 오
바마의 정치적 수사일 뿐이다. 뛰어난 지성과 판단력 그리고 통찰력을 갖
추었다는 평을 듣는 오바마가 '아메리카 인도인'이 겪은 비참한 일들과
현재의 소외와 박탈감을 모를 리 없다. 그러나 어쩌겠는가? '신대륙 발
견'이라는 미국의 전통적 가치관 그리고 그 발견 이후의 기독교 중심 미
국 역사를 그 스스로 부정하면 대통령은커녕 변호사로서도 주류사회에
하루도 머물 수 없을 테니 말이다.

'정의의 사도' 서부 사나이들

내 또래의 사람들은 어린 시절 미국의 '서부영화'를 많이 보았다. 6.25전

쟁이 터진 이듬해에 초등학교(그때는 국민학교)에 들어간 우리는 지금처럼 버젓한 영화관이 아니라 학교 건물 벽에 흰 천을 펼쳐 걸고 고물 영사기로 화면을 쏘던 '노천극장'의 관객들이었다. 서너 달에 한번쯤 "오늘 저녁에 서부영화 상영이 있겠사오니 면민 여러분의 많은 관람을 바라겠습니다"라는 안내방송이 울리면 아이들은 하루 종일 가슴을 설레면서 기다렸다. 수업을 마치고 십 리, 이십 리 길을 달려 집으로 간 아이들은 부모형제의 손을 잡고 학교 운동장으로 되돌아왔다.

그런데 학수고대하던 영화는 변덕스런 전기사정 때문에 밤 10시가 넘어서야 시작될 때도 있었다. 그것도 음향장치가 나빠서 '변사'의 1인 10역, 20역으로 말이다. 우스꽝스러운 것은 미국에서 시네마스코프로 찍은 원본을 보통 화면에 쏘다 보니 '인디언'의 머리에 꽂힌 깃털이 스크린을 건 학교건물 벽 위로 치솟던 일이었다.

우리가 서부영화를 그렇게도 좋아한 것은 '정의의 사도'인 서부 사나이들과 보안관들이 악하고 무지막지한 '인디언들'을 통쾌하게 총으로 쏘아 죽이거나 말꽁무니에 밧줄로 매달고 질질 끌고가면서 언제나 승리하기 때문이었다. 인디언들은 늘 산등성이 아니면 골짜기에 음흉하고 사나운 얼굴로 나타나서 창이나 칼을 휘두르면서 기성을 질렀다. 기병대나 서부 사나이들은 그들보다 수가 훨씬 적은데도 '용감하게' 말을 몰고 돌진해서 결국은 인디언들을 무찔렀다.

그런 영화들이 순전한 거짓 아니면 과장이거나 조작이었음을 내가 깨달은 것은 1970년대 초였다. 1970년에 디 브라운Dee Brown이라는 미국의 작가가 낸 《운디드 니에 내 심장을 묻어주오Bury My Heart at Wounded Knee》가 미국에서 큰 반응을 얻자 한국에서도 번역판이 선을 보였다. 운디드 니는 북서부의 사우스다코타 주에 있는 지역 이름인데 미처 책을 읽지 못한 우리나라 기자들이 '다친 무릎에 내 마음을 묻어주오'라고 기사에 쓴 웃지 못할 일이 지금도 생각난다. 두툼한 그 책은 '정의의 사도'로 불려온 서부 사나이들과 미합중국 군대가 얼마나 잔혹하고 비열한 살인자들이었는지를 역사적 사실들을 근거로 보여주면서 원주민 부족들의 비참하고 슬픈 역사를 생생하게 전했다.

이 책의 절정은 '운디드 니의 학살'이다. 1890년 12월 29일, 미합중국 제7기병대가 라코타라고 불리는 미니콘주 수족과 홍크파파 수족을 거주지에서 '보호구역reservations'(지정거주지역)으로 강제 이주시키려고 했다. 그 과정에서 '검은 코요테'라는 귀 먼 원주민이 무기를 버리라는 명령을 못 알아듣고 거부한 것이 발단이 되어 군인들과 원주민들 간의 교전이 시작되었다. 그 결과 150여 명의 원주민이 죽음을 당하고, 미합중국군 25명이 사망했는데 군인들은 지형의 특성을 모르고 아군이 쏜 총탄에 맞아 희생당했다는 설도 있다. 원주민 대부분은 비무장이었으므로 군대의 학살이 얼마나 잔혹했는가를 짐작할 수 있다. '운디드 니 학살'은 '인디언 전쟁'이라는 것의 마지막이라고 여겨지고 있다.

전설적 보안관도 겁쟁이

디 브라운은 이 책에서 서부영화나 미국 통속소설들이 영웅으로 즐겨 묘사해온 커스터George Armstrong Custer 장군이 중령 시절인 1874년, 현재 노스다코타 주의 비스마크로 원정을 나갔다가 원주민들이 신성시하는 지역에서 금을 발견하고는 대대적인 '골드 러시'를 일으켰다가 분노한 원주민들과 싸움에 휘말려 아주 비굴하게 죽었다고 기록했다. 필자의 기억으로 그는 커크 더글러스가 커스터 장군으로 분한 영화에서 장엄한 죽음을 맞는 것으로 그려졌다.

1890년 12월 29일 운디드 니 언덕에서 벌어진 인디언 대학살 현장

디 브라운은 용감한 전설적 보안관인 와이어트 어프Wyatt Earp도 실제로는 '겁쟁이'였다고 썼다. 지금 예순이 넘은 이들이라면 1950년대 말에 〈오케이 목장의 결투〉라는 영화를 보았을 것이다. 클라이맥스에서 버트 랭카스터(와이어트 어프 역)가 악당들을 제압하는 총격전 장면은 그야말로 서부영화의 백미였는데, 브라운의 책을 읽고는 그것이 심한 과장임을 알 수 있었다(사족 같은 이야기인데, 필자는 1996년엔가 미국 애리조나 주에 간 김에 툼스톤이라는 소도시에 있는 오케이 목장을 찾아가보았다. 어릴 적에 본 영화의 목장이 기억이 잘 나지 않은 탓인지, '널찍한 땅'이리라고 생각했는데 마구간 몇 개에 마당이 딸린 좁은 곳이었다. 그래도 영웅 와이어트 어프의 결투 현장을 몸소 보려는 관광객들이 줄을 잇고 있었다).

버락 오바마가 디 브라운의 책을 읽었는지, 〈오케이 목장의 결투〉를 보았는지는 모르겠다. 여기서 내가 강조하고 싶은 것은 오바마가 이렇게 조작된 역사로 얼룩진 미국의 대통령이 되었다는 사실이다. 흑인 아버지와 백인 어머니에게서 태어났지만 피부색이 검어서 흑인으로 '분류'되어 살아온 오바마, 그러나 조상이 노예가 아니라서 아프리카 케냐에서 자유인으로 살다가 하와이로 유학을 온 뒤 결국은 하버드대학까지 다닌 그의 아버지, 오바마의 표현대로 '석탄처럼 새까만' 아버지와 결혼한 '우유처럼 새하얀' 어머니(그 아버지와 헤어지고는 인도네시아 남자와 재혼한 자유분방한 여성), 이런 가족사를 가진 오바마는 대통령으로서 '아메리카 인도인들' 그리고 노예의 후예인 흑인들을 어떻게 생각하고 어떻게 대할까? 그는 '통합된 미국 50개 주United States'의 최고 지도자로서 232년 동안의 '위장된 통합'을 부분적으로나마 실질적 통합으로 바꿀 수 있을까?

콜럼버스가 1492년 10월 12일에 상륙한 곳이 당연히 인도인 줄 알고 원주민을 스페인어로 로스 인디오Los Indio라고 부른 것은 당연한 일이었다. 여기서 가상의 게임simulation game을 한번 해보자. 콜럼버스가 상륙한 곳이 인도가 아니라는 것을 깨닫고 진짜 인도로 가려고 했다면 어떻게 되었을까?

그가 카리브 해를 계속 항해했다면 지금 멕시코의 유카탄반도에 이르거나, 과테말라, 온두라스 또는 니카라과 동해안에 상륙했을 것이다. 실제로 콜럼버스는 마지막인 네 번째 항해(1502~1504) 때 온두라스와 파나마 지협을 '발견'했다. 지금처럼 파나마운하가 뚫려 있었다면 그는 태평양으로 빠져나가서 첫 번째 항해보다 몇 배나 어려운 고비를 넘긴 끝에 잘해봤자 지금의 뉴질랜드나 오스트레일리아에 도착했을는지 모른다. 그랬다면 뉴질랜드의 원주민인 마오이족이나 오스트레일리아의 검은 원주민들이 '로스 인디오'가 되었을 것이다.

피의 대륙 라틴아메리카

콜럼버스가 스페인 이사벨라 여왕의 지원을 받아 카리브 해 섬들에 상
륙한 사실은 지금 라틴아메리카라고 부르는 대륙을 피로 물들게 만들었다.

> 콜럼버스는 이 순진한 종족들을 얕잡아보고 그의 탐욕을 채우기
> 위해 온갖 고역을 시키면서 그들의 복종을 강요했다. 황금만 가지
> 면 천당에 가는 영혼도 살 수 있다고 생각했던 콜럼버스는 황금을
> 찾는 데 혈안이 되어 있었다. 아라와크족의 광부들을 강제로 모집
> 하여 금광의 광부로 일을 하게 했고, 책임량을 캐내지 못하면 손
> 을 자르거나 발을 잘랐다. 콜럼버스는 일을 할 수 있는 14세 이상
> 의 남자들을 모집했다. 그것은 그들을 노예로 만들어 스페인 본국
> 의 노예시장에 끌고 가 팔기 위한 것이었다. 이에 반항하던 인디
> 언들은 무참히 살해당했다. 그리고 촌락을 불태우고 약탈은 그칠
> 날이 없었다. 1492년 산 살바도르에 그가 발을 들여놓은 후 10년
> 간 수십만의 사람이 죽었다(《아메리카 인디언 투쟁사》, 75쪽).

그뿐 아니라 백인들이 가져온 홍역, 천연두, 폐결핵 등 갖은 전염병이
창궐하여 하루에도 수백 명의 원주민이 목숨을 잃었다.

이것은 지금의 중앙아메리카, 곧 멕시코부터 파나마까지 그리고 남아
메리카 거의 전부(포르투갈의 침략을 받은 브라질을 제외하고)를 스페인 침략
자들이 살육과 약탈의 무대로 만든 서막이었다. 그들은 중앙아메리카의
마야, 남아메리카의 잉카 문명을 멸망시켰고, 수천만 아니면 1억이 넘을
수도 있는 '로스 인디오'를 죽이거나 불구로 만들었다.

가톨릭 국가인 스페인의 침략자들이 받들고 간 십자가는 인디오들을

'하느님의 품 안으로' 이끈다는 구실로 정복자의 효율적인 도구로 사용되었다. 오래 전에 한국에서 상영된 〈미션〉이라는 영화의 결말은 '기독교적으로는' 감동적이지만, 오랜 문화와 종교를 박탈당해가는 원주민들의 실상을 그린 데 더 큰 의미가 있었다.

라틴아메리카뿐 아니라 미국과 캐나다 원주민들이 백인들의 비인간적 침탈과 지배를 당하면서 싸우고 패배하고, 때로는 작은 승리를 거두다가 결국은 가난과 소외에 시달리는 피지배자로 전락해간 역사는 윤상환 씨의 책에 상세히 기록되어 있다.

▨ 흰 지배자와 검은 노예들

미지의 땅이었던 지금의 북아메리카에 영국인들을 중심으로 한 백인들이 본격적으로 진출하기 시작한 것은 17세기 초반이었다. 드넓은 토지에, 유럽과 서인도제도를 잇는 교역의 축으로서 그곳은 매력이 넘치는 '신대륙'이었다. 그들은 지금의 수도인 워싱턴과 인접한 버지니아 지역에서 금을 찾거나 담배나 면화를 재배하면서 원주민들과 충돌하고 있었다.

그런데 돈 벌기에 혈안이 된 그들과는 달리 종교적 목적으로 이주해오는 사람들이 있었다. 그들이 바로 영국의 청교도들이었다. 청교도들은 매사추세츠 지역을 개발하면서 장차 미국을 지배할 종교적, 사상적 토대를 쌓아가고 있었다.

물론 영국의 청교도들이 뉴잉글랜드 해안에 처음 도착한 사람들은 아니었다. 이미 16세기 초부터 유럽의 많은 사람들이 이곳 해안에 도착해서 인디언 부족들과 교역을 하고 있었으며 1620년경에 플리머스Plymouth에 소위 필그림들Pilgrims이 도착해서 하나의 안정된 사회를 구축하고 있었다.

이들 필그림 교도들은 청교도들과는 달리 소박한 신교도 농부들이었다. 그들은 죄악으로 물든 세상을 개종시키기보다는 그러한 세상과 분리되어 그들만의 순수하고 단순한 삶을 살려는 자들이었다. 처음에 그들은 1608년에 네덜란드의 수도인 암스테르담으로 이주하였는데, 이 도시가 너무 상업적으로 발달해서 타락해 있음을 보고 결국 1620년에 북아메리카로 이주하였다(최중·김봉중 함께 쓰고 수정 보완함, 《한국인이면 꼭 짚어야 할 미국의 역사》(이하 《미국의 역사》), 1992년 3월, 조합공동체 소나무, 43쪽).

1620년 11월에 메이플라워호를 타고 9주간 고난의 항해를 한 끝에 지금 미국 동해안의 케이프 코드에 도착한 이 필그림들이 미국을 지배할 와스프의 선조였던 것이다. 1630년 3월에는 청교도 1000여 명이 북아메리카로 이주했고, 그 이래 10년 동안 1만 8000여 명이 그 뒤를 따랐다.

…… 그들은 자기들이야말로 새 예루살렘에 선택된 민족으로서 하느님이 요구하는 지상 낙원을 위해서 선봉장이 되어야 한다고 굳게 믿었다. 이러한 선민의식과 타락한 세상을 개혁한다는 선교적인 사명의식은 앞으로 미국이 성장하면서 항상 미국인들의 마음 속 깊은 곳에 자리 잡았던 사상이며, 특히 다른 나라와 민족들과 접촉할 때 크게 작용하였다. 먼저 그들이 북미 대륙에서 인디언들과 접촉하였을 때 청교도들은 야만인이라고 생각한 인디언

들을 기독교로 개종시키고 문명화시키는 책임을 갖고 있다고 믿었다. 결국 이러한 인디언 선교 희망이 인디언들의 독특한 생활 환경과 사회여건으로 무산되자 이제는 무력으로 인디언들의 땅을 점령하였다(위의 책, 48~49쪽).

바로 위에 인용한 대목에서 '인디언'을 '흑인'이나 19세기 후반의 '조선인'으로 바꾸어도 무리가 없을 것이다(미국의 보수적 기독교가 한반도에 상륙한 이래, 순수한 선교 목적을 벗어나서 제국주의와 식민주의에 앞장 선 역사 그리고 그것이 지금까지도 한국 사회에서 엄청난 부작용을 일으키고 있는 현상에 관해서는 뒤에서 살펴보겠다).

필그림들이 북아메리카 동해안에 상륙한 1621년 초보다 16개월쯤 앞선 1619년 8월 하순 어느 날, 적어도 세 명의 여자를 포함한 20명의 흑인을 실은 한 척의 범선이 버지니아 제임스타운에 우연히 상륙했다. 체사피크만 근해로 들어온 사략선인 이 배의 출현은 우연적이어서 확실히 그 결과가 미친 오랜 영향만큼 흥미를 끌지는 못했다. 새로운 한 인종이 제임스타운 발견 후 12년 만에 처음으로 영국 개척지로 들어온 것이다(벤자민 콸스 지음, 조성훈·이미숙 옮김, 《미국 흑인사*》, 2002년 12월, 백산서당, 39쪽).

---

* 1940년 위스콘신대학교에서 아프리카계 미국인으로는 처음으로 역사학 박사학위를 받은 벤자민 콸스Benjamin Quarles가 쓴 《미국 흑인사The Negro in the Making of America》는 본격적인 미국 흑인사 연구서로서 학계와 언론의 주목을 받았다. 터치스톤 북스 Touchstone Books의 1996년판을 번역한 이 책은 우리나라에서 처음으로 나온 이 분야의 개설서다.

흑인 노예제의 역사

제임스타운에 부려진 흑인들은 노예가 아니라 일종의 '계약제 하인'이었다. 그런데 18세기에 들어서면서 계약제 하인은 영국의 식민지이던 '신대륙'에서 노동자로서 수요가 크게 줄어들었다. 자유노동자의 임금이 높아졌기 때문이다. 이런 상황에서 백인들이 필연적으로 눈길을 돌린 쪽이 흑인 노예들이었다.

흑인노예제는 오랜 역사를 가지고 있다. 8세기 초부터 아랍인들과 무어족이 아프리카의 흑인들을 사하라사막을 통해 지중해 국가들에 팔아넘겼던 것이다. 그로부터 오래 뒤에 노예무역을 본격화한 것은 스페인, 포르투갈, 네덜란드인들이었다. 그들은 콜럼버스가 서인도 제도(나중에 그곳이 인도가 아님이 밝혀진 뒤 '서쪽에 있는 인도'라는 뜻으로 붙인 이름)에 상륙한 이래 개척된 중남미 지역의 대농장들에 흑인 노예들을 '공급'했다.

영국은 1663년에 찰스 2세가 왕실 모험단 회사Royal Adventurers에 특허장을 줌으로써 뒤늦게 아프리카 노예무역에 참가하게 되었다. 17세기 말까지 영국은 네덜란드와는 비교되지 않는 소규모 노예무역을 하였으나 북미 대륙에서 그들의 식민지 발달과 해상 세력의 성장으로 18세기 말경에는 유럽 국가들 중에서 가장 주요한 노예무역 국가로 등장하게 되었고, 이윽고 18세기 내내 영국은 적어도 600만 명의 아프리카인들을 아메리카 대륙으로 운반하기에 이르렀다(《미국의 역사》, 25~26쪽).

영국이 한 세기 동안 북아메리카 식민지에 '수출'한 흑인 노예가 '적어도 600만 명'이었다니 다른 유럽 국가들의 '선적'까지 계산하면 그 수는 훨씬 커질 것이다. 그리고 1865년 남북전쟁의 결과로 노예제도가 폐지될 때까지 도대체 얼마나 많은 흑인들이 미국 땅으로 팔려갔을까?

지난 2006년 10월 17일 미국 인구는 3억 명을 넘어섰다. 2005년 통계를 보면 미국인 중 흑인의 비율이 11.9퍼센트였으므로, 3억 명 중 3570만여 명이 흑인인 셈이다. 그런데 1663년부터 영국이 한 세기 가까이 팔아넘긴 노예 600만여 명과 그 이후 미국으로 강제 이송된 흑인들이 300년 동안 정상적으로 결혼해서 자손을 늘려갔다면 인구가 겨우 3500만 명 정도였을까? 흑인들이 백인에 비해 자식을 더 많이 낳는 추세를 감안하면 지금 미국의 흑인 인구는 1억 명을 넘겼어야 정상이 아닐까? 우리는 여기서 엄청난 수의 흑인들이 비참한 노예생활을 견디지 못하고 죽거나, 자유를 찾아 달아나다 백인들의 손에 목숨을 잃었다고 볼 수밖에 없다. 북아메리카 본토의 내전이나 해외에서 벌어진 전쟁에 나갔다가 전사한 흑인들도 부지기수일 것이다.

참혹한 인간 역사의 드라마

'흰 지배자들'이 인신매매로 돈을 벌거나 농장이나 다른 사업장의 종신 노예노동자로 부리려고 아프리카에서 '사냥'해 오는 과정에서 흑인들이 당한 고통과 희생은 인류사에서 가장 참혹한 장으로 기록되는 것이었다. 그들 나름으로는 평화롭게, 풍족하지는 못하더라도 우애를 나누면서 살던 아프리카인들은 어느 날 갑자기 기습해오는 백인들의 총칼과 그물 앞에서 속절없이 포로가 되어 가족과 인사도 나누지 못한 채 노예선에 실려야 했다.

아프리카인들이 미국 대륙까지 팔려가는 과정은 참혹한 인간 역사의 드라마였다. 그들이 받는 육체적 정신적 고통은 이루 말로 헤아릴 수 없었다. 그들은 대부분이 아프리카 노예 사냥꾼에 의해 붙들려서 멀고 먼 적도선을 따라 손목과 목을 쇠줄로 묶인 채 여러 사람의 무역꾼들의 손을 거쳐 황금 해안으로 불리는 서해안으로 끌려왔다. 어떨 때는 1000마일 이상을 쇠사슬에 묶여 맨발로 행군하여 끌려왔는데 그 과정에서 5명 중 2명꼴로 생명을 잃었다. 그들이 겪게 되는 육체적인 고통은 상상을 초월하며 어떤 자들은 고통을 견디다 못해 자살하기도 하였다(《미국의 역사》, 26쪽).

한 영국인 선장은 그 참상을 이렇게 기록했다고 한다.

흑인들은 그들이 모국을 떠나게 되자 질색을 하고 가끔 카누와 보트 그리고 배에서 뛰어내려 죽을 때까지 물속에서 나오지 않았다(위의 책, 같은 쪽).

인간이 가장 소중히 여기는 것은 목숨이다. 그 누구도 까닭 없이 목숨을 버리지 않는다. 그런데 노예로 팔려가려고 배에 짐짝처럼 실린 사람들 중 다수가 죽음을 선택했다. 그들은 가족과 고향을 잃고 자유가 없는 삶을 살아가기보다는 스스로 목숨을 끊는 길로 갔던 것이다.

노예선에서 살아남아서 백인들에게 팔린 흑인들이 아메리카에서 겪은 고난과 자유를 향한 몸부림을 기록하려면 수십 권의 책으로도 모자랄 것이다. 여기서는 알렉스 헤일리Alex Haley라는 흑인 작가가 쓴 소설 《뿌리》의 주요한 대목들을 인용하는 것이 좋겠다.

1976년 미국에서 《뿌리: 미국 가족의 대하소설Roots: The Saga of an

American Family》이라는 책이 나오자 반응은 폭발적이었다. 이 책을 쓴 헤일리는 1960년대 초반에 혁명적 흑인운동 지도자로 활동하다 암살당한 말콤 엑스의 자서전을 기록함으로써 유명한 작가가 된 사람이다. 필자는 1970년대 후반에 《뿌리》와 《말콤 엑스》를 우리말로 옮기는 작업에 참여했으므로 헤일리와는 인연이 깊다 할 수 있어서, 그 책들을 번역하던 시기의 기억이 아직도 생생하다.

뿌리-미국 가족의 대하소설

헤일리는 1921년 뉴욕 주 이타카에서 아프리카계 미국인 가족의 맏아들로 태어나 다섯 살 때까지 테네시 주 헤닝에서 자랐다. 농학 교수이던 그의 아버지 사이먼 헤일리는 17살에 앨콘 주립대를 자퇴한 알렉스를 군대로 보냈다. 그렇게 해안경비대에서 시작한 군생활이 20년이 되었다. 따분한 해상생활에서 글쓰기에 몰두한 그는 38살에 제대한 뒤 갖은 곡절을 겪은 끝에 1960년 흑인 이슬람 지도자 말콤 엑스 인터뷰를 월간 《리더스 다이제스트》에 실으면서 이름을 알리기 시작했다. 그 무렵 흑인운동의 가장 강력한 지도자로서 백인 보수주의자들에게는 공포의 대상이었던 말콤 엑스가 1963년 자서전 집필을 부탁하자 1년 간 그를 인터뷰하고 1년에 걸쳐 책을 썼다. 그 책은 곧 전 세계 8개 국어로 번역되어 600만 부가 넘게 팔렸다. 헤일리의 친구이기도 했던 말콤 엑스는 자서전이 출판되기 6개월 전인 1965년 2월, 원고가 출판사로 넘어가기 직전에 암살당했다.

그런 비극적 사건을 당하고서도 어쨌든 유명해진 헤일리는 어린 시절 테네시 주에서 할머니한테 들은 노예 이야기를 책으로 쓰기로 결심했다. 그는 할머니의 이야기를 더듬어 올라가서 조상들을 추적한 끝에 '토비 아저씨'라고 불렀다는 7대조가 1767년 아프리카의 감비아에서 백인들에게

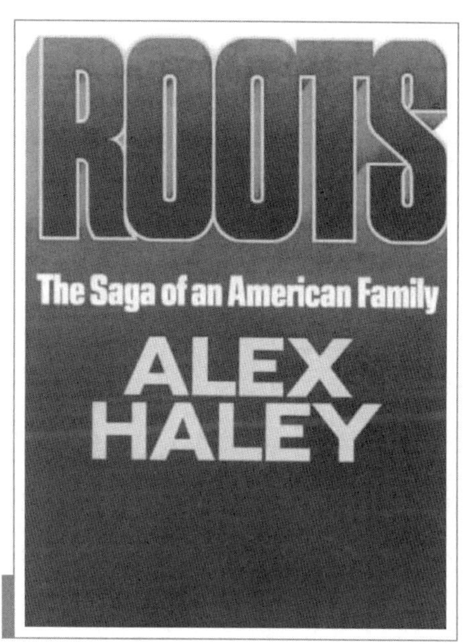

흑인 노예들의 참상을 이야기한 소설
《뿌리》

납치당해 노예로 팔려온 쿤타 킨테라는 사실을 확인하고는 직접 그 나라를 찾아간다. 그가 머나먼 할아버지의 고향 마을에서 혈육을 만나 감격의 눈물을 흘리고 자신의 뿌리를 찾은 기쁨에 몸을 떨던 장면을 번역하던 일이 지금도 또렷이 살아난다.

헤일리는 《뿌리》를 완성하는 데 조사와 답사, 집필에 무려 10년을 바쳤다. 그는 노예선 로드 리고니어호에서 쿤타 킨테가 겪은 고통을 체험하려고 아프리카에서 미국으로 가는 화물선을 타보기도 하고, 열흘 동안 밤마다 속옷만 입은 채 어둡고 추운 배 밑창의 짐칸에서 지내기도 했다. 그가 이 책을 위해 여행한 거리는 50만 마일(80만 4672킬로미터)이 넘었고, 만난 사람은 수천 명이었다. 그는 '노예제도에 관한 기록에 중요한 기여를 했다'는 평가와 함께 1977년에 퓰리처상을 받았다.

알렉스 헤일리는 남성에서 남성으로 쿤타 킨테의 뿌리를 이어받은 것

이 아니었다. 아들이 없는 어떤 할아버지는 딸을 통해 대를 이었고, 그것
이 헤일리의 몸에 아프리카 혈통을 물려주었다.

《뿌리》에서 특히 인상깊은 대목이 생각난다. '흰 주인'은 '검은 노예'
에게 아들이 태어나면 성경책 앞머리에 이렇게 적었다고 한다. "주님의
은총으로 오늘 튼튼한 노예가 태어났습니다. 감사 기도를 드리나이다."
그 갓난 노예는 기독교식으로 세례를 받고 백인 주인의 이름을 물려받았
다. 헤일리라는 이름도 물론 그렇게 받았을 것이다.

1979년에 미국의 방송사인 ABC가 〈뿌리: 그 다음 세대들〉이라는 연속
물로 쿤타 킨테 후손들의 삶을 그려 방영하자 그때까지 그 부문의 최고
시청률이 나왔다고 한다. 그 이후 이 책은 미국의 여러 대학에서 교재로
채택되었고 지금까지 37개 국어로 번역되었다.

뿌리를 읽고 내 글들을 모두 태우다

《뿌리》가 미국에 안긴 정치, 문화, 사회, 역사적인 충격은 우리나라에
도 오랜 기간 전파되었다. 한 시인은 그것을 이렇게 적었다.

밤을 새워 《뿌리》를 끝까지 다 읽은 나는 큰 충격을 받았다. 그리
고 그때 처음으로 미국이란 나라가 어떻게 만들어졌는지 확실히
알게 되었다. 우리에게 밀가루를 공짜로 나눠주던 그 아름답고 마
음씨 고운 나라 미국의 속내에는 아메리카 인디언들과 아프리카
흑인들에 대한 약탈과 살인과 착취가 있다는 것을.
……
《뿌리》를 다 읽은 다음날 아침 나는 그동안 내가 쓴 글들을 모두
들고 앞산으로 올라갔다. 그리고 뜬구름 잡는 식의 글이 깨알처

럼 박힌 원고지에 불을 붙였다. 불이 붙은 원고지는 순식간에 까만 재가 되어 하늘로 날아갔다. 마치 우리 조상님 제사를 지낸 뒤 지방을 태우는 것처럼(블로그 '이소리 시인의 글나라'에서).

《뿌리》와 《말콤 엑스》(자서전)에 관한 기록들을 뒤지다가 흥미로운 사실들을 발견했다. '종각 번역실'(1975년 3월, 자유언론실천운동에 참여했다는 이유로 《동아일보》에서 해직된 기자들이 생계를 위해 종로 1가 종각 맞은편에 작은 사무실을 내고 번역 작업을 하던 곳)에서 한진출판사 주간 이문구(작고한 소설가) 선생의 부탁을 받고 그 책을 우리말로 옮겨 낸 것이 1977년께였는데 한참 뒤에 번역본이 또 나온 것이다. 안정효 선생이 2006년 2월에 출판사 《열린책들》을 통해 낸 책이 바로 그것이다. 한국 번역계의 대가이자 유능한 소설가이시니 33년 전에 우리가 서툰 솜씨로 옮긴 《뿌리》보다 뛰어날 것이다. 이보다 4년 전인 2002년 1월에는 대중에게 널리 알려진 만화가 이두호 선생이 그림으로 《뿌리》를 출판했다(도서출판 산하).

말콤 엑스 자서전도 우리(김종철, 이종욱, 정연주)가 1978년 7월에 처음 번역본을 낸 지 15년 만인 1993년 5월에 다시 나왔다(심대환 옮김, 세기). 자유와 해방을 향한 인간의 열망과 투쟁은 세월이 흘러도 시들지 않는 문학의 소재임을 다시 한 번 확인할 수 있다.

■ 노예 해방인가, 인간 해방인가

영국의 식민지인 북아메리카의 13개 주가 1776년 7월 4일에 '독립선언서'를 발표한 것은 널리 알려진 역사적 사실이다. 1세기 반 동안 영국의

통치를 받던 식민지인들은 세계 최강국이던 영국에 맞서 8년 간 독립전
쟁을 한 뒤에 1783년 파리평화조약을 통해 공화국으로 출범했다. 독립전
쟁의 동기와 배경에 관해서는 여러 가지 학설이 있다.

> 19세기 말까지 지배적이었던 해석은 미국의 독립이 영국의 가중
> 되는 통상 규제와 정치적 압박으로 인하여 일어났던 우발적인
> 것이 아니라, 그동안 자유와 자치 사상에 젖어 있던 미국 정신이
> 18세기 중반에 들어와 여러 가지 사건들에 의해 촉매 역할을 받
> 아 독립혁명으로 발전된 것이라는 주장이었다. 영국이 미국인들
> 의 이러한 자유의 의지를 계속 압박하였기 때문에 혁명이 어쩔
> 수 없이 일어났다는 것이다(《미국의 역사》, 63쪽).

이런 견해는 고전적인 것으로서 지금도 대다수 미국인들이 그렇게 믿
고 있고, 세계 여러 나라 보수적 교과서들 내용의 주류를 이루고 있다. 그
러나 독립운동이나 혁명이 인간의 자유를 향한 갈망과 간섭 받지 않는 삶
에 대한 욕구라는 단순한 동인만으로 일어나지 않는다는 것은 세계의 역
사가 보여주고 있다. 지금도 미국인들이 존경하는 '건국의 아버지들'
Founding Fathers이 독립선언과 전쟁을 주도하면서 자유와 평등과 독립정
신을 주창한 것이 식민지 대중의 절대적 호응을 받았고, 그것이 1789년의
프랑스혁명에 큰 영향을 끼쳤음은 물론이다.

> 20세기 초에 혁신주의적 분위기를 타고 급진주의 학자들이 등장
> 하였는데 이들은 미국의 독립이, 자유를 부르짖었던 여러 정치
> 적, 사상적 지도자들이 영국의 압제에서 해방되기 위하여 독립운

동을 벌였다기보다는 영국과 미국 사이 그리고 미국 내에서의 경제적 이해관계 대립에 의하여 생겨난 독립이라고 주장하였다. 즉 인간적, 사상적 요소보다는 경제적 요소가 미국혁명의 주된 원인이었다는 것이다(위의 책, 64쪽).

이 두 주장 중 어느 하나만이 옳다고 보면 역사를 평가할 때 균형을 잃게 될 것이다. 세계사의 흐름을 바꾼 프랑스혁명과 1905~1917년의 러시아혁명이 인간의 기본권을 억압하는 지배계급에 맞선 투쟁이었을 뿐 아니라 그 시대에 경제적 이해관계를 달리하는 계급 간의 싸움이었다고 보면 북아메리카의 독립전쟁에도 비슷한 평가를 내려야 할 것이다.

어쨌든 독립한 미합중국이 탄생하여 대륙에 신생국의 희망과 기운이 넘쳤지만, 원주민들과 흑인 노예들의 삶에는 본질적인 변화가 거의 없었다. 왜 그랬을까?

'선택된 백성들'만을 위한 복음

무엇보다도 먼저, 미국의 독립은 백인들이 '대영제국'의 통치에서 벗어나려는 것이었지, 원주민들과 흑인 노예들의 자유와 평등을 위한 운동이 아니었다. 그리고 백인 이외의 거주자들의 입장에서 보면 미국을 지배하는 와스프의 신조인 기독교 정신을 실천하려는 것도 아니었다. 그것은 구약성서가 되풀이 강조하는 '선택된 백성들'만을 위한 복음이었다. 미국의 초대 대통령 조지 워싱턴(1732~1799)의 삶을 보면 그것이 단적으로 드러난다.

버지니아에서 부유한 농장주의 아들로 태어난 그는 15살이라는 어린 나이에 토지측량관이 되어 6년 동안 일하고, 21살 때 프랑스-인디언 전쟁에 참여했다. 1759년 마사 댄드리지 커스티스와 결혼한 워싱턴은 아내가 부모한테 상속받은 노예 3000여 명과 땅 1만 7000에이커를 재산으로 갖게 되었고, 자기 자산인 땅까지 합치면 2만 2000에이커를 소유한 버지니아 최대의 부자였다. 그는 1789년부터 1797년까지 8년 동안 대통령으로 재임하고 물러났다. 그의 임기가 끝날 무렵 많은 사람들이 종신 대통령으로 남아달라고 간청했으나 그는 '더 연임하면 장기집권을 위한 무서운 정치싸움이 벌어질 것'이라면서 거절했다고 한다. 워싱턴이 그렇게 말하고 물러난 것은 사실이지만, 대통령이 된 뒤 연방정부 관리 전체의 수가 그가 소유한 노예의 수보다 적은 것이 '연임 사절'의 원인이었다는 설이 나중에 제기되었다.

독립전쟁으로 세운 미합중국의 초대 대통령이 엄청나게 많은 노예를 거느린 대지주였다는 사실은 그 이후 미국에서 전개될 역사를 예고하는 주요한 지표였다. 다시 말하면 그것은 '아메리카의 비극'이 단시일에 쉽게 해결되지 않으리라는 근거나 다름없었다.

엄청난 노예 소유주 조지 워싱턴

조지 워싱턴이 초대 대통령으로 취임한 1789년 4월 30일로부터 220년이 되는 2009년 1월 20일 버락 오바마가 제44대 대통령으로 취임했다. '검은 오바마'가 보기에 아메리카의 비극은 얼마나 해소되었는가? 인디언이라 불리는 원주민들은 그 땅의 주인으로서 지위를 조금이라도 되찾았는가? 링컨 대통령이 주도한 노예 해방은 흑인들에게 자유와 존엄한 삶을 보장해 주었는가? 이런 물음에 대한 오바마 대통령의 답변은 미국의 태생적 죄악을 그가 어떻게 씻어버리고, 반성하지 않고 되풀이하는 전쟁과 살육과 수탈에 어떻게 제동을 걸지, 그 정책과 방향을 보여줄 것이다.

이 문제를 짚어볼 때 전제로 해야 할 것은 오바마 자신이 미국의 건국과 발전은 물론이고 원주민 학살과 흑인 억압에 대해 격렬하게 비판적인 표현을 한 적이 거의 없다는 점이다. 그는 시카고 빈민지역에서 인권변호사로 일한 경험 덕분에 21세기에 미국에서 많은 흑인들이 겪고 있는 빈곤과 소외, 범죄와 자학행위들을 너무나 잘 알고 있을 것이다. 그러나 일리노이 주 상원의원으로 시작해서 연방 상원으로 도약했고, 마침내 대통령이 된 오바마는 미국 역사의 치부와 상처를 적나라하게 드러내면서 혁명적으로 사회체제를 개혁하기에는 너무나 조심스러운 현실 정치인이다.

만약 2008년 대통령 선거에 나선 오바마 후보가 "우리 흑인들이 그렇게도 존경하는 링컨 대통령이 단순히 인간애와 정의 실천을 위해 노예 해방을 추구한 것은 아니었다"고 비판했다면 대다수 백인들은 물론이고 상당수 흑인들의 지지를 받을 수 있었을까?

나 자신이 이 문제를 어떻게 생각했는지를 돌아보려고 오래 전에 쓴 글을 뒤져보았다. '더 친절하고 신사다운 미국'이라는 제목으로 쓴 글이 《저 가면 속에는 어떤 얼굴이 숨어 있을까》(김종철 정치글모음, 1992년 4월, 한길사)에 실려 있는데, 날짜를 보니 1989년 1월 21일, 곧 아버지 부시가 대통령으로 취임하던 날이었다.

미국의 서울 워싱턴의 펜실베이니아 대로 1600번지에 우뚝 솟은 백악관 앞에서 제41대 대통령 조지 부시의 취임식 축하행사가 오늘 화려하게 열렸다. 전통적인 가장행렬에는 북부의 전형적인 미국인인 '양키'도, 성조기의 울긋불긋한 줄무늬로 실크해트를 친친 두른 '엉클 샘'도, 창과 방패를 들고 기성을 지르는 '인디언'도, 얼굴이 석탄처럼 새까만 흑인도 모두 모두 나와서 '손에 손잡고' 새 대통령의 출발을 축하한다. 아메리카합중국을 사랑하는 조국, 자랑스러운 자유민주주의 나라라고 믿어 의심치 않을 군중을 바라보면서 함박웃음을 웃는 부시의 머릿속에는 또 다른 회심의 미소가 흐를 것이다.

'귀여운 나의 백성들! 내 보좌관이 니카라과의 반군들에게 무기를 밀수하는 공작에 개입했다는데도, 내가 텍사스에서 상원의원에 출마해서 인종 차별을 없애자는 법안에 반대했다는데도, 빨가족족한 물이 든 듀카키스를 떨어뜨리고 나를 대통령으로 뽑아준 어여쁜 백성들!'(위의 책, 204쪽)

이 문단들에 이어 "'전쟁광' '미친 람보'라는 독설이 귀가 따갑게 들려왔어도 정치·사회적 문맹률에서 세계 최고 수준을 자랑하는 미국의 우매한 대중은 레이건을 신처럼 받들었다"라는 구절이 나온다. 지금 곰곰이 생각해보니 20년 전이나 지금이나 미국의 다수 국민들이 레이건을 '위대한 대통령'이라고 여기는 것은 그다지 변하지 않았다. 링컨은 어떤가?

노예들의 탈주 부추긴 링컨

아버지 부시에 앞서 대통령 자리를 거쳐 간 마흔 명의 정치인들을 향한 우상 숭배와 신화가 깨어지지 않는다면 미국의 역사는 올바른 길로 들어설 수 없다. 우리나라의 어린이들이 코흘리개 시절부터 매우 존경하는 '위인'의 하나로 꼽는 링컨은 어땠는가?

…… 그는 미국과 한국의 교과서가 미화하듯이 짐승만도 못하게 사는 흑인 노예들이 가엾다는 단 하나의 이유로 노예 해방을 선

언한 것은 아니었다. 19세기 후반에 들어 후발자본주의 지역으로
서 산업노동자를 절대적으로 필요로 하던 미국의 북부는 '해방'
과 '자유'를 미끼로 남부 노예들의 탈주를 부추겼다. 목화농장을
주종으로 하는 농축산업으로 번영과 안락을 누리던 남부의 대지
주들이 링컨이 이끄는 북부의 정파와 자본가들의 이 도발에 발끈
해서 분리와 독립을 선언한 것이 남북전쟁의 가장 큰 원인이었다
(위의 책, 205쪽).

20년 전에 쓴 글이라 지금보다 날이 서 있고 너무 단정적이라고 생각
하는 독자들은 아래 글을 참조하면 좋을 것이다.

링컨은 자유노동의 고귀함에 대한 절대적 신념을 갖고 있었지만
그렇다고 흑인들이 백인들과 동등해질 수 있다는 데에는 회의적
이었다. 그는 선거유세 동안 더글라스와 세기적 토론을 벌였다.
더글라스는 링컨이 흑인들의 사회적 평등을 믿고 있다고 주장한
데 대하여 링컨은 이것을 반박하면서 그의 인종차별주의적인 생
각을 드러냈었다. 링컨에 의하면 흑인과 백인 사이에는 분명한 신
체적 차이점이 있기 때문에 흑인과 백인이 사회, 정치적 위치에서
동등한 입장으로 공존하는 것은 영원히 막아야 한다고 주장하였
다. 그는 또한 그가 훨씬 우월한 백인이라는 점에 대해 자부심을
느낀다고 하였고 흑인과 백인은 질적으로 서로 다른 인간이라고
주장하였다. 이런 점에서 링컨은 웬델 필립스나 조지 핏츠휴 그리
고 더글라스 등과 마찬가지로 강한 인종 차별적인 편견을 소유하
고 있던 그 시대의 보수적 인물이었다(《미국의 역사》, 165쪽).

　4년 동안 계속된 남북전쟁은 북부의 승리로 끝났지만 미합중국은 만신창이가 되어버렸다. 링컨은 1865년 대통령에 재선되었으나 연방 재건에 손도 대지 못한 채 존 윌크스 부스라는 배우에게 암살당했다.

　링컨의 부통령으로서 대통령직을 승계한 앤드루 존슨은 남부 출신으로서 전에 노예를 소유하고 있었다. 그는 연방 재건을 위해 남부를 상대로 유화적인 정책을 펼쳤으나 공화당 급진파와 갈등을 빚어 1868년 미국 대통령으로는 처음으로 탄핵 심의를 받았다.

　어쨌든 흑인들은 법적으로는 자유를 누리고 참정권까지 보장받았지만 실질적으로 정치는 물론이고 경제, 사회, 문화적 활동에서 소외당한 채 한 세기를 보내야 했다. 민권운동가들이 고난과 희생으로 흑인의 자유와 권리를 조금씩 확보하기 시작한 1960년대 중반까지 '검은 노예'들의 비극은 끊이지 않았다.

말콤 엑스와 마틴 루터 킹

말콤 엑스와 마틴 루터 킹

1960년대에 들어서자 미국에 변화의 바람이 불기 시작했다. 존 피츠제럴드 케네디(1917~1963)가 43살의 젊은 나이로 제35대 대통령으로 당선된 것이 그 바람의 진원지였다. 와스프의 본거지인 매사추세츠 주에서 조지프 케네디의 차남으로 태어난 그는 전형적인 와스프는 아니었다. 아버지는 아일랜드에서 미국으로 이주한 백인의 후예로, 양조업으로 큰 재산을 모아 주영 미국대사를 지낸 '명사'였지만 천주교도라서 와스프라고 볼 수 없었다. 자료를 보면 존 F. 케네디가 보스턴 와스프의 핵심 인물들이 사는 비컨 힐의 파티에 처음으로 초대받은 것이 1953년 1월 연방 상원의원이 된 뒤부터라고 하니 그곳에서 얼마나 괄시를 받았는지 여실히 알 수 있다.

케네디는 개신교도가 아니라는 것 말고는 머리부터 발끝까지 철저히 미국의 상류계층이자 엘리트였다. 그는 아이비리그의 프린스턴대학교에 입학해서 단 6주간 다니다가 병으로 입원하고 나서 하버드대에 신입생으로 들어갔다.

하버드를 졸업하고 서부의 명문인 스탠포드대학교 경영대학원에서 공부하기까지 했으니 보통 미국인들이 보면 '부자집 아들에, 미남에, 진취적인 정치적 성향까지 지닌' 매력적인 인물이었을 것이다.

아버지는 장남인 조셉을 대통령으로 만들겠다는 야망이 장남의 죽음으로 무산되자 차남에게 갖은 공을 들였다. 결국 아버지의 꿈은 실현되었으나 아들은 무참하게 죽임을 당하고 말았다.

케네디가 미국의 '전국적 정치인'으로 부각된 과정은 버락 오바마와는 상당히 달랐다. 그는 30세에 연방 하원의원이 되고, 36세에 상원의원으로 초고속 상승을 했지만 정작 전국에 널리 알려진 것은 1956년의 대통령 선거 때였다. 민주당 후보인 애들라이 스티븐슨의 러닝메이트로 출마했으나 테네시 주 상원의원에게 뒤져서 2위에 그쳤다. 그렇게 패배했지만 케네디는 다음 단계로 도약할 발판을 마련했다.

그때 대통령으로 당선된 드와이트 아이젠하워는 웨스트 포인트West Point(미국 육군사관학교의 별칭)를 나온 직업군인으로 2차 세계대전의 영웅 대접을 받으면서 지적으로나 정치적 식견에서 크게 앞선 스티븐슨을 눌렀다. 부통령이 된 사람은 나중에 '워터게이트 사건'으로 정치적 파탄을 맞은 리차드 닉슨이었다.

케네디의 피그만 침공

아이젠하워 정권은 2차 대전이 끝난 이래 미국이 추구해온 냉전정책을 계속 강화했다. 케네디는 1957년에 '민권법안Civil Rights Act'이 상원을 통과하는 데 동의함으로써 진보적 정치인으로 알려졌지만 공화당 정권이 미국의 최상위 이데올로기로 다져놓은 '반공'에서 한 치도 벗어날 수 없었다.

그가 첫 번째로 일으킨 사건은 쿠바의 '피그만 침공'이었다. 1959년 2월에 피델 카스트로와 체 게바라가 친미 독재의 바티스타 정권을 축출

하고 사회주의 정부를 세우자 미국은 '엉덩이 바로 밑의 급소'에서 일어
난 '공산혁명'에 경악했다. 운이 나쁜 것인지, 쿠바 혁명정권을 제압하고
'미국을 빨갱이들의 위협에서' 안전하게 지켜야 하는 짐이 새 대통령 케
네디에게 떨어졌다. 케네디는 아이젠하워 대통령 재임 중 중앙정보국CIA
이 만든 '쿠바 침공작전 계획'을 확대해서, 1961년 4월 17일 미국이 훈련
한 쿠바 망명자 1500명을 피그만에 침투시켰다. 그가 대통령으로 취임한
지 석 달이 채 안 되던 때였다. 결과는 참패였다. 4월 19일 쿠바 정부가 침
입자들을 사로잡거나 죽였던 것이다. 케네디는 포로 1189명을 석방시키
려고 타협할 수밖에 없었다.

케네디는 그 뒤 1962년 10월에 소련 총리 흐루시초프가 쿠바에 미사일
을 배치한 데 단호히 대처함으로써 강한 대통령이라는 인상을 남길 수 있
었다. 이 기간에 미국 사회는 젊은 대통령 케네디가 내세운 구호인 '뉴 프
론티어New Frontier'(새로운 개척자라는 뜻)에 따라 참신한 변화를 겪는 것 같
았다. 따지고 보면 이 말은 아메리카 원주민을 살해하고 땅을 빼앗으면서
미국 동부에서 서부로 쳐들어가 마침내 오늘의 합중국 영토를 '이룬' 무
법자들과 선의의 개척자들을 아우르는 말이지만, 어쨌든 다수 미국인들
은 케네디의 정치적 홍보에 열광했다.

케네디, '마틴 루터 킹을 도청하라'

케네디의 대통령 취임을 계기로 미국의 흑인운동은 두드러진 발전 단
계로 들어섰다. 우리는 여기서 그보다 7년 전인 1954년에 미국 연방대법
원이 내린 역사적 판결이 흑인운동의 강력한 촉매제가 되었음을 상기해
야 할 것이다. 그때 대법원은 '브라운대 교육위원회' 사건에서 공립학교
의 인종 격리는 위헌이라고 판결했다. 그러나 많은 학교들이, 특히 남부의

여러 주들이 대법원 판결에 불복해 버스, 식당, 영화관, 화장실 같은 곳에서 인종 차별을 계속했다. 인종 통합과 민권을 지지하던 케네디는 1960년의 대선 유세 기간에 감옥에 갇혀 있던 마틴 루터 킹 목사의 부인 코레타 스콧 킹에게 전화를 걸었는데 이것이 흑인들의 지지를 조금 더 이끌어냈다. 케네디와 그의 동생 로버트의 개입으로 스콧 킹은 일찍 석방될 수 있었다.

1962년에 제임스 메레디스는 백인들의 방해로 미시시피대학교에 등록하지 못했다. 그러자 케네디는 연방 보안관 400여 명과 군인 3000명을 보내 메레디스가 첫 학기에 등록할 수 있도록 했다.

애초에 대통령으로서 케네디는 민권을 위한 민초들의 운동이 남부의 많은 백인들을 성나게 할 뿐 아니라 민권법안들이 남부 출신 민주당원들이 지배하는 하원을 통과하는 것을 더 어렵게 할 것이라고 믿었다. 그래서 케네디는 그 운동과 거리를 두었다. 그 결과 많은 민권 지도자들은 케네디가 그들의 노력을 지지하지 않는다고 보게 되었다.

1963년 6월 11일 케네디 대통령은 앨라배마 주지사 조지 월러스가 아프리카계 미국인(흑인을 가리킴)인 두 학생이 앨라배마대학교에 등록하지 못하도록 정문을 막자 여기에 개입한다. 연방보안관들과 앨라배마 주 방위군이 투입되자 월러스는 비켜선다. 그날 저녁 케네디는 전국으로 방송되는 텔레비전과 라디오에서 그 유명한 민권 연설을 한다. 1964년에 민권법으로 제정될 내용을 그때 제안한 것이다.

그러나 이렇게 혁신적인 정책을 실행한 케네디도 공산주의자라는 혐의를 받던 마틴 루터 킹을 포함한 수많은 개인들을 도청하라고 연방수사국FBI에 명령했다(이런 도청은 나중에 마틴 루터 킹에게 치명적 타격으로 나타난다). 린든 존슨(케네디의 후임 대통령)은 1967년 '새해 의회 연설'에서 과거

(케네디 행정부 시절)의 염탐질과 도청에 관해서 언급했다. 비록 존슨도 킹을 계속 도청했지만.

▨ 말콤 엑스와 버락 오바마

케네디에서 존슨으로 이어지는 시기에 획기적으로 성장한 흑인운동의 대표적 지도자는 말콤 엑스와 마틴 루터 킹 2세였다. 모두 암살을 당한 비극의 주인공이 되었지만, 두 사람의 운동 노선과 이념은 아주 대조적이었다. 말콤은 "나는 밤마다 악몽을 꿉니다"라는 말에서 알 수 있듯이 백인의 인종차별에서 흑인을 자유롭게 하려고 46년이라는 짧은 생애의 말기를 '이슬람 민족운동'에 바친 사람이다. 말콤이 백인들에게 과격주의자로 낙인찍힌 데 비해 마틴은 흑백의 통합을 강조하는 평화주의자였다. 필자는 이 책을 쓰려고 여러 자료들을 검색하다가 세상을 떠난 지 40년이 넘는 말콤 엑스와 킹에 관한 연구와 평가가 아직도 활발함을 보고 놀랐다. 킹에 대해서는 그렇다 치더라도 1960년대 초를 전후로 미국과 국제사회를 발칵 뒤집어놓을 정도로 급진적이었던 말콤 엑스를 광범위하게 다루는 웹사이트가 있다는 사실을 보고는 더욱 놀랐다.

오늘의 미국, 특히 흑인들의 현실과 최초의 흑인 대통령 오바마를 정확히 이해하려면 두 지도자를 깊이 살펴보아야 한다. 먼저 오바마와 비슷한 점이 많으면서도 정반대 성향도 강한 말콤 엑스를 자세히 보기로 하자.

1925년 5월 19일 네브래스카 주의 오마하라는 도시에서 태어난 말콤 엑스의 원래 이름은 말콤 리틀Malcolm Little이었다. 그의 자서전《말콤 엑스》는 이렇게 시작된다.

언젠가 어머니가 내게 이야기해준 바에 의하면, 내가 어머니 뱃속에 있던 어느 날 밤, 두건을 쓴 큐 클럭스 클랜Ku Klux Klan(약칭 KKK단—남북전쟁 후 흑인 및 북부인을 폭력으로 억압하기 위해 남부 여러 주에서 결성된 백인들의 비밀결사. 1871년에 불법화되었음_옮긴이) 단원 한 패거리가 말을 타고서 네브래스카 주 오마하시에 있는 우리 집에 쳐들어왔다. 그자들은 집을 포위하고 엽총과 소총을 휘두르며 아버지에게 나오라고 고함을 질러댔다. 어머니가 앞문으로 나가서 문을 열었다. 어머니는 자신이 임신 중임을 그자들이 똑똑히 볼 수 있는 위치에 서서, 지금 혼자 꼬마 셋을 데리고 집에 있으며 아버지는 설교를 하러 밀워키에 출타중이라고 말했다. 클랜 단원들은 아버지가 마커스 가비Marcus Garvey(1887~1940, 자메이카 태생의 미국 흑인 지도자_옮긴이)의 ‘아프리카로 돌아가자’라는 주장을 오마하의 ‘선량한’ 흑인들 사이에 퍼뜨리면서 ‘말썽을 일으키는’ 꼴을 ‘선량한 백인 기독교도들’이 더 이상 두고 볼 수가 없으니 우리 가족이 마을에서 떠나는 게 좋을 거라고 어머니에게 큰 소리로 협박 겸 경고를 했다(이것이 알렉스 헤일리가 취재하여 구성한 《말콤 엑스》의 제1장 ‘악몽’의 첫 문단이다).

어머니 뱃속에서 KKK를 만나다

미국인들은 물론이고 세계 여러 나라 사람들이 영화나 텔레비전에서 자주 본 공포의 단체 KKK, 두건으로 얼굴을 가리고 눈만 빼꼼이 드러낸 채 말을 타고 총칼을 휘두르면서 흑인들과 인권운동자들의 집에 불을 지르거나 린치를 가하는 자들. 말콤 엑스는 어머니의 뱃속에서 그들의 끔찍한 행태가 장차 자기가 맞서야 할 인종주의자들의 본질임을 예감이나 했을까?

이 책의 두 번째 문단은 말콤의 아버지가 1917년이라는, 미국 흑인운동의 암흑기에 얼마나 과감하고 진취적으로 살고 싸웠는지를 보여주고 있다.

> 나의 아버지, 얼 리틀Earl Little 목사는 침례교회 순회목사인 동시에 마커스 오렐리어스 가비가 세운 세계흑인개선협회UNIA의 열성적인 조직담당자였다. 가비는 아버지와 같은 추종자들의 도움을 받아 뉴욕시의 할렘에 있는 본부에서 흑인종 순수성의 기치를 치켜들고, 흑인 대중은 선조의 고국인 아프리카로 돌아가라고 열렬히 권고하고 있었다. 이런 연유로 해서 가비는 이 세상에서 가장 말썽 많은 흑인이 되어 있었다(《말콤 엑스》 상권, 22쪽).

말콤 엑스는 버락 오바마처럼 흑인 아버지와 백인 어머니의 아들로 태어났다. 그런데 말콤의 어머니 루이즈 리틀Louise Little(처녀 적 이름은 루이자 노턴Louisa Norton)은 엄밀하게 따지면 정상적인 결혼으로 태어난 백인이 아니었다. 말콤은 스코틀랜드계인 외할아버지가 어머니의 수치였다고 자서전에 썼다. 그는 "내 안에 흐르는 백인 강간자의 피 한 방울 한 방울을 증오한다"고 말하곤 했다. 이런 진술로 미루어보면, 말콤 엑스의 어머니는 '순수한' 백인 혈통으로 높은 지적 수준을 지녔던 버락 오바마의 어머니와는 근본적으로 다름을 알 수 있다.

말콤의 아버지는 키가 192센티미터나 되는 거한으로서 피부색은 아주 까맣고 외눈박이였다. 말콤은 아버지가 한 눈을 잃은 까닭을 모른다고 했는데, 어쨌든 아버지는 조지아 주에서 태어나 학교 교육이라고는 3∼4년

밖에 못 받은 사람이었다. 아버지의 형제 여섯 명 중에서 셋이 백인에게 살해되고, 다른 한 사람은 린치를 당해 죽었다. 바로 그것이 얼 리틀이 목숨을 걸고 흑인 사이에 '아프리카로 돌아가자'라는 철학을 전파하기로 결심한 동기였다고 한다. 그러나 그 아버지마저도 의문의 비명횡사를 하게 된다.

말콤 엑스는 '깨어 있는 흑인'이었던 아버지조차 하얀 피부에 대한 동경심이 아주 강했다고 회상했다. 말콤은 일곱 번째 자식이었는데, 아버지는 남매들 중에서 피부색이 가장 연한 말콤을 편애했다. 말콤이 어머니의 유전자를 가장 많이 받은 '물라토mulato'(중남아메리카의 혼혈 가운데 백인과 흑인의 제1대 혼혈아를 가리키는 말. 머리칼은 흑인을 닮아 곱슬곱슬하지만 피부는 밝은 갈색부터 암갈색까지 다양하다)처럼 보였기 때문이다.

말콤이 턱수염을 깎는다면?

필자는 최근 '말콤 엑스 공식 웹사이트'에 실린 그의 40대 시절 사진들을 보면서 '안경을 벗고 턱수염만 깎는다면 오바마하고 참 많이도 닮았겠다'고 생각했다. 훤칠한 키에 흑인으로는 '백인적 요소'가 강한 이목구비, 곱슬머리, '순 아프리카계 흑인'보다 훨씬 밝은 피부……. 그렇다면 오바마도 어린 시절에 '물라토'처럼 보인다는 말을 들었을까? 이것은 단순한 호기심의 소재가 아니라 미국사회에서 외모와 피부색이 청소년의 정신적 성장에 얼마나 심각한 영향을 미치는가를 연구할 때 가장 중요한 자료가 된다.

다시 얼 리틀 목사로 돌아가보자. KKK단을 비롯한 백인 인종주의자들과 흑인을 억압하는 세력에 쫓겨 미국 이곳저곳으로 이사하면서도 '흑인의 아프리카 귀환' 운동에 열성적이던 그는 의문의 죽음을 당한다.

1931년에 얼 리틀은 미시건 주 랜싱에서 전차에 치었다. 당국은 그가 사고로 죽었다고 판정했다. 말콤 엑스는 그의 자서전에서 흑인사회는 그의 사인에 대해 논박을 했다고 말했다. 그의 가족은 백인우월주의자들의 그룹인 '검은 군단Black Legion'의 괴롭힘을 자주 당했는데, 그의 아버지가 그 그룹이 1929년 그들의 집을 태웠다고 비난했다는 것이다. 어떤 흑인들은 검은 군단이 얼 리틀을 죽였다고 믿었다. 어떻게 얼 리틀이 '자기 머리를 강타하고 전차 선로에 가서 치어 죽을 수 있겠느냐'면서(《위키피디아》, 말콤 엑스 항목 중 '초년기'에서).

말콤 엑스가 나중에 갖은 범죄와 타락의 수렁에 빠져 헤매다가 미국 흑인과 세계 아프리카인들의 단결과 자립을 위한 운동의 강력한 지도자로 태어났을 때, 그는 알렉스 헤일리에게 이렇게 말했다.

…… 내가 나중에 들은 얘기지만 아버지의 두개골은 한쪽이 으스러져 있었다고 한다……. 아버지의 몸뚱이는 거의 두 동강이 나버렸다(《말콤 엑스》 상권, 35쪽).

어린 시절에 집이 불길에 휩싸이고, 이복까지 열 명이 넘는 남매들이 가난에 시달리며 핍박을 당하고, 결국에는 아버지의 비극적인 죽음까지 겪은 말콤 엑스가 그 모든 공포의 기억을 떨쳐버리고 흑인 해방의 투사로 태어난 것은 불가사의로 느껴지기도 한다. 그 과정은 뒤에서 다시 보겠다.

'흑인 정체성' 의심받은 오바마

그런데 버락 오바마의 아버지는 아들에게 어떤 존재로 어떤 영향을 끼쳤을까?

아버지는 아프리카 사람이었다. 케냐의 루오족 출신으로 알레고라는 지역에서 태어났다. 빅토리아 호 주변이었다. 마을은 가난했지만 아버지의 아버지는 뛰어난 농부였고 마을의 원로이자 의사였다. 나에게는 또 한 명의 할아버지이고, 함자는 후세인 온양고 오바마이다. 아버지는 염소를 치며 영국 식민지 정부가 세운 학교에 다녔다. 아버지는 학교에서 두각을 나타내며 장래성을 보였고, 마침내 장학금을 받으며 나이로비에서 유학했다. 그리고 케냐가 독립하기 전날, 아버지는 케냐의 지도자들과 미국의 후원자들에게 선발되어 미국에 있는 대학교에서 공부를 할 수 있게 되었다. 서구의 기술을 배워 새롭고 현대적인 아프리카 건설에 기여하게 한다는 프로그램에 따라서 대규모로 외국에 파견한 아프리카인 1세대 가운데 한 명으로 뽑혔던 것이다(《내 아버지로부터의 꿈Dreams from My Father》, 버락 오바마 지음, 이경식 옮김, 2007년 7월, 랜덤하우스코리아, 39쪽).

오바마가 2008년 6월 민주당 대통령 후보로 확정되기 오래 전에 세상에 널리 알려진 사실이지만, 그의 아버지는 '순 아프리카인'이었고, 그의 조상은 백인들 밑에서 종살이를 한 적이 없었다. 더구나 어머니가 백인이라는 이유로 미국 흑인사회에서는 오바마의 '흑인 정체성'에 의문을 제기하는 이들이 많았다고 한다. 무엇보다도 흑인들의 압도적 지지가 필요했던 오바마에게 이것은 가장 먼저 풀어야 할 과제였을 것이다.

결과적으로 오바마는 이런 의문을 극복하고, 흑인 대중의 지지를 많이 받던 힐러리 클린턴을 압도하고 대통령 후보로 확정되었다. 오바마가 민주당 대통령 예비선거뿐 아니라 본선에서도 크게 이길 수 있었던 것은 그 자신이 '흑인의 정체성'에 역점을 두지 않고 '미국의 통합'을 강조했기 때문이다. 그렇다고 해서 미국의 유권자들이 21세기의 첫 10년이 오기도 전에 최초의 흑인 대통령을 뽑으리라고는, 오바마가 2007년 2월 10일 일리노이 주 스프링필드에서 대통령에 출마하겠다고 발표하기 전에는 아무도 예상하지 못한 일이었다. 그런 예상을 뒤엎고 '오바마 대통령'을 만들어낸 그 자신과 선거캠프 그리고 민주당의 전략에 관해서는 뒤에서 알아보기로 하자.

오바마에 비하면 말콤 엑스는 어머니가 강간으로 태어난 '백인'이었다는 사실 말고는 철저히 흑인의 정체성을 가졌고, 흑인이 인간답게 살 수 있는 세상을 만들려고 목숨을 바친 사람이었다.

말콤은 중학교에서 가장 우수한 학생 중 한 사람이었다. 그러나 그는 8학년(우리나라의 중학 2학년) 때 학교를 중퇴해버렸다. 어느 날 백인인 영어 선생과 나눈 대화가 결정적인 계기가 되었다.

그는 내게 말했다. "말콤, 너도 장래 직업에 대해 생각을 해봐야 한다. 한번 생각해본 적이 있니?"

사실 나는 생각도 안 해봤다. 그런데 왜 그런 대답이 나왔는지 모르겠다. "네, 생각해봤습니다, 선생님. 변호사가 됐으면 좋겠다고 생각하고 있습니다." 그 당시 랜싱에는 분명 흑인 변호사가(의사도 물론) 한 사람도 없었으므로 내가 그런 야망을 품도록 인상을 심어줄 사람이 없었다. 내가 실제로 확실히 아는 것은 변호사가 나처럼 접시를 닦지 않는다는 사실뿐이었다.

오스트로우스키씨는 놀란 것 같았다. 그는 의자에 등을 기대더니 두 손을 머리 뒤로 가져가서 깍지를 꼈다. 그는 어렴풋이 웃음을 띠면서 말했다. "말콤, 인생에서 우리에게 제일 필요한 건 현실적인 자세다. 내 말을 오해하지는 마라. 여기 있는 사람들이 전부 너를 좋아한다는 건 너도 알 거야. 하지만 넌 깜둥이라는 사실을 현실적으로 알아야 해. 너는 네가 가질 수 있는 직업을 생각해볼 필요가 있어. 너는 물건 만드는 손재주가 좋지. 모두들 목수 솜씨를 높이 쳐준다. 왜 목수일을 해보겠다는 계획을 세우지 않니? 사람들이 인간적으로는 너를 좋아하니까 일거리는 얼마든지 얻을 수 있을 거야." 《말콤 엑스》 상권, 75쪽)

이 짧은 대화가 말콤 엑스의 정규교육을 끝내버리는 '도끼질'이 된 것이었다. 아버지가 의문의 죽음을 당한 뒤 어머니는 인사불성 상태로 병원에 갇혀 살았고 남매들은 풍비박산이 되었다. 소년원 생활을 하던 말콤은 8학년이 끝나는 날 학교를 그만두고 이복누나인 엘라가 사는 동부 매사추세츠의 보스턴으로 가는 그레이하운드 버스를 탄다.

말콤의 첫 직업은 구두닦이

보스턴에서 말콤이 구한 첫 직업은 나이트클럽의 구두닦이였다. 그는 '밤의 세계'에 살면서 출세한 흑인들이 백인 흉내내기를 하는 것을 날마다 보고 그것을 따라한다. '콩크conk'(곱슬머리를 약물로 풀어 백인처럼 보이게 하는 것)가 그 대표적인 보기였다. 그는 보스턴과 뉴욕을 오가는 열차에서 물건을 팔기도 하고 접시닦이도 하다가 27세인 1943년에 뉴욕시의 할렘으로 '진출'한다. 할렘은 세계 최대 도시인 뉴욕의 흑인 빈민가로서 범죄와 타락의 소굴이라고 불리는 곳이었다. 그는 거기서 마약 밀매, 도박, 사기와 공갈, 강도, 뚜쟁이 같은 '막장 인생'의 거의 모든 분야를 경험한다.

1945년 말 다시 보스턴으로 간 말콤은 패거리들과 함께, 부유한 백인 주택들을 털다가 이듬해 1월에 체포되어 8년형을 선고받고 매사추세츠 주 교도소에 수감된다.

그의 자서전을 이 대목까지 읽어보면 동서양에서 나온 어떤 소설 못지 않게 범죄 경력이 화려하고 다양하다. 나중에 흑인사회뿐 아니라 아프리카 민중운동 진영에서 가장 존경받는 사람 중 하나가 된 인물의 과거라고는 믿을 수 없을 것이다.

감옥에서 말콤 엑스의 별명은 '사탄'이었다. 그가 종교를 적대했기 때문이었다. 그러나 옥살이 하면서 만난 '빔비'라는 흑인(독학으로 상당한 지식을 쌓은 무신론자)의 권유에 따라 '영어통신 코스'를 시작하고 '라틴어 통신강좌'까지 받으면서 말콤의 새로운 삶이 시작된다. 이것이 그에게 찾아온 '작은 구원'이었다. 그는 '게걸스러운' 독서광이 되어 감방의 불이 꺼진 뒤에도 복도에서 스머드는 불빛으로 새벽까지 책을 읽곤 했다.

1948년 말콤 엑스에게 생애 최대의 '구원'이 찾아온다(이것이 나중에 그가 암살당하는 비극으로 이어진다고 추정되기는 하지만). 그의 형 필버트가 '이슬람 국가Nation of Islam'(약칭 NOI)를 소개하는 편지를 보낸 데서 그 구원은 시작되었다. 이슬람으로 개종한 말콤의 여러 남매 중 손아래인 레지날드는 가장 열성적인 '전도사'였다. "형이 돼지고기를 먹지 않고 담배를 끊으면 감옥에서 나오는 방법을 알려줄게"라는 그의 글을 보고 흥미를 느낀 말콤은 노포크 교도부락에서 옥살이 하던 기간 내내, '검은 이슬람교도들

Black Muslims'의 지도자인 일라이자 무하마드Elijah Muhammad(1897∼1975)와 편지를 주고받는다.

일라이자 무하마드는 미국 흑인운동사에서 긍정과 부정 양면으로 아주 중요한(나중에 자세히 살펴볼 마틴 루터 킹처럼) 인물이므로 여기서 간략히 언급하는 것이 좋겠다.

조지아 주 샌더스빌에서 태어난 그의 원래 이름은 일라이자 풀Poole이었다. 그는 말콤 엑스와 그 유명한 프로복서 무하마드 알리(원래 이름은 캐시어스 클레이Cassius Clay) 그리고 루이 패러칸Louis Farrakanh(1933년생, 말콤 엑스의 영향을 받아 NOI에 들어가서 그의 부목사로 일하다가 말콤이 탈퇴한 뒤 NOI의 초대 대변인이 됨)의 종교적 스승이자 삶의 지표였다. 그는 침례교 목사의 아들이었으나 성인이 되자 미국 최초의 이슬람 단체에 들어가서 잠시 활동하다가 1934년에 NOI를 창시한 뒤 급격히 교세를 넓혀 강력한 흑인 지도자가 되었다.

위대한 스승을 만나다

1952년 가석방으로 출옥한 말콤 엑스는 디트로이트의 이슬람 제1사원에서 '위대한 스승' 일라이자 무하마드를 만난다.

나는 전혀 알지도 못하는 죄수인 나에게 시간을 내어 편지를 써 준 그 위대한 알라신의 사도를 눈이 뚫어져라 쳐다보았다. 그는 우리 흑인을 너무 사랑했기 때문에 우리를 인도하기 위해 그의 생애를 고통과 희생으로 보낸 사람이라고 내가 들었던 바로 그 사람이었다. 그가 말을 시작하자 나는 그의 한 마디도 놓치지 않으려고 몸을 앞으로 내밀었다(《말콤 엑스》 상권, 319쪽).

무하마드를 만나서 설교를 듣고 대화를 하면서 말콤은 독실한 무슬림이 되어 성을 '엑스X'로 바꾼다. "리틀이란 이름을 가진 푸른 눈의 백인 악마가 그의 성을 나의 아버지쪽 선조에게 붙여준 것 대신에" 이슬람 민족의 성으로 엑스를 받았다는 것이다. 엑스는 노예인 흑인이 선조를 모른다는 의미였다.

일라이자 무하마드의 각별한 신임을 얻은 말콤은 '이슬람 국가'에서, 세속적으로 말하면 초고속 승진을 했다. 그는 1953년 6월, 디트로이트에 있는 제1사원 부목사로 임명된 이래 보스턴 제1사원을 개설하는 등 눈부신 활약을 한다. 그는 1959년 뉴욕에서 '증오가 낳은 증오'라는 제목으로 NOI에 관해 텔레비전 방송을 한 것을 계기로 전국에 널리 알려졌다.

당연히 미국 주류사회와 보수세력은 '백인은 악마'라고 공공연히 주장하는 말콤을 미국을 전복하려는 '불온분자'로 여기게 된다. 연방수사국 FBI이 그를 도청하고 미행했음은 물론이다.

말콤이 1952년 NOI에 가입했을 때 500여 명에 불과하던 신도가 그가 탈퇴하기 전인 1963년까지 2만 5000여 명으로 늘어난 데는 그의 공이 절대적이었다. 그는 미국 이슬람운동에서 일라이자 무하마드 다음으로 영향력이 큰 지도자가 되어 있었다.

위대한 스승과 결별하다

그러나 마침내 말콤이 무하마드와 결별하고 NOI를 떠나는 시간이 온다. 1963년 11월 대통령 케네디가 텍사스 주 댈러스에서 암살당하자 언론의 논평 요구를 받은 말콤이 '자업자득'이라고 대답한 것이 무하마드를 격분시켰다. 무하마드는 말콤에게 6개월 자격정지를 명한다. 결별의 더 결정적인 원인은 무하마드의 간음과 사생아였다. '무하마드가 개인 비서

흑인 운동의 대표적 지도자 말콤 엑스

들과 간통해서 잇따라 임신하게 했다'는 교단 안의 소문을 믿으려 들지 않던 말콤은 오랜 번민 끝에 당사자들을 만나 소문이 사실임을 확인하고는 청천벽력 같은 충격을 받고 '이슬람 국가'를 떠난다. 이밖에도 그가 무하마드와 결별할 수밖에 없게 만든 것은 '세계적 스타'가 된 말콤에 대한 무하마드 자신과 교단 간부들의 질시와 모함이었다.

목숨을 바칠 각오로 열중했던 '이슬람 민족' 운동을 떠난 말콤 엑스는 말할 수 없는 고뇌에 빠져 있다가 이슬람의 성지인 사우디아라비아의 메카로 '하지'(순례)를 떠난다. 그는 세계 곳곳에서 모여든 여러 인종의 무슬림들과 대화하고 기도하면서 '백인은 악마'라는 고정관념을 떨쳐버린다.

여기 이 고대의 성지, 아브라함과 마호메트 및 성서에 나오는 그 밖의 모든 선지자들의 고향에서 피부색과 종족이 제각기 다른 사람들이 보여준 것만큼 진지한 환대와 참된 형제애의 정신을 나는 본 적이 없다. 지난 주일 동안 내내 나는 '온갖 피부색의 사람들이 내 주위 사람들에게 보여주는 친절을 목격하고 완전히 말문이 막히고 넋을 잃을 정도였다(《말콤 엑스》 하권, 207쪽).

그는 이때부터 수니파(시아파와 함께 이슬람의 양대 교파)로 개종하면서 엘 하지 말리크 엘 샤바즈라는 아랍식 이름을 본격적으로 사용한다.

말콤은 메카 순례 이후 행동반경을 넓혀 아프리카 여러 나라를 방문하면서 흑인의 단결과 우애, 모든 인종의 평화공존을 강조한다. 그는 '아프리카계 미국인 단결기구Organization of Afro-American Unity'(약칭 OAAU)의 의장으로서 아프리카 단결기구OAU와 연대하여 열정적으로 활동한다.

말콤 엑스 최후의 날

마침내 운명의 날이 온다. 1965년 2월 21일 말콤 엑스는 뉴욕 맨해튼의 오더본 볼룸에서 열린 OAAU의 모임에서 연설하고 있었다.

"…… 앞줄의 사나이 세 명이 벌떡 일어서서 말콤 엑스를 겨냥하고 일시에 총을 쏘아댔어요. 그것은 마치 총살집행장면 같았어요."
말콤 엑스는 그를 명중시킨 열여섯 발의 총알 중 첫 알을 맞는 순간 한 손이 가슴 위로 내려졌다. 다음 순간 다른 한 손이 위로 치켜올려졌다. 그의 왼손 가운데 손가락은 총탄에 으스러졌으며 그의 턱수염에는 피가 흥건했다. 그는 가슴을 손으로 움켜쥐었다. 그리고는 그의 거대한 몸집이 뻣뻣하게 뒤로 넘어지며 의자 둘을 쓰러뜨렸다(《말콤 엑스》 하권, 351쪽).

미국 경찰은 '검은 이슬람교도' 세 명을 체포했는데, 당연히 '1급살인'
으로 사형을 당했어야 마땅한 그들은 20여 년 남짓 옥살이를 마치고 풀려
났다. 그러나 말콤 엑스의 사후 지금까지 미국에서는 국가 정보기관이 암
살에 간여했으리라는 주장이 사라지지 않고 있다.

필자는 그 장면을 다시 읽으면서 '해방공간'의 혼란기에 암살당한 백
범 김구 선생과 몽양 여운형 선생을 연상했다. 그리고 마하트마 간디와
자와할랄 네루도 생각났다. 개인적인 고백을 하자면 필자는 2008년 미국
민주당 예비선거에서 힐러리 클린턴이 이기기를 은근히 바랐다. 부시를
반드시 눌러야 세계가 훨씬 더 편안해질텐데, 오바마가 후보가 되면 인종
주의자들과 극우보수 세력의 암살 대상이 될 수도 있다는 걱정 때문이었
다. 아들 부시가 임기 8년 동안 이라크와 아프가니스탄에서 목숨을 잃게
한 그 많은 사람들의 넋을 위로하기 위해서라도 부시의 길을 따를 가능성
이 큰 존 매케인의 당선은 막아야 할 일이었다.

돌이켜보면 2000년에 앨 고어가, 2004년에 존 케리가 패배함으로써 미
국에는 끔찍한 역사의 퇴행이 나타났다. 한반도에서는 더 앞당겨질 수도
있었던 북한의 개방이 끝내 무산되고 말았다. 민주당과 공화당이 같은 보
수라 하더라도 상대적으로 극우에 가까운 보수가 집권하면 그토록 파괴
적인 결과가 나타나는 것이다. 말콤 엑스가 암살당한 1965년에 오바마는
네 살이었다. 그러니 그가 말콤의 죽음을 알았을 리가 없다.

마약 중독자, 뽕쟁이 오바마

오바마의 첫번째 저서이자 자서전인 《내 아버지로부터의 꿈》을 보면
그는 말콤처럼 심하지는 않았지만 검은 피부 때문에 겪어야 하는 인종 차
별을 괴로워하면서 방황과 탈선의 늪에 빠져 허우적거렸다.

마약중독자, 뽕쟁이. 흑인 청년인 내가 가고자 하는 최종적인 그리고 치명적인 기착지가 그것이었다. 나는 내가 얼마나 형편없는 녀석이었는지 증명하려고 애썼다. 하지만 어쨌거나, 적어도 내가 누구인가 하는 의문들과 내 마음속 풍경들을 지워버리고 또 내 기억의 못난 것들을 지워버릴 수 있는 무언가를 얻기 위해서였다. 그리고 술에 취한다는 것이 백인 친구의 반짝이는 새 자동차 안에서, 혹은 학교 땡땡이치고 나와 말썽 일으킬 게 없나 하고 두리번거리는 하와이 원주민 아이들 몇몇과 해변에 앉아서 마리화나를 피우는 것과 별다를 게 없다고 생각했었다(위의 책, 174~175쪽).

오바마는 고등학교 시절에 술과 마리화나에 빠지기는 했지만 본격적인 마약인 코카인이나 헤로인에는 손을 대지 않고 인생 초년의 위기를 벗어날 수 있었다. 오바마가 그렇게 '구원' 받을 수 있었던 가장 큰 원인은 그에게 확실한 뿌리가 있다는 것이었다. 지성과 진취성을 아울러 갖춘 어머니가 방황하는 아들을 끈질기게 설득해서 로스앤젤레스 근교의 옥시덴탈 칼리지에 진학시킴으로써 그는 흑인청년으로서는 쉽지 않은 엘리트의 길로 들어설 수 있었다. 말콤 엑스가 중학교 2학년을 마치고 범죄와 방탕의 수렁으로 떨어진 것과는 정반대다.

오바마의 더 확실한 뿌리는, 비록 아내와 아들을 버리고 하버드대에서 공부하는 길을 택하기는 했지만 나중에 모국인 케냐로 돌아가서 공직생활을 한 아버지였다.

옥시덴탈 칼리지 2학년을 마친 오바마는 뉴욕시의 콜럼비아대학교 3학년으로 편입한다. 미국 뉴잉글랜드의 아이비리그 8개 대학 중 한 곳에 들어간 것이다. 지금도 미국뿐 아니라 세계 여러 나라에서 우수한 학생들이 머리를 싸매고 공부해서 입학하려고 한다는 바로 그 대학에 말이다. 대학을 마치고 시카고의 빈민지역에서 일하던 오바마는 법률전문가가 될 필요를 느끼고 하버드대학교 로스쿨에 지원해서 합격한다. 피부가 희지 않고 앵글로색슨족이 아니라는 것 말고는 그 어떤 와스프에 못지않은 엘리트의 요건을 갖춘 것이다.

그는 하버드 로스쿨에 들어가기 전에 케냐를 방문한다. 그때는 아버지가 이미 세상을 떠난 뒤였다. 아버지인 버락 오바마 1세는 케냐 수도 나이로비에서 큰 집과 큰 차를 갖고 풍족한 생활을 하다가 관광부 장관이 되었으나 조모 케냐타 대통령과의 불화 때문에 해임당하고 '백수'가 된다. 빈민가의 허름한 집에 살다가 케냐타가 죽은 뒤 재무부장관이 된 아버지는 그 자리를 물러난 뒤 마지막 몇 해를 비통함과 후회 속에 살았다고 한다.

> 오바마는 할머니에게서 아버지의 이야기를 들었다. 자신을 버린 아버지 또한 아홉 살에 어머니에게서 버림받았으며 10대 시절에는 그 아버지의 난폭한 성격 때문에 피나도록 맞고 버려졌음을 알게 되었다.
>
> ……
>
> 그렇게 무덤 옆에 서서 오바마는 자기가 인생에서 처음으로 아버지를 알고 이해했다고 그리고 용서했다고 생각했다. 아버지는 절망에 굴복하지 않았다. 아버지는 대담하게도 희망을 가졌던 것이다. 그리고 처음으로 아들은 아버지를 위해 눈물을 흘렸다(《꿈과 희망, 버락 오바마의 삶》, 스티브 도허티 지음, 김혜영 옮김, 2008년 3월, 송정문화사, 151, 153쪽).

오바마, 뿌리를 찾다

오바마는 아버지의 고향에서 만난 사람들에게서 보고 들은 것을 통해 자신의 뿌리와 정체성을 확인하게 된다. 이것은 그가 대통령 후보로 나서면서 '버락 후세인 오바마'라는 이름이 득표에 불리함을 알면서도 고수하는 동기가 되었다.

오바마가 말콤 엑스의 자서전을 읽은 것은 하와이에서 고등학교를 다니던 시절인 것 같다. 그는 '흑인은 왜 차별을 당하는가, 어떻게 살아야 하는가'를 고민하던 시절에 관해 이렇게 썼다.

> 말콤 엑스만이 포기하지 않은 듯 보였다. 다른 사람들은 포기한 곳에서 …… 오바마는 말콤이 구원으로 가는 자신만의 길을 발견한 것처럼 보였다. 그러나 말콤마저도 그의 깊고 깊은 고통에 대한 치료법을 제시할 수 없었고, 그의 찢어진 상처를 치료해줄 수 없었다. "그는 그가 한때 가졌던 바람, 그 안에 흐르는 흰색 피, 폭력행위(강간)에 의해 얼마간 닦아낼 수 있을지도 모른다는 바람에 관해 이야기했다."(위의 책, 116쪽)

아직 고등학교를 졸업하지 않은 오바마가, 말콤이 '이슬람 국가'를 탈퇴하고 '백인은 악마'라는 고정관념을 벗어나서 미국 흑인은 물론이고 아프리카인들의 화합과 단결을 위한 지도자로 바뀌었다는 사실을 바로 이해하기는 어려웠던 것 같다.

오바마가 직접 쓴 책인 《내 아버지로부터의 꿈》에는 말콤 엑스에 관한 내용이 간략하게 나올 뿐이다. 그는 시카고에서 흑인 빈민들을 위해 일하던 시절 루이 패러칸(일라이자 무하마드의 후계자)이 이끄는 '이슬람 연합'이

혹인 민족주의를 강조하면서도 독선과 세속적 천박함과 상업주의에 빠진 것을 보고 실망하던 때를 이렇게 기록했다.

> 말콤 엑스의 손에서는 혁명적이었던 것, 예컨대 더는 참을 수 없다고 했던 것이 말콤 엑스가 뿌리를 뽑자고 힘주어 외쳤던 바로 그 대상으로 바뀌어버린 것이다. 또 하나의 환상, 또 하나의 위선이 생겨난 것이었다. 행동에 나설 수 있는 또 하나의 핑계가 생긴 것이었다(《내 아버지로부터의 꿈》, 341~342쪽).

오바마가 서른네 살에 초판을 낸 이 책에서 말콤 엑스를 '백인 배척주의자' '실패한 혁명가'로 판정한 시각은 그 뒤에도 바뀐 것 같지 않다. 오바마가 연방 상원의원 시절인 2006년에 낸 두 번째 저서 《버락 오바마, 담대한 희망The Audacity of Hope》(홍수원 옮김, 2007년 7월, 랜덤하우스코리아)에는 말콤 엑스에 관한 언급이 보이지 않는다.

▨ 마틴 루터 킹과 버락 오바마

마틴 루터 킹 2세는 1929년 1월 15일 조지아 주 애틀랜타에서 태어났다. 마가렛 미첼의 유명한 소설을 영화로 만들어 수십 년이 넘도록 인기를 누리고 있는 〈바람과 함께 사라지다〉의 주요 무대가 바로 그 도시로 인종 차별이 아주 심한 곳이었다. 그의 아버지 마틴 루터 킹 1세는 침례교 목사였다. 열다섯 살 때 모어하우스 칼리지에 입학해서 사회학 학사학위를 받은 킹 2세는 펜실베이니아 주의 체스터에 있는 크로저신학교를 마치고 1955

년 보스턴대학교에서 조직신학 전공으로 철학박사 학위를 받았다.

킹은 너무나 유명한 인물이어서 여기에 새삼스럽게 소개할 필요가 없겠다는 생각도 들지만 대다수 미국인들뿐 아니라 우리나라 사람들도 그에 관해 모르는 일들이 있을 것이므로 그 이력을 짚어보는 것이 좋겠다. 그는 비교적 유복한 청소년기를 보냈으므로 침례교 목사가 되어 민권운동에 앞장선 시기를 중점적으로 살펴보겠다.

생시보다 사후에 더 유명해진 킹

킹은 오바마처럼 화려한 학력은 아니지만 1940년대부터 50년대 중반까지 공부를 한 흑인으로서는 특출하게 '엘리트 코스'를 밟은 사람이었다. 그의 이름은 생시보다 사후인 1983년 11월 2일부터 더 널리 알려지기 시작한다. 그날 로널드 레이건 대통령이 킹을 기념하는 공휴일을 제정한다는 법안에 서명한 것이다. 1986년 1월 20일에 공식적으로 시작된 '마틴 루터 킹 2세의 날'은 해마다 킹의 생일에 가까운 1월 셋째 월요일(2009년에는 오바마의 대통령 취임식 전날인 1월 19일)에 지켜진다. 미국 시민으로서 국가적 공휴일에 이름을 올린 사람은 킹이 처음이라고 한다. 일명 '조지 워싱턴의 날'이 있지만, 공식 이름은 '대통령들의 날'이다. 그리고 '콜럼버스의 날'은 이탈리아인의 이름을 딴 것이다. 미국의 주요 공휴일인 현충일, 독립기념일, 노동절, 재향군인의 날, 추수감사절, 크리스마스 그 어디에도 개인의 이름은 없다. 이렇게 보면 미국에서 킹은 '영원하고 위대하다.'

1954년에 앨라배마 주 몽고메리에 있는 덱스터 애비뉴 침례교회에서 목회 활동을 시작한 킹 2세는 1955년의 '몽고메리 버스 보이콧'을 시점으로 흑인 민권운동에 적극 참여한다. 그해 3월에 15세의 흑인 여학생인 클로데트 콜빈이 법률(짐 크로우법)의 규정에 따라 백인 남학생에게 자리를

미국의 우상으로 자리매김한
마틴 루터 킹 2세

양보하지 않고 그대로 앉아 있던 것이 사건의 발단이었다. 같은 해 12월 에는 로자 파크스가 그 여학생과 똑같은 행동을 했다가 경찰에 체포된다. 전국적으로 그 악법에 대한 비난이 일어나는 가운데 킹 목사가 주도한 '버스 보이콧' 운동이 385일 동안이나 계속된다. 킹의 집에는 폭탄이 투 척되고, 그는 체포된다. 결국 지방법원의 판결에 따라 몽고메리의 모든 통학버스에서 인종차별이 끝난다.

1957년 킹 2세는 랠프 애버너시를 포함한 여러 민권운동가들과 함께 남부기독교지도자회의SCLC를 창설한다. 민권 개선을 위한 비폭력 저항을 선도할 단체를 만든 것이다. 1963년에 법무부 장관 로버트 케네디의 서면 지시를 받은 FBI는 킹 목사의 전화를 도청하기 시작한다(그때 도청 내용과 기록이 나중에 공개되어 그는 큰 타격을 받는다). 당시 FBI 국장 에드가 후버는 공산주의자들이 민권운동에 침투할까봐 그랬다고 주장했으나 그런 증거 가 나타나지 않자, 그후 5년 동안 킹을 그 운동의 지도적 위치에서 몰아내려고 도청 테이프를 '활용'한다.

그러나 킹은 굴복하지 않고 흑인의 투표권을 확보하고 인종 분리를 철폐하며 노동권을 비롯한 민권을 쟁취하기 위한 행진을 조직하고 주도한다. 킹은 1964년 플로리다 주의 세인트 오거스틴에서 벌어진 야간 행진에 참여했다가 백인 분리주의자들의 습격을 받는다. 그리고 1964년 12월에는 앨라배마 주 셀마에서 비폭력학생협력위원회SNCC와 함께 여러 달 동안 투표자 등록 운동을 펼친다.

나에게는 꿈이 있습니다

마틴 루터 킹 2세의 이름이 전 세계에 널리 알려진 것은 1963년 늦여름의 '워싱턴 대행진' 때였다. SCLC의 의장을 맡고 있던 킹 목사가 대행진의 초점을 바꾸라는 존 F. 케네디 대통령과 타협했다는 비판이 나오기도 하지만 8월 28일 열린 그 이벤트는 미국 역사상 보기 드문 장관을 연출한다. 25만여 군중이 흑인의 민권운동을 지지하면서 워싱턴 기념비 앞에 모여 링컨 기념관까지 행진한 것이다. 킹 2세는 거기서 그 유명한 '나에게는 꿈이 있습니다'라는 연설을 한다.

킹 목사는 1965년부터 대규모로 확대된 베트남 전쟁을 거센 목소리로 비판한다. 그는 미국이 베트남을 식민지로 만들려고 싸움을 하고 있다면서 미국 정부가 '세계 최대의 폭력 납품업자'라고 비난한다. 킹 목사는 1968년에 경제 정의를 위한 '빈민 운동'을 시작하는데, 그해 4월 4일 저녁 6시 멤피스 주의 로레인 모텔 발코니에서 암살자의 총탄을 맞고 쓰러진다. 그의 사후 두 달 뒤에 런던의 히드로 공항에서 체포되어 미국으로 압송된 암살범 제임스 얼 레이는 재판에서 99년형을 선고받고 수감된다. 이 암살에 관해서도 케네디 대통령의 경우처럼 '음모설'이 꾸준히 제기되었으나 구체적 증거는 드러나지 않았다.

그런데 현대 미국 흑인운동의 대표적 지도자인 말콤 엑스와 마틴 루터 킹 2세에 관한 자료들을 보면, 말콤에 대해서는 도덕성을 문제 삼는 것이 거의 눈에 띄지 않는다. 킹은 말콤 엑스와는 정반대로 살아서 활동하던 때부터 도덕성 시비를 자주 받아 왔다. 그러나 그가 생시와 사후에 받은 상들과 훈장과 명예는 말콤에 비하면 하늘처럼 높고 크다. 킹에 대한 미국과 세계의 존경과 추앙은 그 목록을 일일이 적기가 어려울 정도다. 대표적인 것들만을 보면 아래와 같다.

- 미국과 국외 대학들에서 최소한 50개의 명예박사학위
- 1964년 노벨평화상
- 1965년 미국유태인위원회의 '아메리카 자유메달'
- 1963년 교황 요한 23세가 수여한 '파쳄 인 테리스' 상
- 킹의 사후인 1971년 그래미상에서 '최우수 연설 앨범' 부문 상

이밖에도 킹은 1976년 지미 카터 대통령에게서 '대통령 자유훈장'을 받았다. 2004년에 킹과 그의 부인은 미국의회 금장Gold Medal을 탔다. 킹은 '20세기에 가장 존경받는 인물'(갤럽 선정)에서 2위였고, 시사주간지 《타임》의 여론조사에서는 '20세기의 인물' 중 6위였다. 케이블텔레비전인 《디스커버리》와 인터넷 전문의 AOL이 '가장 위대한 미국인'을 뽑은 콘테스트에서는 3위를 차지했다. 그리고 미국에서 730개 도시가 킹의 이름을 딴 거리를 갖고 있다. 마지막으로 미국 성공회와 루터교회는 그를 '성인'으로 추대했다.

킹은 표절꾼이었는가

그런데 킹 2세의 생시와 사후의 화려한 명예를 얼룩지게 한 것은 무엇보다도 '표절'이었다. 영국의 일간지 《데일리 텔리그래프》의 프랭크 존슨 기자는 1989년 12월 3일자 신문에 '마틴 루터 킹—그는 표절꾼이었는가?'라는 제목의 기사를 올린다. 그 일간지가 '선정적'이라는 평판을 받아서 그런지 미국의 주요 신문들은 한 해 가까이 침묵을 지켰다. 그러나 1990년 11월 9일, 《월스트리트 저널》이 '킹 연구자들, 실망스럽게도 골치 아픈 패턴을 발견하다'라는 기사를 내보내자 《보스턴 글로브》와 《뉴욕타임스》를 포함한 신문들이 비슷한 내용을 보도했다. 그 요지는 아래와 같다.

부인 코레타 스콧 킹 여사가 킹 박사의 논문들을 스탠포드대학교에 기증했는데, 1980년대 말에 그 논문들을 분류해서 목록을 작성하던 프로젝트 담당자들이 킹의 보스턴대학교 박사학위 논문인 〈폴 틸리히와 넬슨 위먼의 신 개념 비교〉가 보스턴대에서 3년 전에 다른 학생(잭 부저)이 제출한 학위논문에 담긴 많은 부분들을 포함하고 있다는 것이었다.

킹이 조직신학으로 철학박사 학위를 받은 보스턴대의 조사 결과, 킹은 그 주제로 글을 쓴 여러 저자들의 논문에서 학위논문 주제의 주요 부분들을 표절한 것으로 드러났다. '킹 논문 프로젝트'에서 킹의 초년기 삶에 관한 연구를 지도한 민권운동역사가 랠프 E. 루커에 따르면, '대승불교의 주된 특성과 법리'라는 킹의 논문은 거의 전적으로 제2의 전거에서 베낀 것이었다.

그러나 미국의 많은 신문 사설들은 킹이 그런 행동을 했다 하더라도 그는 여전히 위대한 사람이라면서 그를 옹호했다. 보스턴대는 킹이 부적절한 행동을 했지만 그의 박사학위 논문은 여전히 학문에 기여하는 바가 있다면서 학위를 취소하지 않기로 결정했다. 그에 비해 캐나다의 브리티

시콜럼비아 대학교는 킹이 완전히, 또는 부분적으로 남의 저작을 대학 시절 논문에 도용한 것을 가장 심각한 표절의 예시로 들었다고 한다.

여기서 독자들은 무엇을 연상할까? 바로 우리나라에서 근래 몇 해 동안에 벌어진 일들일 것이다. 특히 정치인, 고위관리, 학자들이 표절이 발각되어 더 높은 자리에 오르거나 대학 총장이 되지 못한 사건들 말이다.

킹의 표절행위 중 다수가 사실로 입증되었다면(일부가 혐의에 불과하더라도) 그가 생시와 사후에 받은 그 수두룩한 훈장과 명예 그리고 무엇보다도 '성인' 칭호를 어떻게 할 것인가?

'킹의 날' 제정한 보수 세력

그런데 킹이 표절을 거듭했다는 사실을 알면서도 왜 극우 보수 세력의 최상층부에 있던 로널드 레이건 대통령이 '마틴 루터 킹 2세의 날' 제정에 흔쾌히 동의했으며, 비슷한 성향의 공화당 상하원 의원들 다수가 법안에 찬성했을까? 그것은 철저히 정치적 계산의 결과였다. 흑인들의 우상이자 미국 시민으로서 세계적으로 존경을 받는 킹을 '국가적 영웅'으로 추앙하는 기념일을 정하고 영원히 기리자는 법안에 반대하면, 유권자의 10퍼센트 이상을 차지하는 흑인들의 표를 거의 잃을 것이 뻔했다. 그리고 민주당이 그런 법 제정에 반대한다면 전통적 지지층인 흑인들이 등을 돌릴 것이었다. 다른 한편으로는 미국에서 크게 성장한 민권운동의 '대부'인 킹을 부정하면 많은 백인들의 지지를 잃어버릴 수 있다는 걱정도 컸을 것이다. 레이건도 아버지 부시도 민주당의 에드워드 케네디도 하나가 되어, 킹의 표절에 문제를 제기하지 않고 '킹의 날' 선포에 적극 찬동한 것은 그런 계산 때문이라고 보아야 하지 않을까?

마틴 루터 킹 2세를 미국의 우상icon으로 법제화하는 데 격렬히 반대한

이들은 제시 헬름스(1921~2008, 노스캐롤라이나 주 정치인으로 1973년부터 2003년까지 연방 상원의원을 지냄. 보수 세력의 대표적 인물)를 비롯한 공화당 의원들 소수였다. 헬름스는 "공산주의자들과 내통한 데다 부도덕한 성직자인 킹을 위한 기념일을 제정하는 것은 부당하다"고 주장하면서 FBI의 도청 기록을 근거로 조직적인 반대운동을 주도했다. 그는 상원이 법안을 승인하는 것을 막으려고 16일 동안 의사진행 방해filibuster를 했지만 공화당과 민주당 상원의원들의 압도적 지지에 밀려버렸다.

지금까지 말콤 엑스와 마틴 루터 킹 2세의 삶과 투쟁 경력을 비교해보았다. 범죄세계에서 헤매던 말콤은 '이슬람 민족'을 만나면서 완벽할 정도로 도덕적인 생활을 했고, 킹 2세는 흑인의 민권을 위해, 테러와 옥살이를 견뎌내면서 비폭력 운동을 이끌었다(아쉽게도 표절이 그의 이력을 얼룩지게 하기는 했지만).

우리가 인간을 평가할 때 도덕만을 잣대로 삼는다면 완벽한 이는 거의 없을 것이다. 바로 이런 관점에서 말콤 엑스와 킹 2세를 대비하면서 두 지도자의 사상과 신념, 흑인의 인간화를 위한 전략 등을 상세하게 전해준 책이 있다. 뉴욕의 유니온신학대에서 조직신학을 강의하는 제임스 콘James Cone 교수가 쓴 《맬컴X Vs. 마틴 루터 킹》(원제는 Martin& Malcom & America. 정철수 옮김. 2005년 6월, 갑인공방)이 바로 그 책이다(콘은 '머리말'에서 "나는 아프리카계 미국인 신학자로서 마틴 루터 킹에 의해 형성된 기독교 신앙에 기초한 관점과 말콤 엑스가 명확히 한 흑인의식black consciousness을 동시에 지녔다. 스무 해가 넘는 세월 동안 흑인 해방신학에 관해 글을 쓰고 가르치면서 나는 말콤 엑스와 마틴 루터 킹의 삶과 미국 내 기독교도들의 삶을 연결하기 위해 노력해왔다"고 밝힌다).

이 책의 한국어 번역본은 1964년 3월 26일 마틴 루터 킹 2세와 말콤 엑스가 상원의 토론회에 참석하러 국회의사당에 들어가다가 만나는 장면을

1964년 3월 26일 국회의사당 앞에서 처음이자
마지막으로 만난 말콤 엑스와 마틴 루터 킹

담은 사진으로 시작된다. 그것이 두 사람의 처음이자 마지막 만남이었다.

마틴과 말콤이 만나다

콘은 "마틴과 말콤의 만남은 흑인 운동에서 매우 심오하고 상징적인 의미를 지닌 일대 사건이었다"고 평가하면서 그 의미를 이렇게 풀이한다.

단순히 아프리카계 미국인 공동체를 이끄는 뛰어난 두 지도자가 만난 데 그치는 것이 아니었다. 이것은 아프리카계 미국인의 역사 속에 자리잡은 두 가지 커다란 저항의 전통이 만난 것이었다. 기독교 통합주의자인 마틴과 무슬림 민족주의자인 말콤은 함께 인종 차별에 맞서는 강력한 세력을 형성했다(위의 책, 19쪽).

콘은 미국의 언론매체 대다수가 두 사람을 경쟁자로 묘사했지만 마틴과 말콤은 서로 호의를 갖고 있었다고 말한다. 그러나 적어도 1963년 ‘워싱턴 대행진’ 당시에 말콤은 마틴을 아주 신랄하게 비판했다. 그는 킹 목사 진영이 케네디 대통령과 암묵적으로 합의하고 그 행사를 추진하는 것으로 보고 ‘어릿광대 놀이farce’라고 비난한 바 있다. 그러나 말콤이 일라이자 무하마드의 ‘이슬람 민족’을 떠난 뒤에 메카를 순례하고 수니파로 개종한 뒤부터는 킹 목사에 대한 비판적 태도가 사라졌다고 보아야 할 것이다.

무하마드와 결별하고 독립적 행보를 보인 시기 동안 말콤은 자신이 하는 일과 마틴이 하는 일을 드러내놓고 동일시했다. “킹 박사가 원하는 것은 내가 원하는 것과 같습니다. 그것은 바로 자유입니다!” 말콤과 마틴 모두에게 자유는, 흑인 민중이 스스로 인간다움을 확실히 말하고 자신들을 인간으로 인정하라고 백인에게 요구하는 것을 의미했다(위의 책, 407쪽).

말콤 엑스는 존슨 행정부가 베트남 전쟁을 확대하기 직전인 1965년 2월 21일에 암살당했다.

마틴 루터 킹의 꿈은 1965년에서 1968년 사이 미국의 대도시 곳곳과 베트남의 전쟁터에서 악몽을 목격한 이후 산산조각났다. 이제 마틴은 마치 말콤 엑스처럼 이야기하기 시작했다. 각자의 견해가 급격히 변화하면서 마틴과 말콤 두 사람은 비로소 서로의 미국관을 이해할 수 있게 되었다(위의 책, 7쪽).

여기까지 보면 버락 오바마는 말콤 엑스의 전투적 흑인 민족주의보다는 킹 2세의 비폭력적 통합주의를 선호하는 정치인임이 드러난다. 그는 정치적 계산에 따라 공화당의 극우 보수파들과 보조를 맞추기도 한 케네디가 형제들처럼 프로정치인이다.

프로 정치인 버락 오바마

그는 미국의 역대 대통령들 중 토마스 제퍼슨에 버금가는 지성, 에이브러햄 링컨의 포용력과 결단성, 테오도어 루스벨트의 통찰력과 추진력, 존 F. 케네디의 대중적 인기를 아울러 갖추었다는 평가를 받고 있다. 그러나 흑인 빈민지역에서 인권운동을 하다가 일리노이 주 상원의원이 되면서 그는 프로 정치인의 길로 들어섰고, 연방 상원의원이 된 뒤에는 워싱턴에서 '정치공학'과 권력 다툼을 생생히 체험하게 되었다. 더구나 이제는 미국권력의 최정상인 대통령 자리에 올랐으니 아마추어적 진실성과 도덕성만으로는 국내 정치와 외교를 밀고 나갈 수 없으리라고 확신할 것이다.

만약 오바마가 대통령에 출마하면서 "나는 조지 워싱턴이 연방 공직자 전체보다 많은 수의 노예를 소유한 대지주였는데도 그를 국부로 떠받들고 있는 미국이 부끄럽다" 거나 "표절 의혹을 받은 마틴 루터 킹 2세를 위한 공휴일을 제정한 것은 미국민들과 세계를 기만한 일" 이라고 공언했다면 민주당 예비선거에서 3등 안에도 못 들었을 것이다.

오바마는 대통령 출마를 선언하기 한 해 전인 2006년 11월에 이미 킹에 대해 최상의 경의를 표한 바 있다.

그는 마침내 한 국가가 스스로 변화를 통해 그 신조의 의미를 지켜가며 살기 시작하도록 이끌었습니다. 오래 전에 모세와 마찬가지로 그는 약속의 땅을 보지 못하고 삶을 마감했습니다. 그러나 그는 산꼭대기에서 우리에게 길을 보여주었습니다.

우리는 킹 목사를 비롯한 모든 사람이 그렇게 오랫동안 바라던 곳에 아직 도착하지 못했습니다. 하지만 이 기념관을 세움으로써 우리는 지금까지와는 다른, 더 나은 곳이 우리에게 손짓하고 있음을 알게 되었습니다.

저는 우리 딸들에게 킹 목사는 하느님께서 구하신 것을 행한 분이라고 말하겠습니다. 나머지는 아이들의 선생님과 역사책이 알려주도록 맡겨두겠습니다(마틴 루터 킹 2세 기념관 기공식 때 한 연설에서).

2007년 12월 한국 대통령 선거에서 전통적 '민주 세력'이라고 자부하던 진영은 보수임을 공언하던 한나라당에 참패했다. 한 해 가까이 실의에 빠져 있던 야당과 많은 국민들은 오바마가 매케인에 압승하자 "한국에서도 '제2의 오바마'를 만들어야 한다"고 생각했을 것이다. 수십 년 동안 피와 눈물로 이루어 온 민주화가 무너지고 있다고 보는 사람들이 그런 구상을 하는 것은 어찌 보면 당연하다. 그러나 민주 세력의 '재활'을 위해 오바마를 스승으로 삼고 싶은 이들은 그의 프로 기질을 냉정하게 인식한 뒤에 배울 것은 배우고 부정적인 면들은 비판적 시각으로 극복해야 할 것이다.

제4장

오바마의 짐과 과제

오바마의 짐과 과제

백악관에 들어간 버락 오바마는 '흑인 최초의 미국 대통령'이라는 영예에 도취할 시간이 없었을 것이다. 그는 1981년 1월부터 1989년 1월까지 8년 동안 로널드 레이건이, 그뒤 4년 동안 아버지 부시가, 2001년 1월부터 8년 동안 아들 부시와 '네오콘'이 그리고 부도덕한 자본가들과 보수 세력이 불가사리처럼 분탕질을 친 미국, 로마제국처럼 무너질지도 모르는 미국을 살려야 하는 짐을 안고 있다.

이것은 오바마와 민주당이 감당하기에는 너무나 버거운 짐이다. 거기에는 빌 클린턴의 대통령 재임기간(1993년 1월~2001년 1월)에 (공화당 정권보다 정도는 덜하더라도) 빚어진 정치, 경제, 사회적 모순들도 포함되어 있다.

오바마가 어깨에 걸머진 짐 가운데 가장 무거운 것은 물에 빠져서 허우적거리면서 가쁜 숨을 몰아쉬고 있는 미국의 경제일 것이다. 우리나라의 '국민오락'이라는 고스톱에 비유하자면, 오바마는 부시 패거리들이 '노세 노세'를 외치면서 즐기다가 수백점이나 잃어버린 고스톱 판을 "이제 당신이 해봐"라는 말과 함께 물려받은 셈이라고나 할까?

▨ 문제는 경제야, 버락

1992년 미국 대통령 선거에서 민주당의 클린턴 후보가 공화당의 '아버지 부시'에 맞서 내세운 대표적 구호는 '문제는 경제야, 바보야It's economy, stupid'였다. 이 촌철살인의 세 마디는 클린턴의 승리에 크게 기여했다는 평가를 받았다. 오바마는 당선이 확정된 뒤 취임식 날까지 밤마다 '문제는 경제야, 버락'이라고 자신에게 잠꼬대를 하지 않았을까?

1930년대의 대공황 이래 최악이라는 미국의 경제는 2008년 대통령 선거에서 버락 오바마가 공화당 후보를 누르는 데 크게 기여했다. 2007년 4월에 시작된 서브프라임 모기지론(비우량주택 담보대출) 파문으로 붕괴의 초기 단계로 들어선 미국 경제는 초대형 투자회사인 리먼브러더스가 2008년 9월 14일(오바마는 6월 4일 민주당 후보로 사실상 확정되었음) 법원에 파산신청을 한 것을 결정적 계기로 수습이 불가능한 듯한 위기에 빠졌다. 대통령 예비선거에서 가장 큰 쟁점이었던 '이라크 파병 미군 철수'는 경제의 뒷전으로 밀리고, '누가 미국 경제를 살리기에 가장 적임인가'가 대선의 초점이 되었다. 부시와 공화당을 경제파탄의 주범으로 본 다수 유권자들은 오바마를 지지했다.

조지 부시 2세의 임기 8년 동안 미국은 '세계에서 가장 부자 나라'라는 허울 좋은 이름뿐, 국가재정과 경기는 만신창이가 되어버렸다. 부시가 제43대 대통령으로 취임한 지 두 달만인 2001년 3월 정보기술IT 거품이 꺼지면서 시작된 경기 침체는 '100년 만에 최악'이라는 경제 위기를 후임자에게 떠넘겼다. 빌 클린턴 행정부에게서 2360억 달러의 흑자재정을 물려받은 부시는 2008년 기준으로 4550억 달러의 재정적자를 기록했다. 무려 7000억 달러 가까이 후퇴한 것이다. '부시의 유산'은 거기서 끝나지 않고

2009년 재정적자가 1조 달러를 넘을 것으로 추산된다고 한다.

흑자가 적자로 뒤바뀐 주된 원인은 1조 3500억 달러에 달하는 감세정책이었다. 특히 부유층의 부의 효과가 일반 국민에게 확산된다는 '트리클 다운trickle-down' 효과를 맹신해 감세를 대기업과 부자에게 유리하게 전개함으로써 빈부격차를 늘리는 사회 양극화를 초래했다. (아들 부시의) 집권 중 빈곤층은 640만 명에서 760만 명으로, 건강보험 혜택에서 배제된 국민은 3900만 명에서 4500만 명으로 늘어났다. 자기 집 갖기를 골자로 한 '소유주 사회 ownership society' 정책은 서브프라임 모기지 부실로 이어져 금융위기를 초래했다. 2005년 8월 허리케인 카트리나에 대한 허술한 대응과 영장 없는 불법도청 파문 등도 외골수와 무능이 만든 결과이다(《한국일보》 2009년 1월 17일자, 8쪽, 황유석 워싱턴 특파원의 기사에서).

오바마의 대통령 취임을 열흘 앞둔 1월 10일 미국 의회예산국CBO은 2009년 연방정부 재정적자가 1조 2000억 달러에 이를 것이라고 발표했다. 달러 대 원화의 환율을 1대 1350으로 잡으면 무려 1600조 원이 넘으니 우리나라 2009 회계연도 예산의 5배가 넘는 수치다. 게다가 의회예산국은 2009년 경제성장률을 1946년 이래 가장 낮은 −2.2퍼센트로 예상했다. 경제 전문의 《블룸버그통신》은 미국 정부가 금융위기를 해결하려면 7조 7600억 달러의 공적자금이 필요할 것이라고 보도했다. 이것은 2008년도 미국 국내총생산GDP의 절반과 맞먹는 천문학적 액수이다. 오바마 행정부와 연방준비제도이사회FRB가 달러를 무제한 찍기로 결정하지 않는 한 마련할 수 없는 재원이다.

답답한 것은 오바마 대통령이 '부시, 선 오브 어 비치Bush, son of a bitch'
만을 읊조리고 있을 수 없는 절박한 현실이다(미국인들이 애용하는 욕설인 이
말은 아들 부시와 아버지 부시를 아울러 겨냥할 수도 있어서 묘한 느낌을 준다).

오바마가 국제경제 부문에서 떠안은 문제도 골치 아프기는 마찬가지
다. 미국의 '일국 패권주의'를 견제하려는 가장 강력한 경쟁자로 나서고
있는 중국이 특히 문제다.

미국 재무부는 2009년 1월 18일 중국이 일본을 누르고 미국 정부
의 최대 채권국으로 떠올랐다고 발표했다. 중국 자본에 대한 의
존도가 높아진 만큼, 미국 경제에 대한 중국의 입김은 더 거세질
것이라고 《워싱턴 포스트》가 19일 보도했다.

중국은 미국발 금융위기가 불거진 이후에도, 가장 안전한 투자처
로 꼽히는 미국 재무부 채권을 다량으로 매입하고 있다. 그 결과,
지난 9월 이 채권에 대한 중국의 투자액은 전달보다 436억 달러
늘어난 5850억 달러에 이르렀다. 그동안 미국 정부의 최대 채권
국이었던 일본(5732억 달러)을 100억 달러 이상 앞질렀다. 미국 정
부가 빚진 10달러 중 1달러는 중국의 돈인 셈이다. 전문가들은 중
국이 다른 나라를 통해 사들인 채권까지 포함할 경우 이 규모가
8000억 달러에 이를 것으로 추정하고 있다(《한겨레》 2008년 11월 21일
자, 이정애 기자의 기사에서).

이 기사를 근거로 추산하면 미국이 중국과 일본 두 나라에 채권으로
빚진 것만 1조 달러를 훨씬 넘으니, 미국은 세계 제일의 부자나라가 아니

라 가장 괴로운 채무국이다. 그런데 이런 수치는 빚더미에 깔린 미국 정부의 한 면만을 드러낼 뿐이다. 2005년 말 현재, 미국의 해외부채 총액은 13조 6000만 달러였다. 2006 회계연도에는 재정적자가 2480억 달러, 경상수지 적자가 8570억 달러로, '쌍둥이 적자'의 합계가 1조 1000억 달러였다.

암담하기 짝이 없는 이런 경제상황에 맞서 오바마는 당선자 시절 '담대한'정책들을 발표했다. 2008년 12월 6일에는 라디오 주례연설을 통해 "1950년대 연방고속도로 시스템 이후 최대 규모의 단일 인프라 투자로 수백만 개의 일자리를 만들겠다"고 선언했다. 비슷한 때에 오바마 당선자 정권인수위원회의 웹사이트에는 "10년 동안 '녹색일자리' 500만 개를 만들 계획"이라는 내용의 글이 나왔다. 이렇게 야심적인 정책들은 1930년대에 프랭클린 루스벨트 대통령이 주도한 '뉴딜New Deal'을 모델로 한 '새 뉴딜New New Deal'임이 분명하다. 과연 오바마 대통령은 '제2의 루스벨트'가 될 수 있을까?

■ 오바마가 떠맡은 국제적 짐들

오바마 대통령은 경제위기만으로도 밤에 잠을 제대로 이룰 수 없을 텐데, 심각한 문제는 나라 밖에도 수두룩하다. 오바마가 국제사회에서 해결해야 할 문제들은 아들 부시와 '네오콘'이 뿌린 독버섯의 씨앗에서 끝을 모르고 자란 문어발 같은 것이다. 그것은 거슬러 올라가서 로널드 레이건에서 비롯되고 아버지 부시가 더 악성으로 만들어버린 이른바 '일방주의'와 '일국 패권주의'의 산물이다. 사람은 왼쪽과 오른쪽이 균형을 이루어야 바로 걷고 건강하게 생각할 수 있다. 그런데 레이건 이래 공화당 대통령들은 오른쪽으로만 걸어가면서 왼쪽은 보지도 않으려 들었다. 그들에게는 중간도 없었다.

오른쪽으로만 걸어간 공화당

로널드 레이건Ronald Reagan(1911~2004)은 요즈음도 미국인들 다수가 역대 대통령들 중 '가장 위대한' 축에 든다고 꼽는 인물이다. 필자는 그의 재임기간에는 물론이고 퇴임 뒤에도 그것이 미국인들의 정치적 문맹에서 비롯된 '우상 숭배'라고 생각했다. 그러나 그런 미신은 아직도 미국에 굳게 뿌리를 내리고 있다.

잘 알려져 있듯이 레이건은 영화배우 출신이다. 그런데 그는 단순한 연기자가 아니라 다분히 정치적인 배우였다. 그는 유레카대학을 졸업하고 아이오와대학교 미식축구 중계방송팀에 취직했다. 그뒤 라디오방송의 야구 담당 아나운서로 일하다가 1937년 워너브러더스영화사의 연기자로 들어간다. 레이건의 영화배우 경력은 '2류'라는 평을 넘어서기 어려웠다. 왜냐하면 그가 할리우드에서 주로 'b급 영화들'에 출연했기 때문이다.

레이건은 1941년에 영화배우조합SAG의 이사가 된 뒤 1947년 마침내 이사장으로 뽑힌다. 그는 할리우드가 험한 사건들을 겪던 시기에 노사분규에 개입해서 사용자들에게 유리한 쪽으로 해결책을 마련했다는 비판을 받는다. 그는 또 1947년에 월트 디즈니와 함께 하원의 '비미국적 활동 조사위원회HUAC'에서 '할리우드 블랙리스트'에 오른 영화인들에 대해 증언했다. 레이건은 미국 영화계에서 공산주의자들의 위협은 심각하다고 말함으로써 뚜렷한 증거도 없이 '빨갱이'로 몰린 동료 영화인들을 궁지로 몰아넣었다. 단순히 그의 증언 때문만은 아니었지만 '냉전'시대의 비이성적 '마녀사냥'에 몰린 에드워드 드미트릭 감독 등 '할리우드의 10인

Hollywood 10'은 오랫동안 영화계를 떠나 있어야 했다.

프랭클린 루스벨트를 존경하는 민주당원이었던 레이건은 1950년대에 '더 작은 연방정부'를 바라면서 공화당으로 옮긴다. 본격적으로 정치에 뛰어든 그는 1967년 캘리포니아 주지사에 당선된 뒤 8년 간 연임한다. 그는 1976년에 현직 대통령이던 제럴드 포드에 도전해서 대통령 후보로 나섰다가 실패하고, 마침내 1980년 대선에서 민주당의 지미 카터를 누르고 대통령이 된다. 그때 그는 미국 50개 주 중 무려 44개 주에서 이겼다. 이것으로 미국에서 '레이건 신화'가 시작된다.

레이건의 첫 번째 임기인 1981~85년은 '축복'으로 열린다. 카터 대통령이, 호메이니가 지도하는 이란 혁명정부의 전위대인 청년들에 의해 테헤란에서 억류돼 있던 미국인 인질 52명을 구해내서 대선의 호재로 삼으려고 그렇게도 애타게 노력하다가 실패했는데, 얄궂게도 1981년 1월 20일 레이건이 취임연설을 하는 시간에 그들이 석방된 것이다. 그는 그해 3월 3일 한 청년에게 저격당해 죽을 뻔한 고비를 넘기고 미국 역사상 가장 강력한 보수주의의 길을 걷는다. 그는 파업을 하던 연방 공항관제사 1만 1345명이 복귀 명령을 거부하자 조합을 박살내버린다.

여론이 그것을 지지하자 의기양양해진 레이건은 공급자 위주의 경제학에 바탕을 두고 고전적인 자유방임 철학을 제창하면서 대대적인 감세로 경제를 활성화하는 이른바 '레이거노믹스Reaganomics'에 시동을 건다. 아더 래퍼의 경제이론에 바탕을 둔 레이거노믹스는 일부 주요 경제지표들이 개선되자 한동안 호평을 받기도 했지만, 연방 재정적자와 국가 채무가 크게 늘어나자 심한 비판을 받는다.

경제정책으로 상당한 지지를 받은 레이건은 국제문제에서는 냉혈한이자 무법자였다. 그는 1983년 10월 25일, 1979년의 쿠데타로 마르크스-레닌주의 정권이 들어선 그레나다를 미군이 침공하도록 명령한다. 베트남전 이래 최초의 주요한 작전에서 미국은 단 19명의 전사자와 100여 명의 부상자를 내고 그레나다에 꼭두각시 정부를 세운다.

레이건의 '냉전 확산 작전'은 무한궤도에 들어선다. 레이건은 카터 행정부가 지키던 '데탕트(화해)' 정책을 뒤엎고, 미국 군사력을 대대적으로 강화하는 한편 소련을 겨냥하여 일련의 첨단무기들을 양산한다. 레이건 행정부는 '레이건 독트린'이라고 알려진 것을 통해 아프리카, 아시아, 라틴아메리카에서 소련의 지원을 받는 공산주의 정권들을 공략한다. 소련을 멸시하고 저주하는 말들을 계속 퍼붓던 그는 1983년 3월 8일 소련을 '악의 제국'이라고 부른다(아들 부시가 북한을 '악의 축'이라고 비난한 것은 그로부터 20년도 더 지난 뒤의 일이다).

레이건은 두 번째 임기 중인 1986년 4월, 리비아가 독일 베를린에서 폭탄 테러를 저질러 60여 명의 미국인들을 살상했다고 주장하면서 리비아를 무차별 폭격한다. 그리고 레이건 행정부가 니카라과의 반정부군인 콘트라를 지원하기 위한 자금을 마련하려고 이란에 불법으로 무기를 팔았다는 이른바 '이란-콘트라 사건'이 1986년 미국과 세계를 시끄럽게 한다. 레이건은 '반공'과 '테러 분쇄'를 위해서라면 국내법과 국제법을 서슴지 않고 유린하는 '과감성'을 보였다. 그것이 아버지 부시와 아들 부시에게 유전된 셈이다.

레이건의 '공산주의 타도 운동'은 그가 1989년 1월 대통령직을 떠난 뒤 열 달 만에 베를린 장벽이 무너지고, 1991년 12월 31일 소비에트연방이 해체됨으로써 최대의 성과를 거둔 것으로 여겨졌을 것이다.

영국의 일간지 《인디펜던트》는 오바마의 대통령 취임을 맞아 제32~43대 대통령인 프랭클린 루스벨트, 해리 트루먼, 드와이트 아이젠하워,

존 F. 케네디, 린든 존슨, 리처드 닉슨, 제럴드 포드, 지미 카터, 로널드 레이건, 아버지 조지 부시, 빌 클린턴, 아들 조지 부시에 관한 '특집기사'를 실었다. 극보수적 언론재벌인 루퍼트 머독이 영국의 《더 타임스》를 인수함으로써 진보적 성향이 더욱 부각된 《인디펜던트》의 이 특집은 오바마와 전임 대통령들을 비교하는 데 큰 도움이 된다. 그리고 오바마 대통령이 제2차 세계대전 이래 미국이 주도한 냉전과 신식민주의 그리고 신자유주의의 유산을 어떻게 극복해야 하는지에 관한 좋은 자료로 보인다.

《인디펜던트》의 2009년 1월 22일자 특집기사는 로널드 레이건을 이렇게 묘사한다. '현직에 있던 시절에는 인텔리겐차의 조롱을 받던 로널드 레이건' '때로는, 현대 미국 정치의 최악을 상징하는 듯이 보였지만' '스크린 위의 매력을 가장 굳건한 자산으로 지닌 언변 좋은 대변인'

오바마는 레이건을 어떻게 평가했을까

나는 1980년 로널드 레이건이 대통령에 당선되었을 때 불안한 마음으로 지켜보았다. 그의 태도와 '아버지가 가장 잘 안다'는 식의 포즈, 일회성 정책 그리고 빈곤층에 대한 이유 없는 비난 등을 도무지 납득할 수 없었지만, 그가 어떤 면에서 호소력을 발휘하는지 이해할 수 있었다.

……

레이건은 먼저 질서 확립을 바라는 미국민들의 강렬한 욕구를 건드렸다. 더 나아가 그는 우리가 분별없고 비정한 세력에 그냥 끌려다닐 것이 아니라 근면과 애국심, 책임감, 낙관적 태도, 종교적 신념과 같은 전통적인 미덕을 되살림으로써 개개인은 물론, 우리

모두의 운명을 개척할 수 있다는 믿음을 가져야 한다고 역설했다
《버락 오바마, 담대한 희망》, 54쪽).

1980년이면 오바마가 고등학교를 갓 졸업한 때인데, 그 무렵 그는 벌써 레이건이 권위주의적이고 감성에 치우치며 가난한 사람들에 대한 애정이 없다고 파악한 것이다. 그는 레이건의 가장 큰 장점으로 '뛰어난 커뮤니케이션 솜씨'를 들고 있다.

내가 놀랍게 여긴 것은 당시 레이건이 개발해 그런대로 잘 먹혔던 정치방식이 아니다. 레이건이 활용했던 화법이 지속적인 생명력을 지닌 것으로 입증된 사실이 놀라웠다. 40년의 세월이 흘렀는데도 1960년대의 격동과 그에 따른 반발이 계속 우리의 정치담론을 이끌어가고 있다(위의 책, 55 쪽).

오바마는 자신의 정치관과 이념, 철학, 포부 같은 것을 체계적으로 저술한 이 책에서 레이건의 편집증적 이데올로기, 인명 살상을 서슴지 않는 '전쟁광' 성향 같은 것은 언급하지 않는다. 그리고 레이건이 1980년 한국에서 일어난 광주 5월 항쟁을 총칼로 제압한 전두환이 대통령이 되자마자 그를 워싱턴으로 초청해서 어깨를 두드려 준 일을 오바마가 어떻게 생각하는지도 알 길이 없다.

이라크 전쟁 대물림한 부시 부자

레이건 이후 오바마의 전임자들은 아버지 부시, 빌 클린턴, 아들 부시였다. 부시 부자는 극우보수적 이데올로기와 전쟁 '만들기'에서 레이건에

조금도 뒤지지 않았다. 두 사람은 약속이라도 한 듯이 이라크에서 대규모 전쟁을 일으켰다.

1990년 8월 1일 이라크가 '역사적으로 우리 영토'라고 주장하면서 산유국인 이웃나라 쿠웨이트를 침략해 합병하려고 하자 미국 대통령 조지 H. W. 부시(1924~)는 마치 기다리기라도 했다는 듯이 유엔 안보장이사회의 승인을 받아 미국을 비롯한 34개국 연합군을 구성해서 쿠웨이트로 보낸다. 이것이 이른바 '걸프전'(이라크와 아랍의 다수 국가들은 '페르시아만 전쟁'이라고 부름)의 시작이다. 미국의 텔레비전 방송사들이 전투 장면을 스포츠처럼 생중계하던 것이 지금도 눈에 선하다. 패트리어트 미사일 같은 최첨단 무기가 이라크 군인들과 전쟁 장비들을 '명중'시키면 어린이들이 그것을 대량 살육으로 보지 않고 컴퓨터게임처럼 즐기던 모습도 떠오른다.

이라크군은 그야말로 '초전박살'을 당한다. 1991년 2월 28일 전쟁은 이라크군과 사담 후세인의 일패도지로 끝나고 만다. 이라크의 사망자는 정확히 알려지지 않았으나 이라크 당국은 10만여 명이 목숨을 잃은 것으로 추정했고, 20만 명이 넘는다는 주장도 있었다. 당시 미 공군의 보고서에 따르면, 1만~1만 2000명의 이라크 군인들이 공습을 받아 죽고, 지상전에서 1만여 명이 희생당했다고 한다. 다른 보고서를 보면 전사자 수치는 배로 늘고, 부상자는 7만 5000여 명이나 된다. 이에 비해 전투에서 죽은 미군은 148명, 전투 외의 사고사가 145명이었고, 영국 군인은 47명이 전사했다. 그야말로 다윗과 골리앗의 싸움이었다.

그 전쟁에서 가장 신바람 난 것은 미국의 군수산업 경영자들이었다. 의회가 산출한 미국의 전쟁비용 11억 달러 중 상당액은 무기상들의 금고로 들어갔을 것이다.

'침략자이자 테러리스트'라고 낙인찍은 사담 후세인의 이라크군을 궤

달면 삼키고 쓰면 뱉는다는 감탄고토甘呑苦吐의 정치를 보여준 부시 부자

멸하다시피 한 부시의 인기는 엄청나게 치솟았다. 그러나 그는 1992년 대
선에서 압승을 장담하다가 빌 클린턴에게 패했다. '문제는 경제야, 바보
야'가 치명타가 된 것이다.

아들 부시는 아버지와는 비교가 안 될 정도로 군사력과 비용과 인명
살상에서 '스케일이 어마어마한' 이라크 전쟁을 일으킨다. '제2차 걸프
전'이라고도 불리는 이라크 전쟁은 2003년 3월 20일 대부분이 미국과 영
국 군대로 이루어진 '다국적군'이 이라크에서 군사작전에 들어가면서 시
작된다. 전쟁의 명분은 이라크가 보유하고 있는 것으로 보이는 대량살상
무기WMD가 미국, 영국과 연합국들의 안보를 심각하게 위협한다는 것이
었다. 나중에 유엔의 무기 조사관들은 WMD에 관해 아무런 증거도 발견
하지 못했다고 발표했다.

이라크 전쟁의 결과는 끔찍했다. 2008년 8월 9일 AP 보도에 따르면 미
군 전사자는 4136명이었다. 이라크 보건부는 2008년 1월, 이라크인 15만
1000여 명이 전쟁과 폭력으로 사망했다고 발표했다. 2007년 8월, 한 여론
조사기관ORB은 전쟁과 테러로 이라크인 122만여 명이 목숨을 잃었다고

밝혔다. 미국이 사용한 전쟁비용은 8450억 달러로, 오바마가 경제 살리기에 쓰겠다는 액수와 비슷하다. 그리고 이라크 국민 470만여 명이 나라 밖으로 달아나고 200만여 명이 국내에서 정처 없이 떠돌았다.

아들 부시가 일으킨 이라크 전쟁이 거둔 열매는 무엇인가? 사담 후세인을 법정에 세운 뒤 처형하고, 이른바 '민주정권'을 세운 것인가? 요즈음에도 이라크에서는 미군과 반대 종파에 대한 테러가 끊이지 않고 있다. 부시는 테러를 뿌리뽑기는커녕 미국민과 오바마에게 전쟁 뒷처리라는 짐만 잔뜩 안긴 채 텍사스의 집으로 날아가버렸다.

조지 부시 부자는 왜 그렇게 참혹한 전쟁을 일으켰을까? 원래 사담 후세인은 레이건에 이어 아버지 부시가 이란을 견제할 목적으로 키운 사람이었다. 아들 부시도 2001년 9월 11일 뉴욕 무역센터 폭파사건이 일어나기 전에는 후세인을 적대하지 않았다. 그가 2004년 11월의 대선을 앞두고 미국민들을 사로잡을 소재로 이라크 전쟁을 '만들어냈다'는 주장이 설득력 있게 들린다. 세계의 지성인들이 가장 존경하는 인물에서 자주 첫 손가락에 꼽히는 미국의 언어학자이자 정치·사회·문화·국제 평론가인 노엄 촘스키Noam Chomsky(매사추세츠공대MIT 교수)는 개발도상국들의 독재자나 부패한 정치지도자들을 '달면 삼키고 쓰면 뱉는', 아니 실컷 이용하다가 때가 되면 악용하는 레이건이나 부시 부자의 행태를 이렇게 지적한다.

사담은 워싱턴 현직자들의 환호를 받은 유일한 괴물이 아니다. 이러한 괴물들 중에는 페르디난도 마르코스, '베베 독' 뒤발리에, 니콜라에 차우세스쿠를 거론할 수 있다. 이들 모두는 그들의 운명이 끝나기 직전까지 미국의 강력한 지지를 받았음에도 불구하고 체제 내부로부터 축출되었다. 미국의 현직자들에게 총애를 받은 또 다른 인물로는 인도네시아 대통령 수하르토가 있는데, 그는 야만적인 면에서 사담과 경쟁상대라고 할 수 있다. 부시 1세 대통령의 백악관을 처음 방문한 외국 국가원수는 자이레의 모부투 세세 세코였는데, 그는 또 다른 제일급의 암살자이자 고문자이며 약탈자였다. 남한의 독재자들 역시 1987년의 민중운동에 의해서 군부통치(미국의 지원을 받은)가 궁극적으로 종식될 때까지 워싱턴의 강력한 지지를 받았다. 비중이 떨어지는 흉악범들까지도 그들이 자신들에게 부여된 기능을 잘 수행하는 한, 따뜻한 환영을 기대할 수 있었다(노엄 촘스키 지음, 황의방·오성환 옮김,《패권인가 생존인가—미국은 지금 어디로 가는가》, 2004년 11월, 까치, 141쪽).

오바마 대통령은 이라크 전쟁을 마무리해야 하는 짐을 지고 있을 뿐 아니라 아프가니스탄에서 계속되고 있는 싸움까지 떠맡았다.

아프가니스탄 전쟁은 이른바 '제2차 걸프전', 곧 아들 부시가 주동해서 일으킨 이라크전보다 두 해 앞서 2001년 10월 7일에 시작됐다. 그해 9월 11일에 뉴욕의 세계무역센터가 비행기 자폭 공격을 받자 부시는 '테러에 대한 지구전쟁'을 선포한다. 미국은 아랍의 알카에다가 테러를 주도한 것으로 단정하고 그 조직의 지도자인 오사마 빈 라덴과 연계되었다는 추정만으로 탈레반 정권을 전복시키려고 아프가니스탄을 침공한다. 미국 국방부는 빈 라덴을 사살하거나 체포하지 못한 채 12월, 탈레반을 패배시켰다고 발표한다.

그러나 2003년 초 탈레반은 조직을 재편하고 병력을 강화하면서 미국의 영향 아래 세워진 '꼭두각시' 정권을 위협한다. 아프가니스탄 국민 다수의 지지를 받는 탈레반을 제압하지 못한 부시는 2007년 3월 3500여 명을 추가로 파병한다.

오바마 대통령 시대의 미국이 안고 있는 두 개의 전선은 이라크와 아프가니스탄이고, 아프가니스탄과 인접한 파키스탄이 그 전선의 일각에 있다. 오바마는 최고통수권자로서 미군의 주요한 작전을 사전에 보고받거나 승인해야 하는데, 취임한 지 이틀 뒤인 1월 23일(한국시각) 파키스탄과 아프가니스탄 접경지역에서 미군의 첫 대규모 공격이 있었다. 미군 항공기가 파키스탄 영토에 두 차례 미사일을 발사해서 외국인을 포함한 18명이 사망했다. 그 지역에 알카에다 조직원들이 숨어 있다고 판단하고 미사일을 퍼부었다는 것이다. 대통령이 된 지 이틀 만에 외국에서 미군의 인명 살상을 승인해야 하는 것이 오바마가 전임자한테서 물려받은 짐이다.

제2차 세계대전이 끝난 뒤 미국은 국외 여러 나라들에서 '세계의 경찰'을 자임하면서 전쟁을 일으키거나 개입했다. 특히 세계대전 이후 사회주의 정부들이 동유럽 전역과 아시아 일부 나라들에 들어서자, 미국을 비롯한 자본주의 국가들은 공산화에 대한 공포가 극심해졌다. 그것은 1917년의 러시아혁명 이래 그들이 품어온 피해의식이었을 것이다. 미국이 참전해서 '추악한 전쟁'이라고 국제 여론의 비판을 받은 베트남전이 대표적인 사례다. 미국은 그 전쟁에서 참담한 결과에 부닥치자 어렵사리 발을 뺀다. 그뒤 1989년의 베를린장벽 붕괴와 1991년의 소련 해체 이후에는 국가적 이해관계가 걸린 지역에 무력으로 개입하거나 '테러와의 전쟁'에 힘을 쏟는다. '세계의 경찰'과 '평화군'을 겸하겠다는 것이다.

미국의 '해외기지' 이스라엘

이라크와 아프가니스탄 못지않게 오바마에게 짐이 되는 것이 이스라엘이다. 오바마는 당선자 시절 이스라엘이 가자에 무차별 공격을 가하자 '대통령은 부시 한 사람'이라는 말만 하고 침묵을 지키다가 취임하자마자 신속하게 견해를 밝히기 시작한다. 그는 임기 이틀째인 1월 21일 팔레스타인과 이스라엘, 이집트, 요르단 등 중동의 지도자들에게 전화를 건다. '중동의 평화를 위해 적극적으로 일하겠다는 의지를 밝히고 이스라엘과 하마스의 휴전을 공고히 하겠다'는 뜻이었다고 한다. 그는 특히, 미국과 가까운 이스라엘이 아니라 팔레스타인 자치정부 수반인 마무드 압바스에게 맨 먼저 전화를 한다. 이것을 보고 팔레스타인 사람들은 크게 흥분했다고 한다.

그러나 오바마가 미국 정부의 전통적 이스라엘 정책을 크게 바꾸리라고 기대하면 너무 성급한 일이 될 것이다. 그 자신이 아랍식 이름을 지니고 있고, 어머니와 재혼한 남성이 세계 최대의 이슬람국가인 인도네시아인으로 어린 오바마에게 상당한 영향을 끼쳤다 하더라도 현재의 그는 어디까지나 미국의 대통령이다.

제2차 세계대전 뒤 제33대 트루먼부터 제43대 조지 W. 부시까지 11명의 대통령들보다 오바마가 이스라엘과 중동 아랍국들 간의 문제에 관해 훨씬 진보적인 견해를 가졌음은 분명하다(지미 카터가 대통령 재임 때보다는 퇴임 뒤에 국제평화운동에 적극 참여하면서 이스라엘의 비인도적인 행태와 팔레스타인이나 레바논에 대한 공격을 비판한 것이 예외일 뿐이다). 그러나 전임자들보다 이 문제에서 아주 진보적이라 하더라도 그가 앞으로 중동 평화를 위해 선택할 수 있는 길은 극히 제한되어 있다.

미국의 일부 국민은 물론이고 특히 보수적 기독교인들 다수는 이스라엘이 아랍국가들을 상대로 전쟁을 일으키거나 양자 간에 분쟁이 일어나면 이스라엘에 호의적인 반응을 보이는 경향이 있다. 이스라엘은 기독교가 아니라 유태교를 섬기는 나라지만 예수 그리스도가 태어난 곳이고 '구약성서'의 본고장이기 때문에 그럴 수 있을 것이다. 그런데 그런 생각을 지닌 미국인들뿐 아니라 한국인들, 그중에서도 자라나는 세대가 명백히 알아야 할 것은 성서의 유태민족과 현대 이스라엘인들은 역사적으로 일관성을 지니고 있지 않다는 사실이다. 이것은 중요한 주제이므로 여기서 자세히 밝히고 넘어가야 한다고 생각한다.

이스라엘은 1948년 5월 14일 건국되었다. 옛 유태 땅에 유태민족의 후예들이 나라를 세우기까지는 파란곡절이 있었다. 제1차 세계대전이 끝난 뒤에 국제연맹은 '유태인들의 국가'를 세울 목적으로 팔레스타인을 영국의 신탁통치령으로 승인했으나 그런 나라는 들어서지 못했다. 그러나 제2차 대전이 끝난 뒤 중동의 석유자원에 눈독을 들인 미국과 영국을 비롯한 강대국들은 아득한 옛날부터 지금의 이스라엘 땅에서 살고 있던 아랍인들이 독립국가를 세우는 것을 막고 이스라엘 '건국'에 힘을 모아준다. 그 '신생국'을 해외기지 겸 중동의 거점으로 삼으려고 한 것이다.

…… 중동은 미국이 차지해야만 했다. 1945년 미국 국무부 관리들은 사우디아라비아의 에너지 자원이 "전략적 힘의 거대한 원천이며 세계 역사상 가장 큰 물질적 노획물 가운데 하나"라고 설명했다. 걸프 지역은 일반적으로 "외교적 투자분야에서 가장 값비싼 경제적 노획물"로 간주되었다.
아이젠하워는 훗날 걸프 지역이 "세계에서 전략적으로 가장 중요한 지역"이라고 설명했다. 영국도 동의했다. 영국의 정책 입안자들은 1947년 중동의 자원이 "세계적 영향력 행사나 지배에 관심을 가진 모든 강대국에게 극히 중요한 노획물"이라고 설명했

다. 프랑스는 법적인 책략에 의해 중동에서 축출되었고, 영국은
시간이 갈수록 미국의 주니어 파트너로 전락했다(노엄 촘스키, 《패
권인가 생존인가》, 189쪽).

'영국이 미국의 주니어 파트너로 전락했다'는 표현을 보니 이라크 전
쟁에서 영국의 전 총리 토니 블레어가 '부시의 푸들'이라는 조롱을 당하
면서도 끝내 미국의 '충실한 하부 동맹자' 노릇을 하던 일이 떠오른다.

건국 이래 지난 60여 년 동안 이스라엘은 미국의 '피보호국'처럼 보였
지만 실제로는 중동의 군사 강국이었다. 그것은 미국과 온 세계에 퍼져 사
는 유태인들이 이스라엘을 강력히 지원하고 미국이 뒷받침한 결과였다.

이스라엘의 군사력은 이 지역에서 대량살상무기 문제보다 훨씬
더 '극단적인 위험'으로 여겨진다. 이스라엘은 소국이지만 실질
적으로 미군의 군사 및 과학기술의 해외기지로 봉사하는 길을 택
했으며, 그 결과 최첨단 군사력을 구축할 수 있었다. 이스라엘 경
제의 핵심은 군사 관련 첨단산업인데, 이것은 미국경제와 밀접하
게 연계되어 있다.

……

이스라엘은 후원국인 미국과 마찬가지로 사회의 다른 분야에 비
해 불균형적으로 비대한 군대를 보유하고 있다. 이스라엘 국방군
의 연구개발 책임자는 자국의 공군 및 기갑 군사력이 미국을 제
외한 어떤 나토 회원국보다 규모가 더 크고 기술적으로 선진화되
었다고 설명한 적이 있다.

……

이들의 행동방식은 이 지역은 물론 인권문제를 우려하는 다른 나
라 사람들도 쉽게 용인하기 어려울 정도로 악명이 높다(위의 책,
199~200쪽).

핵보유국 이스라엘과 '악의 축' 이란과 북한

널리 알려져 있듯이 이스라엘은 핵보유국이다. 그것은 물론 미국의 적
극적 협조와 묵인 아래 이루어진 일이다. 그런데 레이건부터 아들 부시에
이르기까지 미국 대통령들은 이란과 북한이 핵무기를 개발하는 데 한사
코 반대하면서 무슨 수를 써서라도 그것을 막으려고 했다. 특히 아들 부
시는 이란과 북한을 '악의 축'이라고 몰아붙였다. 이것을 보고 세계의 양
심적인 지식인들이 이런 비판을 했다. "미국은 수천 개가 넘는 핵탄두를
가지고 있고 이스라엘도 다수의 핵폭탄을 보유하고 있다는데, 두 나라의
핵은 전적으로 방어용이고 이란과 북한이 핵보유국이 되면 무조건 공격
에 쓸 것이란 말인가?" 거기에는 이런 논리가 들어 있다고 보아야 할 것
이다. '미국은 세계 평화를 지키는 경찰이고, 이스라엘은 적대적인 중동
국가들, 특히 이란이 자국을 향해 핵무기를 쏘는 것을 저지하기 위해서라
도 더 많은 대응수단을 가져야 한다.'

로마제국의 식민지가 되었다가 끝내 멸망한 유태나라의 백성들 중에는
세계 각지로 이주한 사람이 많았다. 그들의 이산을 '디아스포라Diaspora'
라고 한다. 현재 이스라엘 밖에서 가장 큰 유태인공동체는 미국에 있는
데, 인구는 530만여 명이다. 이들은 3억이 넘는 미국 전체 인구의 2퍼센트
도 되지 않지만 그 세력은 어느 소수민족에 뒤지지 않는다. 2008년 현재
이스라엘에 사는 유태인은 전체 인구 728만여 명의 76퍼센트인 550만여
명으로 미국의 유태인 수보다 조금 많다.

550만 유태인이 주류를 이루는 이스라엘이 '국가를 지키고 국민의 생명과 재산을 보호한다'는 명분으로 수억 아랍인들을 상대로 전쟁을 일삼는 것, 특히 2008년 말에 가자지구의 하늘과 땅에서 1000명이 넘는 인명, 그것도 주로 무고한 민간인들의 목숨을 빼앗은 것을 어떤 논리로 합리화할 수 있을까?

이스라엘을 옹호하는 여러 나라의 일부 언론인이나 정치인, 학자들은 유태민족이 아돌프 히틀러의 나치에게 600만여 명이나 대학살holocaust을 당한 데 비하면 아랍인들과의 전쟁에서 빚어진 인명 살상은 대단한 일이 아니라고 주장하기도 한다. 그러나 이런 비교는 대상을 완전히 잘못 짚고 있다.

이 문제를 가장 명쾌하게 설명한 사람은 막심 로댕송Maxime Rodinson (1915~2004, 프랑스의 사회학자, 역사학자, 동양학자로 유명한 《마호멧 전기》를 썼음)이었다. 그 자신이 유태계인 로댕송은 이스라엘 '건국'을 주도한 강대국들의 논리를 이렇게 비판한다.

이스라엘이란, 아랍인들에게 …… 서방세계가 동양에다 무력에 의해 강제적으로 만든 그들의 후손이었고 그러므로 당연히 이스라엘은 불의와 압제의 응축된 상징, 바로 그것이었다. 아랍어에 있어서의 '시온주의'란 어휘는 오늘날 많은 사람들에게 받아들여지는 '자본주의'라는 어휘처럼 '제국주의' '식민주의' 따위의 사악함을 연상시키는 음산한 의미를 가지게 되었다. …… 이스라엘이 그들에게 의미하는 바는 침략적인 압제자들이 살고 있는 일종의 무장병영에 지나지 않는다. …… (서방세계가) 이스라엘 내부 구조의 미덕을 인정하고 때로는 격찬하기도 했던 것은, 그들이 유럽의 유태인들에게 저질렀던 모든 죄악을 기억 속에서 지우는 데 도움이 되었던 것이다. 그것은 서양사람들이 과거에 저질렀던 증오와 경멸, 자신들 중 일부가 수수방관하는 틈을 타 일부가 저질렀던 대학살, 이방인들에게 가졌던 반감 따위를 조금 더 마음 편하게 잊게 해주었던 것이다(막심 로뎅송 지음,《아랍의 거부》(원래 제목은 '이스라엘과 아랍의 거부'), 임재경 옮김, 1979년 10월, 두레, 56~57쪽).

로뎅송은 "유태민족은 '로마인들의' 무력에 의해 그들의 국가가 파괴당함을 목격하였지만 팔레스타인 땅으로부터 추방당한 사람들은 이 민족 중 극히 일부에 지나지 않는다"면서, 그 뒤로는 "아주 특별한 의미를 떠나면 그들을 더 이상 한 민족으로 규정할 수 없게 되었다"고 말한다. 이런 사람들이 어느 날 '시온주의'를 앞세우고 팔레스타인에 나타나서 '아브라함, 모세 할아버지의 나라를 다시 세우겠다'고 주장하니 아랍 세계가 얼마나 분노하고 흥분했겠는가? 그것은 마치 삼국시대 초기에 조선 땅에서 특정 종교를 섬기다가 외세의 침략을 받아 한반도를 떠난 민족의 뿌리가 약한 후예들이 2000년 뒤에 찾아와서 "이 땅은 원래 우리 것이었으니 너희는 나가라"고 하는 청천벽력 같은 일이었을 것이다.

물거품이 된 팔레스타인 독립의 꿈

기원전 4세기 이래 그리스, 로마, 동로마, 십자군, 오스만 투르크, 이집트 등의 지배를 받다가 1920년에 가까스로 영국의 신탁통치령이 되어 28년을 기다린 팔레스타인 사람들. 그런데 1948년에 유태민족을 자칭하는 무리가 총칼을 들고 나타나서 '2400년 독립의 꿈'을 무산시켜버린 것이다.

버락 오바마가 아메리카 원주민들의 비극을 공개적으로 말할 수 없고,

마틴 루터 킹 2세의 부도덕을 비판할 수 없듯이, 이스라엘의 건국 역사와 그 이후 60여 년의 팔레스타인 압박 그리고 그 나라가 일으킨 여러 차례의 무자비한 전쟁은 오바마 대통령이 건드릴 수 없는 '성역'이나 다름없다. 그가 이 금지된 영역을 조심스럽게 파고들어 중동에서 평화의 실마리를 어떻게 풀어나갈지 지켜볼 일이다.

▨ 미국의 양극화와 가난한 나라들

미국에 처음 가보는 사람들은 그 나라가 너무나 넓고 크다는 사실에 놀라지만 그것이 전부는 아니다. '세계 경제의 수도'라고 불리는 뉴욕 맨해튼에 있는 주요 거리들을 둘러보면 마치 콘크리트의 숲 같지만 그 나름으로 아름다움과 견실함을 아울러 갖춘 고층건물들이 올려다보는 사람을 압도한다.

그러나 '미국은 참으로 잘 사는 나라로구나'라고 생각하는 순간 머리를 혼란스럽게 하는 일이 곧 벌어진다. 뉴욕 한복판 네거리에서 자동차가 교통신호가 바뀌기를 기다리는 짧은 순간에 한 사내가 보닛 위로 훌쩍 뛰어올라 걸레조각으로 유리를 몇 번 문지른다. 그러고는 운전석 창문으로 와서 손을 내민다. 소액 동전이 없으면 1달러를 주어야 물러선다. 그런 사람들 중에는 흑인이 많지만 백인도 적지 않다.

손수레가 집인 홈리스

더욱 놀라운 것은 대도시 한복판에서 손수레를 끌고 가는 사람들, 그것도 여자들이 아주 많다는 사실이다. 그 '이동가옥'안에는 아이들이 서너 명쯤 쪼그리고 앉아 있는가 하면 '살림살이들'이 얹혀 있다. 이른바 '홈리스 피플homeless people'(우리말로는 노숙자)은 문자 그대로 집 없는 사람들이다(홈리스는 우리나라의 무주택자, 곧 자기 집 없이 셋방살이를 하는 이들과는 개념이 다르다).

필자는 1989년 4월 초에 미국 땅을 처음 밟았는데 거기는 북서부의 아름다운 도시 시애틀이었다. 지금부터 20년 전인 그 무렵 시애틀은 인접한 캐나다의 밴쿠버와 더불어 전 세계에서 살고 싶은 도시 1, 2위에 들던 곳이었다. 그런데 그 '우아한' 도회지의 한복판을 홈리스의 손수레들이 지나가고 있었다. 그들이 밤에 어디서 자는지 궁금해서 한국 교민에게 물어보았더니 보호시설이나 교회 또는 공회당 같은 데서 밤을 보낸다는 것이었다. 그런 잠자리를 구하지 못한 이들이 겨울철에 얼어 죽는 일도 드물지 않다.

그 무렵은 로널드 레이건이 임기를 마치고 아버지 부시가 대통령에 취임한 지 석 달이 채 안 되는 때였다. '세계 최강의 부자나라'라고 늘 자랑하던 레이건에게 홈리스는 해결이 불가능한 골칫거리였다. 그 짐을 부시가 떠안았으나 그에게도 묘책이 있을 리 없었다.

세월이 흘러 2008년에 서브프라임 모기지 파동이 벌어지자 홈리스는 급격히 늘어난다. 비우량 주택을 담보로 잡히고 집을 산 사람들이 원리금을 제때 내지 못한 채 일정 기간을 보내면 집을 포기해야 하기 때문이다. 그런 지경이 아니더라도 실업자나 이혼여성으로서 가계를 꾸릴 수 없는 이들도 자녀들을 이끌고 거리를 방황하는 홈리스가 된다.

미국 주택·도시개발부는 2008년 7월 의회에 보고서를 제출했는데, 2007년 1월 단 하루에 한 시점을 조사한 결과 미국 전역에서 보호시설에 들어 있거나 그렇지 않은 홈리스가 67만 1888명으로 나타났다고 한다. 인

세계 최강의 부자나라 미국의 골칫거리인
'홈리스 피플'

© Colin Gregory Palmer

구 3억 중 0.22퍼센트가 노숙자 신세인 셈이다.

최근의 통계를 보면 미국의 국민 1인당 연평균소득은 4만 7025달러로 세계 6위다. 그러나 상위 계층 1퍼센트의 소득이 전체의 21.2퍼센트(2005년)를 차지하는 것을 감안하면 빈곤층의 소득은 훨씬 밑으로 떨어질 것이다. 2007년도에 미국의 빈곤층은 12.5퍼센트였다. 이들은 오바마 대통령이 최우선적으로 도움의 손길을 뻗어야 할 사람들이다.

게다가 미국의 실업률은 2008년에 7.2퍼센트였고, 경제성장률은 2008년 3/4분기에 −0.5퍼센트로 내려앉았다. 국가채무는 2008년 11월 현재 10조 5540억 달러나 된다. 오바마는 어디서부터 이 난제들을 풀어야 할지 감감할 것이다.

미국의 양극화가 빚어내는 빈부 격차는 그야말로 살인적인 결과를 낳는다. 부자와 빈자의 차이를 보여주는 지표는 여럿이 있지만, 가장 상징적인 것이 수감률(감옥에 들어가 있는 사람의 수를 전체 인구로 나눈 것)이다. 미국은 기록된 수감률과 재소자 총 수가 세계에서 제일 높다. 2008년 초의 재소자는 230만여 명으로 성인 100명 당 1명을 넘었다. 수감률이 1980년 수치의 7배쯤 되니, 로널드 레이건 대통령 취임 이후 27년 동안 범죄율이 얼마나 높아졌는가를 여실히 알 수 있다. 이런 비율은 경제협력개발기구 OECD 가입국 중 '1위'로, 2위인 폴란드의 3배가 넘는 것이다. 그런데 놀라운 사실은 아프리카계 아메리카인(흑인을 인종 구분 없이 부르는 말) 남성의 수감률이 백인의 6배 가량이고, 히스패닉계(스페인어를 쓰는 중남미 사람들. 미국에는 멕시코계가 가장 많음)의 3배쯤 된다는 것이다.

범죄의 원인은 다양하지만 그중 으뜸은 가난이라고 볼 수 있다. 흑인이 백인보다 훨씬 많이 법을 어기는 것은 인종적 특성 때문이 아니라 체제와 환경 탓임을 앞에서 말콤 엑스의 경우를 들어 자세히 살펴본 바 있다. 내가 본 1990년대 중반의 미국에서는 중고등학교를 중퇴한 흑인 청소년들이 '쿨한' 나이키 운동화 한 벌을 사려고 몇 십 달러를 강탈하다 구치소로 가는 경우가 적지 않았다.

오바마는 흑인들의 이런 현실을 누구 못지않게 잘 알고 있을 것이다. 콜럼비아대학교를 졸업한 뒤 4년 동안 뉴욕에서 일하다가 24세 때인 1985년부터 만 3년을 시카고 외곽 사우스사이드의 빈민지역에서 일했기 때문이다.

그곳은 경찰의 보호를 비롯한 시민 서비스가 느리거나 불완전하며 공원들이 방치되어 있고 학교는 예산 부족에 시달렸다. 그뿐 아니라 상점들은 문을 닫고 판자로 막아놓았으며, 때로 떠날 여유가 없는 사람만 남아 있는 듯한 곳이었다. 하늘을 찌르는 실업률, 범죄율, 고교 중퇴율, 10대 임신율로 상황이 점점 나빠지고 있는 이

웃들에 대한 환경 개선과 상황 대처만이라도 도우려 했던 지역사
회 활동가들과 사우스사이드 교회의 자원봉사자들로 이루어진 작
은 네트워크와 함께 일하면서 오바마는 향후 출마할 때 하려고 했
던 것들을 그대로 했다. 문을 두드리고 교회 지하실, 학교 카페테
리아, 공영주택 단지, 점심 카운터, 이발소, 길거리에서 열리는 주
민 모임에 나갔다(《버락 오바마의 삶》, 139~140쪽).

청소년 시절에 작가가 되고 싶어 했고, 인종 차별의 아픔을 뼈저리게
겪은 오바마가 사우스사이드 흑인들의 비참한 삶을 3년 동안이나 보면서
가슴이 메어지는 듯한 고통을 느끼지 않았을 리 없다.

할렘에서는 자동차 문을 열지 마세요

필자가 직접 눈으로 본 흑인들의 삶은 절망과 자포자기 그 자체였다.
1989년 4월 중순 언론인으로서 취재를 하러 뉴욕 맨해튼의 할렘에 갔던
때의 일이다. 한인 교민이 자동차에 나를 태우고 할렘으로 들어서기 전에
이렇게 당부했다. "절대로 창문을 열지 마세요. 권총이나 칼이 들어올 수
도 있으니까요." 필자는 잔뜩 긴장한 채 할렘 거리를 천천히 달리는 자동
차 조수석에 앉아서 밖을 내다보았다. 10대부터 30대까지 흑인 남녀들이
길가에 앉아서 담배나 마약 같은 것을 피우면서 섬뜩한 눈초리로 우리 차
를 쳐다보고 있었다. '1980년대 말이 이렇다면 말콤 엑스가 여기서 범죄
꾼으로 살던 30여 년 전에는 어땠을까?'

내가 더욱 놀란 것은 그 교민을 따라서 한국인이 운영하는 보석상을
보러 간 때였다. 입구에는 아예 감옥처럼 철문이 달려 있었다. 손님이 안
으로 들어가서 보석을 보자고 하면 한 손이 겨우 들어가게 파여진 구멍

안쪽에 점원이 물건을 내려놓는다. 흑인들이 칼로 그의 손을 찍고 보석을 강탈할 수도 있기 때문이라는 것이었다.

오바마는 할렘거리와 인접한 콜럼비아대를 다녔으므로 그런 광경을 보았을 것이다. 요즈음 언론의 보도를 보면 흑인들과 뉴욕시가 그런 할렘을 시민과 관광객이 안심하고 다닐 수 있는 '명소'로 개발했다고 한다. 그러나 어쨌든 미국 여러 곳에는 그런 공포의 거리들이 여전히 있을 것이다. 오바마 대통령이 양극화의 맨 아래쪽에 있는 다수 흑인들과 소수민족 그리고 수는 그보다 적지만 비참하기는 마찬가지인 백인 빈민들의 삶을 어떻게 향상시킬지 궁금하다.

버락 오바마가 '나는 미국 대통령으로서 세계의 모든 곳에서 일어나는 분쟁에 개입해 평화적으로 해결하겠다'고 선언한 적도 없고, 실제로 그럴 수도 없을 것이다. 그러나 그는 전임 대통령 대다수처럼 생존의 한계 아래에서 목숨만을 지탱하고 있는 사람들을 외면해서는 안 될 것이다. 그의 대통령 당선을 기뻐한 많은 이들이 적어도 그가 아프리카를 비롯해서 아시아, 중남미 그리고 다른 여러 지역의 빈민들이 겪고 있는 고통을 머리와 가슴으로 함께 느낄 수 있는 인간이라고 여겼을 것이기 때문이다.

세계은행은 한 사람이 하루 1달러 미만을 버는 것을 '극도의 빈곤', 2달러 아래를 '중간층 빈곤'이라고 규정하고 있다. 이 은행의 통계에 따르면 2001년에는 세계 인구 중 11억여 명이 극빈, 27억여 명이 '중간 빈곤'으로 드러났다고 한다. 이 비율을 2009년 현재 추산한 세계 인구 67억 5000만 명에 대입하면 3분의 2 가까이가 빈곤층인 셈이다.

2008년 3월, MBC의 현장탐사 프로그램인 'W'가 충격적인 사실을 보도했다. 카리브 해의 아이티(세계 최빈국 중 하나)에서 어린이들과 어른들이 '진흙 쿠키'를 먹고 있는 장면이었다. 식량난이 극심해서 밀가루나 쌀로 만든 음식은 도저히 살 수 없는 가난한 사람들이 그런 쿠키로 주린 배를 채운다는 것이었다. 진흙으로 '끼니'를 때우는 어린이들 중에는 올챙이처럼 배가 볼록하게 튀어나온 아이들이 많았는데, 팔다리에 살이라고는 거의 없이 뼈만 앙상하게 드러나 있었다. 보도진은 진흙쿠키를 생산하는 공장까지 생생하게 보여주었다. 지구상에는 이런 나라가 한둘이 아니다. 아프리카의 수단, 에티오피아를 비롯해서 아시아의 방글라데시와 미얀마 그리고 누구보다도 가까운 우리 겨레가 사는 북한의 어린이들이 하루 세 끼를 제대로 먹지 못하고 있다.

국방비는 펑펑, 원조는 인색

아들 조지 부시의 임기만 보더라도 미국은 자국의 빈곤층에 관심을 거의 보이지 않았을 뿐 아니라 다른 나라들에는 냉혹할 정도로 인색했다. 2006년에 미국은 국제 원조를 가장 많이 한 나라(220억 7000만 달러)였으나, 이 액수는 국민총소득GNI의 0.2퍼센트로서 스웨덴의 1.04퍼센트, 영국의 0.52퍼센트보다 훨씬 뒤지는 것이었다. 그런데 부시 행정부는 2005 회계 연도 총 예산 2조 4000억 달러 중 4500억 달러를 국방비로 썼다. 국방비를 5퍼센트만 줄였더라도 국제 원조액이 배로 늘었을 것이다. 그 돈은 세계 다른 나라들의 국방비 전액과 거의 맞먹고, 미국보다 인구가 4배 이상 많은 중국의 8배가 넘는 것이었다.

오바마가 대통령에 취임하기 전에 의회에서 확정된 2009년도 국방예산은 5154억 4000만 달러로, 전년도보다 5.7퍼센트가 늘었다. 이것은 오바마가 크게도 적게도 줄이기 어려운 예산이다. 그러니 그가 행정부 수장으로서 2010년도 국방비를 어떻게 절감해서 미국과 다른 나라들의 빈민들에게 할애할지 지켜볼 일이다.

▧ 건강보험이 없어 죽을 수도 있는 사람들

인간은 먹고 자고 입는 것을 가장 중요하게 여긴다. 그런데 67억 명이 넘는 세계 인구 중 다수가 의식주를 해결하지 못하고 있다. 특히 선진국이라고 하는 미국, 독일, 프랑스, 영국, 일본에도 그런 사람들이 있다. 이것은 어떻게 보면 완벽한 해결이 불가능한 문제다.

그러나 생존의 필수조건인 의식주 말고도 삶과 죽음의 문제가 걸려 있는 의료 혜택에서 멀리 벗어난 사람들이 너무나 많다는 것은 참으로 심각한 일이다. 미국의 경우, 2006년에 전체 인구의 16퍼센트인 4700만여 명이 건강보험 없이 살고 있었다. 그중 37퍼센트인 1740만여 명은 가구의 한 해 소득이 5만 달러가 넘는 이들이었다.

주로 자연치유나 민간요법에 기대 병을 고치는 가난한 나라들과 달리 의료체계가 발달한 나라들에서 건강보험 없이 산다는 것은 '저승사자'와 동거하는 것과 마찬가지 아닐까? 나는 미국을 몇 차례 방문하면서 한국 교민들 중 건강보험에 들지 못한 채, 아니 들지 않은 채 생활하는 이들을 많이 보았다. 예를 들면, 새벽부터 밤 늦게까지 부부가 세탁소를 하면서 한 달에 3000~4000달러조차 벌기 어려운 형편에 건강보험료를 낸다는 것은 너무나 버거운 일이다. 그런 형편이 못 돼서 일용직 노동자로 일하는 사람들은 더 말할 나위도 없다. 어디 그것뿐인가? 서브프라임 모기지론까지는 아니라 하더라도 다달이 주택대출 원리금과 자동차 할부금을 내야 하고, 자녀 교육비도 대야 한다면 건강보험은 '사치'가 될 수도 있다. 물론 그 나라에서 넉넉하게 삶을 즐기는 교민도 있지만 그 수는 아주 적다. 어렵게 사는 이들은 한 달 수입에서 100달러를 여투어 내서 가족이 외식 한 번 하기도 쉽지 않다. 미국 경제가 침체의 바닥에 이른 듯한 요즈음은 형편이 더 어려울 것이다.

미국의 대표적 의료보장 제도는 메디케어Medicare와 메디케이드Medicade 다. 메디케어는 국가 차원의 건강보험으로서 미국 시민권자나 영주권자 로 65세 이상인 노인에게 무료로 의료서비스를 제공한다. 그리고 사회보 장수당을 받고 있거나 정부기관 및 철도업계에서 일정 기간 이상 근무한 본인과 배우자, 65세 미만이더라도 장애인을 포함하여 영구적 신장 질환 을 앓고 있는 사람들을 대상으로 한다. 그렇다고 해서 메디케어가 모든 의료비용과 장기간 치료비용을 부담하는 것은 아니다.

메디케이드는 지역에 따라 메디컬Medical이라고 부르기도 하는데, 주 정부가 관장하는 프로그램이다. 재산이 거의 없거나 소득이 전혀 없는 계 층에 대해 병원 치료와 건강보험을 제공한다. 가입 절차와 규정에 관한 조건은 각 주가 자체적으로 결정한다. 기본적으로 입원비와 외래진료비, 요양원 비용, 의사진료비 등을 포함한다. 뉴욕 주처럼 치과 진료나 안경 에 관련된 비용을 보조하는 주도 있다.

건강보험이 없는 65세 이상 노인이 내과를 찾아가서 소변과 혈액 검사 를 하면, 의사진료비가 140~150달러 정도이고, 혈액검사비 65~85달러 는 별도로 내야하며 약은 따로 구입해야 한다. 내과 한 번 가는 데 적어도 300달러나 든다는 이야기다.

일반 건강보험의 경우, 자기가 가입한 보험을 다루는 의사를 찾아가서 의사방문비로 일반의에게는 10~20달러, 전문의에게는 30~40달러를 내 야 한다. 약을 구입하면 보험플랜에 따라 약값의 30~50퍼센트 정도를 할 인받는다. 메디케이드나 메디케어는 의사 진료비나 약값이 무료인 경우 가 대부분이고, 비용을 청구한다고 해도 2~5달러가 대부분이다(메디케어 와 메디케이드에 관한 내용은 'ID 신디'님의 블로그(blog.naver.com/show 4398)

2008년 8월 26일자에 실린 내용을 인용했다).

그리고 연방과 주가 합동으로, 메디케이드 가입 자격은 없지만 민간 건강보험에 들 수 없는 특정 어린이들과 가족들을 대상으로 하는 것이 쉽 SCHIP이다. 이런 공적 의료 혜택도 받지 못하고 민간 건강보험에도 들지 못한 국민이 2006년에 4700만여 명이나 되었다니 정부가 손을 쓰기에는 너무나 심각한 현실이다.

얼마 전 미국에 오래 산 교민한테 들은 진담 반 농담 반의 이야기가 있다. 그는 "세계에서 스포츠 경기장이 가장 뜨거운 나라가 미국인데, 그 나라에는 왜 영국의 축구장에서 난동을 부리는 훌리건hooligan 같은 패거리들이 없는지 이해가 가느냐"는 것이었다. 미국에서 야구나 농구, 미식축구나 아이스하키 경기장에서 자기가 응원하는 팀이 뒤지는 데 '열을 받아서' 상대팀 응원단에 시비를 걸다가 주먹을 휘둘러 이라도 한두 대 부러뜨리면 적게는 수천 달러부터 많게는 1만 달러도 넘게 들여 치료를 해주어야 하기 때문이라고 그는 설명했다. 상대적으로 건강보험제도가 잘 되어 있는 영국에서는 그런 부담이 적어서 훌리건들이 설친다는 뜻일 것이다.

2008년에 우리나라에서 '건강보험 민영화'가 뜨거운 쟁점이 되던 때 상영된 마이클 무어의 다큐멘터리 〈식코Sicko〉가 상당한 관객을 동원한 바 있다. 그 영화는 미국의 건강보험 제도와 제약산업에 초점을 맞추면서 미국의 영리적이고 비보편적인 의료제도와 캐나다, 영국, 프랑스, 쿠바의 비영리적이고 보편적인 제도를 비교했다. 무어는 미국에서 민간건강보험에 든 사람들 중에 보험회사의 사기와 교묘한 절차상의 속임수에 걸려 희생된 이들을 소개했다. 미국과 달리 캐나다는 제도가 합리적이고 보편적이며, 영국은 국민건강보험제도가 공적 자금을 바탕으로 운영되고 있다.

놀라운 사실은 극단적 사례이기는 하지만 미국에서 120달러나 받는

약이 쿠바에서는 단돈 5센트(미국의 240분의 1)라는 것이었다. 미국에서 가운데 손가락을 다쳐서 민간보험으로 접합하려면 6만 달러가 드는데, 영국과 프랑스에서는 무료다. 그리고 미국에서는 보험회사의 허락을 받아야 병원에 가서 치료를 받을 수 있다.

미국의 무보험자들이 중병에 걸리거나 큰 사고를 당하면 어떻게 해야 할까?

다행히 응급환자의 경우 보험에 가입하지 않았거나 치료비가 없다고 병원에서 환자를 거부할 수는 없다. 일단 사람부터 살리고 보는 것이 이곳의 법률이다. 만일 그 환자가 땡전 한 푼 없는 극빈자에 속한다면 10만 달러가 넘는 수술비와 치료비가 면제되는 곳도 미국이다. 극빈자에게 사회보장이 철저하지만 조금이라도 소득이 있고 주정부에 세금 낼 능력이 있으면 알아서 자율적으로 자신의 삶을 꾸려야 한다(《미국, 명백한 운명인가, 독선과 착각인가》, 162쪽).

이런 배려가 있다 하더라도 자유민주주의를 내세우고 '세계 평화의 파수꾼'을 자처하는 나라에서 중병이 들어도 건강보험이 없어서 병원에 가지 못하는 국민이 4700만여 명이나 된다면 그 나라의 살림을 책임진 대통령은 가능한 범위 안에서 신속히 대책을 세워야 한다. 그러나 레이건과 부시 부자는 그렇게 하지 않았다. 오바마의 전임자들 중에서는 오직 빌 클린턴만이 '병든' 의료제도를 개혁하려고 노력했을 뿐이다.

클린턴 행정부는 대통령 부인 힐러리를 비공식 위원장으로 '국가 의료제도 개혁을 위한 태스크포스'를 꾸렸다. 선진국이라고 불리는 나라 중

전 국민 의료보장 제도를 갖추지 못한 유일한 국가라는 오명을 떨쳐 버리려는 노력인 동시에 병 들어도 속수무책으로 죽어야 하는 국민들을 더 이상 방치할 수 없다는 판단 때문이었을 것이다. 부자 위주의 의료제도를 개혁하려고 뜻있는 사람들이 한 세기 넘게 애를 썼는데도 돈벌이만을 목적으로 하는 민간자본은 요지부동이었다. 1992년 민주당 예비선거에서 대통령 후보로 뽑힌 때부터 민간 건강보험제도의 폐해를 날카롭게 비판한 클린턴이 그런 개혁을 추진하려고 나선 것은 당연한 일로 보였다.

하지만 섣부르게 나선 '개혁'은 공화당 보수파의 조직적인 반발을 불러왔다. 정부 각 부처의 역할이 얽히고 설켜 법 조문만 1000여 쪽에 이를 정도로 복잡한 문제를 충분한 조율작업 없이 밀어붙인 것이 화근이었다. 클린턴 행정부의 의료개혁법안이 통과되면, 기업이 떠맡아야 할 노동자들의 의료보험료 부담이 지나치게 커지면서 경제에 악영향을 끼칠 것이라는 논리가 횡행했다. …… 여기에 '선출되지 않은 권력'인 대통령 부인이 국가 중요 정책에 개입하고 있다는 비판이 법정다툼으로 이어지면서 소모적인 논쟁이 들끓었다(《한겨레 21》 2008년 11월 21일자, 정인환 기자의 '오바마 2제, 의료와 아프간'에서).

결국 그 법안은 '비빔밥'처럼 변질되어 의회에 상정되었지만 1994년 여름 부결되었다. 그 여파로 그해 11월 중간선거에서 민주당은 참패하고 공화당이 상하원을 석권하면서 집권의 발판을 마련했다.

만약 그때 클린턴의 원안대로 건강보험법이 확정되었다면 미국 국민들의 삶의 질은 놀랍게 향상되었을 것이다. 클린턴이 두 번째 임기 중에 '모

니카 르윈스키 스캔들'로 탄핵소추를 당하고 부동산 투기 추문으로 거센 비난을 받았는데도 흑인들을 비롯한 빈민들 사이에서 인기가 높았던 데는 국민의 건강을 국가가 책임지려고 한 노력이 크게 작용했을 것이다.

이런 역사를 잘 알고 있을 버락 오바마는 전 국민을 위한 건강보험제도를 만들려고 노력할 때 클린턴의 성급함과 '작전의 무모함'을 되풀이하지 말아야 할 것이다. 2007년 1월 24일 오바마는 의료보장 자문모임인 '미국의 가족들Families USA'에서 이 문제에 관해 아래와 같이 견해를 밝혔다.

> 미국에서 전 국민을 위한 의료보장을 시행할 때가 왔습니다.
> …… 다음 대통령의 첫 임기 말까지는 우리가 이 나라에서 전 국
> 민 의료보장 제도를 세워야 한다고 나는 확고히 결심했습니다.

오바마는 이어서 납세자들이 무보험자들을 위해 해마다 150억 달러를 이미 내고 있는데, 4700만이 넘는 미국인이 보험 없이 살고 있는 것은 잘못이라고 지적했다. 그는 또 다른 장소에서 대책 없이 방치된 의료보장에 대한 견해를 밝혔다.

> 많은 미국인들이 의료보장 체계의 사각지대에 놓여 있는데 오바
> 마는 이것을 국가 전체를 위태롭게 하는 문제로 보았다. 그는 이
> 렇게 말했다. "오늘날 건강한 미국을 가장 심각하게 위협하는 것
> 은 천재가 충분치 않다든가 새로운 발견을 못하고 있는 것이 아
> 니다. 수년 동안 실천 없이 토론만 함으로써 감당키 어려운 의료
> 보장 비용에 대해 현실적인 대책을 내놓지 못하고 있는 우리의

무능력이 문제다.” 흑인으로서 오바마는 인종에 따른 건강 불평등 문제에 특별한 관심을 두었다. 오바마는 사람들이 '현실적으로 존재하는 건강 불평등의 간극을 어떻게 좁힐 것이며 어떻게 흑인들이 기대 수명을 다른 사람들과 비슷하게 연장시킬 것인지에 대해' 논의해야 한다고 주장했다(《오바마론》, 마틴 더퓌·케이스 보클먼 지음, 최지영 옮김. 늘봄, 2008년 3월, 185~186쪽).

오바마는 '환자가 어느 곳에서 치료를 받든 현재의 의료진이 쉽게 환자의 기록에 접근할 수' 있도록 의료보장 기록을 데이터베이스화 해야 한다고 주장했다. 의료사고로 미국에서 한 해 9만 8000여 명이 목숨을 잃고 있으므로 그렇게 하면 수많은 생명을 살리면서 연간 1400억 달러를 절감해 의료보장 비용을 낮출 수 있다는 것이다. 오바마 대통령은 2009년 6월 11일 위스컨신 주 그린베이에서 타운홀미팅 형식으로 열린 '주민과의 대화에서 "올해 건강보험 계획을 마무리하지 못한다면, 앞으로도 이뤄내지 못할 것" 이라고 강조했다. 오바마의 구상이 클린턴의 최초 법안에는 못 미치지만, 그가 임기 말까지 단계적인 개혁을 꾸준히 해야 보험 없이 살아가는 사람들이 혜택을 받을 수 있을 것이다.

■ 총기와 마약의 '왕국'

이민으로 미국에 첫 발을 디딘 사람들이 미리 거기 자리잡고 사는 친척이나 지인들에게서 많이 듣는 말이 있다. "이 나라에서 열심히 일해서 돈을 벌어 빨리 안정을 찾는 일도 중요하지만 제일 신경을 써야 할 것은 안전이다. 특히 교통법규를 어겼거나 어떤 단속에 걸렸을 때 먼저 안주머니나 호주머니에 손을 넣지 마라. 머리에 두 손을 얹고 기다려라. 괜히 수상한 동작을 하다가는 경찰관이 총을 쏘아 목숨을 잃어도 법에 호소할 수가 없다."

모든 경우가 그렇지는 않겠지만 이 말을 귀담아 듣지 않았거나, 설령 그대로 하려고 했어도 영어를 잘 알아듣지 못해서 무심결에 주머니에 손을 넣었다가 변을 당한 사람도 있다고 한다. 우리나라 사람들이 들으면 '뭐 그런 일이 다 있을까' 하고 생각하겠지만 총기 소유가 보편화한 미국에서는 얼마든지 일어날 수 있는 일이다.

세계 대다수 나라들에서는 남자들이 군대에 들어가야 총기를 만질 수 있다. 한국의 경우 군에서 총기류를 다룰 때 기율은 아주 엄격하다. 신병교육대에 들어가면 처음부터 총 쏘는 훈련을 하지 않는다. 아주 까다롭게 장시간 '사격술 예비훈련'을 받고 나서야 비로소 실탄 사격을 할 수 있다. 그리고 군생활을 마치고 나면 가끔 가는 예비군 교육장에서나 빈총을 들어 볼 수 있을 뿐이다. 일반 국민들은 사냥총 사용 허가를 받은 뒤에야 법을 지키면서 사격을 할 수 있는데, 그것도 소수만이 하고 있다. 그런데 미국에서는 청소년들이 어떻게 구했는지 총기를 들고 불특정 다수를 무참하게 사살하거나 교실에 대고 총을 난사하는 일이 잊을 만하면 벌어지곤 한다.

그런 총기사건 중 최악의 불상사가 2007년 4월 16일 버지니아공대에서 일어났다. 그 대학 영문학과에 다니던 조승희라는 학생이 두 차례에 걸쳐 강의실에 대고 권총으로 무차별 사격을 가해서 32명이 숨지고 다수가 다친 악몽 같은 일이 바로 그것이다. 그 자신은 바로 자살했으나, 이 사건은 '미국 역사상 단 한 명의 총잡이가 학교 캠퍼스 안이나 밖에서 저지른 것으로는 가장 치명적'이라는 불명예스런 기록을 남겼다.

당연히 미국에 사는 교민들과 한국 정부는 그 학생이 한국인이라는 사실 때문에 전전긍긍하지 않을 수 없었다. 동포 학생들에게 미국인들이 보복을 하지나 않을지, 미국에서 한국 상품 불매운동이 벌어지지나 않을지 걱정한 사람들이 주한 미국대사관 앞에서 촛불기도회를 열어 희생자들의 명복을 빌고, 주미 한국대사와 한인 기독교 지도자 몇 사람은 32일 간의 '참회 단식'에 참여하라고 교민들에게 호소했다. 다행히도 사건을 일으킨 학생이 '정신적으로 비정상적인 상태'였음이 드러나고 미국인들과 희생자들의 유족이 범인의 국적을 문제삼지 않음으로써 한국쪽 관계자들과 국민들은 가슴을 쓸어내릴 수 있었다.

이 사건은 미국 사회에서 충격이 컸던 만큼이나 뜨거운 논란을 일으켰다. 정신상태가 온전치 않은 학생이 어떻게 반자동권총 두 정을 살 수 있었는지, 첫 번째 권총을 산 지 한 달 만에 어떻게 두 번째 것을 또 살 수 있었는지를 두고 언론이 떠들썩했다.

법과 규정이 어떠하든 간에 미국에서 총기를 구하는 일이 그렇게 어렵지 않다는 것은 여러 통계가 보여준다. 2008년 후반기에 나온 자료들을 보면, 수치에는 차이가 있지만 미국의 개인들이 지니고 있는 총기를 2억에서 2억 5000만 정으로 잡고 있다. 평균치를 내면 3억 명을 조금 넘는 인구 중 70~80퍼센트가 권총이나 장총 또는 사냥총을 갖고 있는 셈이다. 그 통계들을 내리잡아 1억 5000만 정이라고 해도 어린이와 노인을 포함한 전체 인구의 절반이 총을 한 자루씩 지니고 있다는 계산이 나온다.

'미국은 총으로 세워진 나라'라고 하면 그 나라 사람들은 언짢게 여기겠지만, 이 글의 앞머리에서 자세히 보았듯이 그것은 엄연한 사실이다. 초기에 아메리카합중국의 터를 닦은 기독교도들은 총으로 원주민들의 땅을 빼앗으려고 하지는 않은 듯하다. 그러나 그뒤 영국을 비롯한 유럽 여러 나라들에서 이주해온 거칠고 탐욕스런 자들은 원주민의 무기보다 압도적으로 우세한 총기로 그 땅을 야금야금 차지해 들어갔다. 그러나 총잡이들이 앞장서서 이룬 이른바 '개척'이 마무리되면서 백인들 사이에서 치안이 심각한 문제가 되었다. 언제 누가 총을 들고 집이나 가게에 들어와서 인명을 해치거나 물건을 강탈해 갈지 모른다는 불안이 넓게 퍼져갔을 것이다. 그러니 너도 나도 총 한 자루씩은 지니고 있어야 안심이 되지 않았을까?

미국의 헌법은 특이하게도 '총기 보유'에 관한 조항을 두고 있다. '수정헌법 제2조'가 바로 그것이다.

> 규율이 잘 잡힌 민병대는 자유로운 주state의 안전에 필요하므로
> 무기를 보유할 국민의 권리는 침해받지 아니한다.

이 조항은 미국에서 '총기 보유의 자유'에 관한 논쟁이 벌어질 때마다 거론되는 '동네북'이다. 이 조항이 채택되던 시기의 주요한 논거는 이러했다는 학설이 있다. "어떤 사람들에게는 무기 보유를 거부하면서 다른 사람들에게 허용하는 것은 용납할 수 없는 자유의 부정이다." 요컨대 '무기 보유는 만인의 자유권'이 되어야 한다는 뜻이다.

미국의 정치인들, 그중에서도 대통령이 되려는 사람들이 가장 조심스러워하는 것은 총기 보유의 자유와 제한에 관한 발언이다. '자유파'나 '제한파' 중 한 쪽을 공격하는 발언을 했다가는 극렬한 공격을 받아 표가 우수수 떨어져 나갈 수 있기 때문이다.

자유파의 맨 앞장에 서 있는 단체는 미국총기협회National Rifle Association

(약칭 NRA)다. 1871년 뉴욕에서 창설된 이 조직은 '미합중국 권리장전'의 수정 제2조항을 지키고 총기소유권, 사격술, 총기 안전을 촉진하며, 사냥과 자위권을 보호함을 목적으로 하고 있다. 그런데 이런 '이념'을 내세운 단체가 실제로는 미국에서 첫째 아니면 둘째 가는 로비스트 집단이라는 점이 문제다. 이 협회의 웹사이트에 따르면, 회원은 400만 명이 넘는다고 한다. 최근 여러 해 동안 미국 의회 의원들은 NRA를 가장 강력한 로비단체로 꼽았다. 2008년 대통령 선거운동 기간에 이 단체가 정치자금으로 1000만 달러를 쓴 것을 보면 그 위력을 여실히 알 수 있다.

제40대 대통령 선거일인 1980년 11월 4일을 사흘 앞두고 NRA는 단체 역사상 처음으로 대통령 선거에서 로널드 레이건이 지미 카터를 눌러야 한다고 선언했다. 그 이래 이 협회가 공화당 후보들을 계속 지지했음은 물론이다. 1992년 대통령 선거에서 공화당의 조지 부시 1세가 빌 클린턴에게 패배하자 위기를 느꼈던지, NRA는 그뒤 중간선거에서 하원의원 435명 중 공화당과 민주당을 가리지 않고 '총기 자유 소지'를 지지하는 후보들을 지원했다. 전적으로 그 단체의 영향 때문은 아니었겠지만 그 협회가 지원한 후보 276명 중 211명이 당선되었다.

미국에서 대형 총기사건이 터질 때마다 NRA는 초긴장 상태로 들어간다. 총기 보유를 규제하는 법을 만들라는 여론이 들끓기 때문이다. 바로 그런 사건을 소재로 영화감독 마이클 무어가 〈보울링 포 콜럼바인〉을 2002년에 제작했다. 이 영화는 1999년 4월 2일 콜로라도 주의 콜럼바인고등학교에서 두 고교생이 교실에 산탄총을 난사해서 13명의 사망자와 24명의 부상자를 낸 뒤 자살한 사건을 소재로 미국의 '총기 현황'과 총기를 팔아 부와 권력을 누리는 세력의 실체를 적나라하게 보여주었다.

그 영화의 마지막 부분이 인상적이었다. 다큐멘터리의 감독과 주연을

겸한 마이클 무어가 미국총기협회 회장인 유명한 영화배우 찰턴 헤스턴
의 집 앞에서 '깜짝 인터뷰'를 한 것이다. '콜럼바인'처럼 미국민의 안전
을 위협하는 사건이 터졌는데도 협회가 총기 보유 자유권만을 계속 주장
하고 제한에는 반대할 것이냐고 무어가 끈질기게 추궁하자 헤스턴은 당
황하다가 끝내 집으로 들어가버렸다. 나중에 이 영화의 비판자들은 "치매
에 걸린 데다 전립선암 증세를 보이던 그를 그렇게까지 괴롭혀야 했느냐"
고 비난했지만, 어쨌든 NRA의 현직 회장이던 헤스턴의 대답은 설득력이
거의 없었다. 우리나라 사람들이 〈벤허〉와 〈십계〉 같은 영화를 보고 그
렇게 좋아하던 찰턴 헤스턴이 왜 총기협회 회장으로 '미국에서 손꼽는 로
비스트 집단'의 대표 노릇을 했는지, 궁금하게 여기는 이들이 적지 않을
것이다.

1923년 생인 그는 1950년에 〈암흑의 도시〉라는 영화에서 주연을 맡아
명성을 얻기 시작한 뒤 9년 뒤에 〈벤허〉의 주다 벤허 역으로 아카데미 남
우 주연상을 받는다. 그는 1965년부터 1971년까지 영화배우조합 회장을
맡는데, 그 직책은 로널드 레이건이 오래 전에 거쳐간 자리였다.

헤스턴은 정치적으로는 애초에 민주당 지지자였다. 그는 1956년 대통
령 선거에서는 애들라이 스티븐슨을, 1960년에는 존 F. 케네디를 위해 운
동을 한다. 그는 1960년대와 70년대에 베트남 전쟁에 반대하지만, 1980년
대에 들어서면서 '소수민족 우대정책'을 거부하고 총기 보유권을 지지하
면서 민주당에서 공화당으로 당적을 옮긴다. 그러고는 로널드 레이건, 조
지 부시 1세, 2세를 위해 선거 유세를 한다. 또 1998년부터 2003년까지
NRA 회장 겸 대변인으로 일하면서, 아들 부시와 앨 고어가 치열한 접전
을 벌이던 2000년 대통령 선거 기간에 열린 총기협회 총회에서 너무나 섬
뜩한 장면을 연출한다.

찰턴 헤스턴은 연설 도중 오른손으로 잡은 소총을 머리 위로 치켜올리더니 이렇게 외친다. "앨 고어 행정부가 들어선다면 '싸늘하게 죽은 나의 두 손'에서 수정헌법 제2조를 빼앗아 갈 것이다." 이 장면은 지금도 유명한 기록사진으로 인터넷에 올라 있다. 그런 역사를 가진 단체가 2008년 대선에서 버락 오바마의 당선을 원했을 리가 없다.

미국의 총기 시장은 거래 액수가 천문학적이다. 한국에서 수입한 K-I 소총이 1500달러가 넘는다고 하는데, 암시장에 가면 값이 훌쩍 뛰어 오를 것이다. '총기 경제'에는 제조업자, 도매상, 중개인, 소매상, 암시장의 거간꾼과 상인 등 다양한 이해당사자들이 관련되어 있다. 이 거대한 시장에 섣불리 손을 댔다가는 총기협회와 '악어새들'의 노골적인 반대와 은밀한 공격을 받게 될 것이다.

오바마는 총기 정책에 관해 일리노이 주 상원의원 시절부터 여러 번 견해를 밝혔다. 그의 대표적인 발언은 대통령 선거 기간인 2008년 2월 15일 기자회견에서 있었다. "나는 개인은 총기를 가지고 다닐 권리가 있다고 생각한다. 그러나 상식적인 규제를 받아야 한다." 오바마는 대통령에 당선된 뒤 "수정헌법 제2조의 총기보유권을 존중하는 조치들에 찬성한다"고 말했다. 매우 신중하면서도 어떻게 보면 소극적인 자세 같기도 하다.

총기는 미국의 살인사건과 자살에서 압도적인 비율을 차지하는 수단이다. 그 나라는 네 명의 대통령, 곧 링컨, 가필드, 매킨리, 케네디가 총기로 암살당한 비극적 역사를 갖고 있다. 해마다 1만여 명이 총탄에 맞아 사망한다는 통계도 있다. 실제로 2004년에는 총기 살인이 1만 654건이었다. 게다가 질병통제예방센터CDC의 통계를 보면 2000년에 5만 2000여 명이 고의적인 총기사건으로, 2만 3000여 명이 우발적인 사고로 다쳤으니, 어른들은 물론이고 자녀를 키우는 부모들의 불안이 얼마나 심하겠는가. '국민의 생명과 재산을 보호해야 하는 최고책임자'인 오바마 대통령이 풀어나가야 할 과제 중 아주 머리 아픈 것이 총기이다.

소리 없는 총기-마약

마약은 총탄이나 폭약처럼 사람의 목숨을 단숨에 빼앗지는 않지만 일단 중독되어 벗어나지 못하면 끝내 죽음의 길로 가거나 폐인이 된다는 점에서 '소리 없는 총기'라고 할 수 있다. 마약에 중독되면 초기에는 졸림, 가려움, 불면증 같은 증세가 나타나는데, 그것을 그만두면 금단증세가 일어나서 정상적인 생활을 하기 어려워진다. 다시 마약에 손을 대면 중독이 더욱 심해져서 환각상태에 빠지려고 복용을 더 자주 하게 돼 끝내는 말기에 이르고 만다. 대부분의 중독자들은 마약이 끊어지면 무슨 수를 써서라도 구하려고 도둑질은 물론이고 살인까지 저지르기도 한다. 더 심각한 것은 후천성면역결핍증AIDS 환자들이 마약을 복용하고 성관계를 가짐으로써 그 병을 전파시키는 일이다.

마약이 선사시대에도 있었는지는 모르지만 영어로 '나코틱narcotic'이라고 하는 말이 그리스어의 '나르코시스'에서 유래되었다는 학설을 보면 적어도 3000년 이상의 역사를 가진 것 같다. 미국에서 법률적인 의미의 마약은 아편, 코카인, 코카 잎과 그 부산물들을 가리킨다. 흔히 생각하듯이 마리화나는 나코틱이 아니고, LSD와 다른 향정신성약품들도 마찬가지다. 그리고 스테로이드도 나코틱이 아니다.

미국인들은 법적인 의미의 나코틱이라는 말보다는 드러그drug라는 어휘로 마약을 표현한다. 우리나라에서 필로폰(속칭 히로뽕)이라고 부르는 것도 미국에서는 드러그에 속한다.

재미있는 것은 미국에 처음 간 한국인들이 '드러그 스토어'라는 간판을 보고 약을 사러 들어가 보니 우리나라의 편의점 같은 곳이어서 고개를 흔들면서 나온다는 이야기다. 어쨌든 미국에서는 정부부터가 마약 일반을 드러그라고 부르고 있으니 여기서는 그 말을 마약의 뜻으로 사용하기로 한다.

미국에서는 일찍이 마약이 정치, 경제, 사회, 외교적 문제들을 일으켰다. 상황이 얼마나 심각했는지는 1971년에 리처드 닉슨 대통령이 '마약과의 전쟁War on Drugs'을 선포한 것을 보면 여실히 알 수 있다. 전임자인 린든 존슨이 공표한 '빈곤과의 전쟁War on Poverty'에서 따온 듯한 그 이름은 그 이후 역대 행정부로 이어졌고, 마침내는 '마약테러리즘과의 전쟁'으로 발전했다. 마약과의 전쟁 결과로 해마다 100만여 명이 투옥되었다는 보도가 1994년에 나왔고, 2005년에는 수감자 수가 200만으로 늘었으니 미국 인구의 0.7퍼센트 가까이가 마약과 관련된 범죄로 옥살이를 했다는 뜻이 된다.

우리는 어릴 적부터 역사책에서 마약 때문에 벌어진 국가 간의 싸움에 관한 글을 읽어 왔다. 중국의 '아편전쟁'이 바로 그것이다. 1757년 중국에서 아편 전매권을 받은 영국의 동인도회사가 야금야금 중국에 아편을 팔기 시작해서 마침내는 수많은 가난한 백성들이 중독자가 되어 나라가 망할 지경에 이르자 청국 정부는 강력한 단속을 펼쳤다. 이에 반발한 영국 정부가 1840년에 중국을 상대로 전쟁을 일으켜서 1842년에 '승리'했다. 그 이후 청나라가 문호를 열기를 머뭇거리자 1856년에 영국이 프랑스, 아일랜드와 함께 중국을 공격해서 무력으로 개방시킨 것이 제2차 아편전쟁이었다. 남의 나라 백성들이야 죽건 말건 자국의 이익을 위해 무자비한 폭력을 서슴지 않았던 것이다.

현대에 들어서도 마약은 아주 '매력적인' 돈벌이라서 국제적으로 분쟁을 일으키는 촉매가 되는가 하면, 한 나라 안에서도 여러 범죄조직 사이에 사생결단의 암투를 빚어낸다. 유엔은 21세기 초에 국제 마약 밀매에서 나오는 수익을 4000억 달러로 추산했다.

현재 미국은 명실 공히 세계 최대의 마약 소비국이다. 다음은 국제문제조사연구소 조성권 연구원의 논문 〈미국 마약정책의 변화와 실제: 거버넌스의 이중성〉(2002년 5월, 서울대학교 미국학연구소 발행) 중 '문제 제기'의 앞 부분을 요약한 것이다.

미국의 마약지수(인구 10만 명 당 마약 사용자 수)는 세계에서 가장 높은 256을 기록하고 있다. 마약 판매는 미국의 각종 불법 수익 중 가장 많은 부분을 차지한다. 1998년 미국에서 마약으로 인한 경제비용은 1434억 달러로 추산되었고, 2000년에는 더욱 증가하여 1600억 달러가 되었다. 이것은 상원을 통과한 2003 회계연도 국방예산 3551억 달러의 50퍼센트에 가까운 액수이다. 유엔 국제 마약통제위원회의 보고에 따르면 인터넷 주문을 이용한 마약 밀매가 차츰 늘고 있는 추세를 감안하면 인터넷 사용이 가장 발달한 미국에서 마약으로 인한 경제비용은 갈수록 증가할 전망이다.

한 통계를 보면, 2000년에 중학생 40.3퍼센트와 초등학생 20.3퍼센트가 마리화나를, 16.5퍼센트와 8.5퍼센트가 환각제를, 10.6퍼센트와 7.6퍼센트가 코카인을 사용했다고 한다. '소리 없는 총기'인 마약이 어린이들에게까지 널리 퍼져 있으니 미국 정부가 적극적인 대책을 마련하지 않을 수 없었을 것이다. 정부는 국내에서 마약 매매와 사용을 단속하는 일보다는 마약의 공급원을 차단하는 쪽으로 정책을 세웠다. 대표적인 것이 2000년에 빌 클린턴 행정부가 만든 '플랜 콜롬비아Plan Colombia'였다. 미국에 마약을 가장 많이 공급하는 나라인 남미의 콜롬비아에 경제적 원조를 하고, 게릴라들의 근거지에 군사고문단을 파견해서 정부군을 교육한다는 것이다.

하지만 공급영역에서 마약 생산량을 줄여 국내 마약 소비를 줄이겠다는 미국의 정책은 오랜 역사에도 불구하고 아직까지 뚜렷한 가시적인 성과를 낳지 못했다. 이 대대적인 마약전쟁이 콜롬비아 국내는 물론, 주변국에 미치는 영향도 심각하다. 이미 콜롬비아의 정치질서는 마약전쟁의 장기화로 인해 심각한 정당성의 위기를 겪고 있고 통치조차 힘든 실정이다.

……

'플랜 콜롬비아'를 통한 마약전쟁은 이웃나라들에게 영향을 미쳐 지역 전체의 안보를 위협하고 있다. 인접국인 페루, 볼리비아, 에콰도르, 베네수엘라, 브라질 등이 접경 지역에서 이미 마약전쟁으로 인한 후유증을 경험하고 있다. 유민의 유입, 코카 밭의 확산, 게릴라와 우익 민병대의 잦은 출현으로 이웃 정부들도 이 마약전쟁을 반갑지 않은 손님으로 생각한다. 더구나 9.11테러 사태 이후 부시 행정부가 그 방향을 '마약 테러리즘narcoterrorism'의 박멸로 수정한 결과 '마약전쟁'은 대테러 전쟁의 차원을 띠게 되었다(이성형, 논문 〈미국의 대콜롬비아 마약전쟁:현실주의 외교 논리의 문제점〉 '서론'에서).

마약시장은 조직폭력배(조폭)들의 '무대'이다. 다른 나라들에서도 그렇듯이 미국에서도 마약은 이문이 막대한 '상품'이다. 카지

노를 제대로 차려 놓고 도박판 경영자로 돈을 벌려면 거액의 자본을 들여야 하지만, 마약 밀매는 '숙련된' 조직과 거래망, 소액의 종자돈만 있어도 할 수 있는 일이라서 조폭들에게는 매력적일 것이다. 미국 정부가 1971년부터 '마약과의 전쟁'을 벌였는데도 상황이 더 나빠진 원인 중 가장 큰 것은 조직폭력의 확산일 것이다. 2009년 들어 미국 안의 조직폭력배는 100만 명을 넘었다고 한다. 그들은 각종 범죄의 80퍼센트가량에 개입하고 있다. 미국 법무부 산하 '국립 갱 정보센터'에 따르면 미국 전역에서 조폭 90만여 명이 움직이고 있고, 14만 7000여 명은 교도소에 갇혀 있다. 조폭들은 대다수가 도시에서 마약 소매 공급망을 장악하고 있다. 그들은 미국 안의 멕시코계 밀매조직과 경쟁을 한다. 그리고 캐나다 접경지역에서 캐나다 조직과 제휴해서 마약을 밀매하거나 불법 입국자들을 태워 나른다고 한다(《쿠키뉴스》 2009년 1월31일자).

오바마 대통령 당선자 정권인수위원회의 공식 웹사이트를 보면 '정책과제'가 민권, 국방, 경제, 교육, 외교 등 23개 항목으로 구성되어 있는데 마약narcotic(또는 drugs)은 보이지 않는다. 마지막에 있는 '추가 항목'에도 들어 있지 않다. 오바마 행정부가 마약을 중시하지 않아서 그렇게 한 것은 아니겠지만, 아무튼 잘 납득이 가지 않는 일이다.

오바마는 여러 정보기관들을 통해 전국의 중요한 정보들을 보고받는 미국의 대통령이라서 누구보다도 현실을 정확하게 파악할 수 있을 것이다. 앞으로 그가 테러에 대처하는 방식으로 '재래식'마약과의 전쟁을 이어받을지, 아니면 국내에서 마약 사용과 밀매를 획기적으로 줄이는 특단의 대책을 세울지 미국 안팎의 관심이 크게 쏠릴 문제이다.

■ 갈수록 더워지는 지구와 독을 뿜는 에너지

1950년대와 1960년대에는 겨울이 되면 한강이 일찍 얼어버리는 일이 예사였다. 그런데 언제부터인가 '한강이 얼다'가 뉴스가 되는 시대가 되어버렸다. 요즈음은 특히 더 그렇다. 한겨울인 1월 중순이 지나서야 밤 기온이 영하 10도 밑으로 떨어져서 한강물이 얼음으로 변하기 때문이다. 지금부터 40~50년 전에는 영하 15도는 되어야 강추위라고 했는데 요새는 영하 5도의 날씨에도 그런 말을 쓴다. 지구가 그만큼 더워졌다는 뜻이다. 사람들은 보통 때는 환경 악화로 인한 재난에 무감각하다가 큰 사건이 벌어져야 깜짝 놀라곤 한다. 2004년 12월 26일 인도양 연안 국가들에서 터진 쓰나미가 바로 그런 보기였다. 어느 날 갑자기 집덩이 만한 파도가 잇달아 몰려와서 인도네시아, 타이, 몰디브 같은 나라들의 해안이 쑥대밭이 되었다. 텔레비전에 비친 화면들은 너무나 끔찍했다. 그때 쓰나미로 목숨을 잃은 사람이 35만 명 이상이고, 부상자는 그보다 더 많았다고 한다. 쓰나미는 아시아-태평양 지역, 특히 일본에서 20세기에 25차례나 일어났는데, 이제는 다른 나라들도 안심할 수 없게 되었다.

지구 표면의 평균온도가 상승하는 현상을 가리키는 온난화는 지금 전 세계적으로 뜨거운 쟁점이 되고 있다. 그것이 갈수록 심해져서 땅이나 물속의 생태계가 변하고 해수면이 올라가서 해안선이 달라지는 등 '이상한 일들'이 일어나기 때문이다. 과학자들은 20세기 초부터 2005년까지 100년 동안 지구상의 기온이 섭씨 0.74 ± 0.18도가 올랐다는 계산결과를 발표하고 그 '주범'으로 온실가스(수증기, 이산화탄소, 메탄 등)를 꼽았다. 그중에서도 '원흉'은 이산화탄소다. 기상학자들은 온실가스를 비롯해서 온난화를 일으키는 요인들을 약화시키는 특단의 대책을 마련하지 않으면 21세기 동안에 지구의 표면 온도가 섭씨 1.1~6.4도 오를 것이라고 예측한다. 그 야말로 지구의 멸망을 걱정하지 않을 수 없게 하는 경고다.

근래 텔레비전에서 방영된 다큐멘터리들을 보면 북극의 빙하가 급속 히 녹아내려서 늘 얼음으로 덮여 있어야 할 북극해의 일부가 물로 변한 것을 볼 수 있다. 그 때문에 생태계에 심한 변화가 일어나서 곰들은 물론 이고 에스키모들의 삶에 큰 위협이 닥쳤다. 과학자들은 지구 온난화가 그 원인이라고 지적한다.

온난화로 인한 재앙을 막으려고 1997년 12월 일본 교토에서 열린 '기후 변화협약' 제3차 당사국 총회에서 채택된 것이 '교토의정서Kyoto Protocol' 다. 이것이 채택되기까지 온실가스 감축 목표와 일정, 개발도상국의 참여 문제로 의견 대립이 심했지만 조정을 거쳐 2005년 2월 16일에 의정서가 공식 발효되었다. 미국은 1998년 11월 12일 클린턴 행정부의 앨 고어 부 통령이 상징적으로 의정서에 서명했으나 지금까지 그것을 의회에서 비준 하지도 않았다. 미국은 2005년까지는 화석연료를 태우는 데서 나오는 국 민 1인당 이산화탄소 배출량이 세계 최대였다. 미국이 교토의정서의 기 준과 목표에 맞게 법으로 이산화탄소 배출을 규제하면 역사상 가장 많이 세금이 늘어날 것이라고 한다.

조지 부시 2세 대통령도 교토의정서 비준을 상원에 요청하지 않았다. 그 이유는 그 의정서의 원칙들을 지지하지 않는 것이 아니라, 그 당시 세 계 최대의 이산화탄소 배출국(국민 1인당 양은 아주 적지만)인 중국이 예외적 인 지위를 허용받고 있기 때문이라는 것이었다. 그리고 부시는 미국 경제 에 압박을 가할 것이라면서 그 협약 이행에 반대했다.

오바마는 '환경대통령'이 될 수 있을까

앨 고어는 2000년 대통령 선거 때 플로리다 주의 개표과정에서 불거진 아들 부시 진영의 '부정' 의혹을 끝내 밝히지 못하고 패배를 선언한 뒤 환경운동 분야에서 적극적으로 일했다. 그는 특히 지구 온난화의 실상과 위험을 대중에게 알리고 해결책을 찾는 작업을 벌임으로써 2007년에 한 환경운동기구와 함께 노벨평화상을 공동으로 받았다. 그는 그때 기자회견에서 이런 요지의 발언을 했다.

- 남극의 빙하를 연구한 결과 지구 역사상 측정 가능했던 그 어느 시기보다 현재의 이산화탄소 농도가 가장 높다.
- 2003년에 유럽에서만 무더위로 3만 명 이상이, 인도에서 1500여 명이 목숨을 잃었다.
- 2000년에 갈매기가 처음으로 북극에 도달했다.
- 이대로 가면 2020년에는 아프리카 킬리만자로 산의 눈이 녹아서 모두 없어질 것이다.

고어는 2006년에 발표된 다큐멘터리 영화 〈불편한 진실〉(데이비스 구겐하임 감독)에 출연해서 지구 온난화를 중심으로 환경위기를 대중에게 호소력 높게 전함으로써 아카데미상을 받기도 했다. 그는 빌 클린턴의 부통령으로서 대통령 자리를 이어받지는 못했으나 재야에서 '기후변화 전도사'와 더불어 '환경대통령'이라는 호칭을 받을 만했다. 특히 현직 대통령인 아들 부시가 환경문제들을 외면하다시피 했기에 그의 활동은 더욱 두드러져 보였을 것이다.

버락 오바마 대통령 앞에는 풀어 나가야 할 환경 부문의 과제들이 산더미처럼 쌓여 있다. 지구 온난화는 물론이고 환경 보존, 미국에서 많은 댐들이 환경에 미치는 악영향, 유전자 조작, 집약적 농업의 폐해, 토질의 악화, 핵에너지와 핵물질로 인한 환경 오염 등이다. 게다가 오존의 감소, 대기와 물의 오염, 자원의 고갈이 다른 한편에서 그를 기다리고 있다. 오바마는 대통령이 되기 전에 환경문제와 관련해서 어떤 평가를 받았던가?

오바마의 상원의원 활동에 대해 대부분의 환경운동 단체들은 대단히 만족해하고 있지만, 몇몇 단체는 그에 대해 회의적이다. 그가 액화석탄을 에너지원으로 사용하는 방법을 지지하기 때문이다. 많은 환경운동가들은 오바마 의원이 이 에너지원에 관심을 갖는 이유는 석탄 그 자체가 아니라 일리노이 주 남부가 미국의 주요 석탄 생산지 가운데 하나라는 사실 때문이라고 믿고 있다.
……

오바마는 짐 버닝(공화당, 켄터키주) 상원의원과 함께 2007년 액화석탄연료지원법안에 지지 서명했다. 이 법안은 석탄에서 휘발유와 같은 정도의 배출율을 가지는 디젤 연료를 추출하는 새로운 연구와 시설에 대해 지원을 하는 법안이다. 하지만 몇몇 환경운동가들은 여기에는 도저히 묵과할 수 없는 모순이 있다고 생각한다. 그들은 이 연료가 가져올 경제 성장이 그로 인해 야기되는 환경 파괴를 상쇄하고도 남는다는 데에 동의하지 않는다(《오바마론》, 183~184쪽).

'대부분의 환경운동 단체들이 대단히 만족했다'는 것은 상원의원 오바마의 환경 관련 성적이 최우수에 가까움을 뜻한다. 그러나 선거구민들의 이익에 치우친 법안에 서명함으로써 비판을 받은 일은 대통령으로서 앞으로 더 넓고 크게 보면서 극복해야 할 것이다.

오바마의 '친환경적 일자리 창출 계획'은 청사진부터가 거창하다. 정권인수위원회의 웹사이트는 2015년의 미국을 이렇게 묘사했다.

> 휘발유와 전기 충전을 병용하는 하이브리드카 100만 대를 생산해온 제너럴모터스GM 등 자동차업체의 생산라인에 수만 명이 새로 배치됐다. 에너지 효율을 크게 높인 빌딩과 공립학교 건설 현장은 수백만 명의 분주한 손놀림으로 활기차다. 소, 닭, 돼지 등 동물 분뇨와 음식물 쓰레기에서 나오는 메탄가스를 활용해 전체 전력의 10퍼센트를 생산하는 재생에너지 공장도 바쁘다. 태양열, 열병합, 풍력발전소에도 수십만 일자리가 생겼다. 전체 노동자의 3.6퍼센트가 넘는 500만 명의 노동자가 새롭게 '녹색 일자리'를 찾았다(《한겨레》 2009년 1월 10일자, 1면).

오바마는 인수위원회가 마련한 '오바마-바이든 계획'에 들어 있던 대표적 환경·에너지 정책인 위의 그림을 단순히 구상으로 두지 않고 신속하게 실천에 들어갔다. 그는 대통령에 취임한 지 닷새만인 2009년 1월 26일 온실가스 배출량을 줄이는 일을 비롯해서 지구의 기후변화에 대처하는 데서 주도적 역할을 하겠다고 선언했다. 그는 "현재 휘발유 1리터로 평균 8킬로미터밖에 못 가는 미국산 자동차를 2020년까지 15킬로미터 이상을 갈 수 있게 하라"는 행정명령에 서명했다. 이것은 전임 부시 행정부가 미국의 10여 개 주에서 배기가스 배출량 규제를 강화하려던 움직임에 제동을 건 것을 정면으로 뒤집은 조치다. 오바마 대통령은 친환경적 자동차

생산 촉진정책을 발표하면서 "이런 조치들이 어렵다고 더 이상 늦출 수는 없다. 지금이야말로 더 안전한 이 나라의 미래와 지속적으로 번영하는 지구를 위해 어려운 결정을 내려야 할 때"라고 말했다.

파산 직전까지 갔던 미국 자동차업계의 3대 회사인 제너럴모터스와 포드, 크라이슬러가 이런 정책을 충실하게 따라서 연비가 훨씬 앞선 일본의 도요다와 혼다(현재 평균 10킬로미터 이상)를 따라잡고 회생할 수 있을는지 궁금하다. 미국산 자동차의 평균 연비를 8킬로에서 15킬로미터까지 높이려면 한 대당 2000~1만 달러의 생산비가 더 들어간다는 추산이 나와 있어서 이 문제는 간단히 해결되지 않을 것이다.

오바마의 친환경 자동차정책은 우리나라에도 큰 영향을 미치리라고 예상된다. 자동차 대국들이 1990년대부터 하이브리드차, 수소연료전지차, 전기차 개발 경쟁에 들어간 데 비해 출발이 한참 늦었기 때문이다.

1930년에 프랭클린 루스벨트 대통령이 발표한 '뉴딜'이 토목과 건설을 통해 일자리를 만들어내는 데 초점을 맞춘 데 비해 오바마의 '뉴 뉴딜'은 녹색산업에서 성장동력을 찾는 '그린 뉴딜'로서 환경보호에도 중점을 두고 있다. 오바마가 이 야심적인 정책을 성공적으로 수행한다면 2013년 대선에서 승리해서 연임하는 데 결정적 도움을 받을 수 있을 것이다.

오바마의 핵심적 정책 산실로 알려진 미국진보센터CAP와 새로운 민주주의 프로젝트NDP는 오바마 행정부를 위한 정책 제안 보고서를 발표한 바 있다. 주요한 내용은 (1) 기후변화 문제를 다룰 대통령 직속 국가에너지회의 신설 (2) 이산화탄소 배출권 거래 수익으로 재생에너지 개발 (3) 단열주택 건설로 가정 전력 소비 10퍼센트 감축 (4) 10년간 12만 5000메가와트 풍력발전으로 40만 명 고용 창출 등이다.

오바마는 상원의원 시절은 물론이고 대통령에 당선된 뒤에도 환경문제에 적극적인 자세로 나서겠다는 의지를 명백히 밝혔다. 이제 구체적인 행정조치와 청사진을 발표했으니 '환경 일방주의 탈피' 의지를 온 세계가 확인할 수 있도록 상원과 협력해서 교토의정서를 비준하면 좋을 것이다.

■ 기독교 보수파라는 철옹성

우리나라에서 전철을 타는 사람들이 어김없이 만나는 '전도사들'이 있다. 전동차의 맨 앞칸부터 뒤칸까지 차례로 걸어가면서 "예수를 믿으세요, 그러지 않으면 지옥에 떨어집니다"라고 외치거나 "예수를 믿으면 복을 받고 영생을 얻는다"고 말하는 이들 말이다. 필자는 그들이 기독교의 어떤 종파에 속하는지 알 수 없다. 내가 본 그들은 모두가 하나같이, "나는 어떤 교회에서 나온 누구인데 내 말을 듣고 궁금한 점이 있으면 질문을 하라"고 말하지 않고 전철 승객들에게 일방적으로 '메시지'를 전한다.

그들의 특징은 여러 가지다. 시간에 쫓겨서 그런지 말을 듣는 사람들의 얼굴을 보지 않고 허공에 대고 어휘들을 쏟아댄다. 그런 광경을 하도 많이 보아서일까? 필자는 어떤 남자 노인이 벌컥 화를 내며 소리치는 것을 본 적이 있다. "당신이나 예수 믿고 천당 가지 왜 시끄럽게 떠들어요?" 그 말을 들은 '전도사'는 그를 잠깐 노려보더니 아무 말도 않고 다음 칸으로 넘어갔다.

여기서 전도사라는 말을 쓰면서도 잘 이해가 가지 않는 점이 많다. 그들은 도대체 기독교의 어느 교단에서 어떤 자격을 주어 내보낸 이들인가? 그들은 유급인가, 자원봉사자인가? 선교의 효율을 위해서라도 전동차 한 칸에서 시간을 넉넉히 갖고 승객들 한 사람 한 사람을 상대로 기독교의 교리를 전하면서 예수가 가르친 '믿음과 소망과 사랑'의 진리를 이웃과 함께 나누자고 해야 할텐데 왜 그리도 섬뜩한 말들을 일방적으로 외치고 는 사라지는가?

2008년 5월 초부터 한 여름까지, 서울 광화문 네거리 부근과 시청 앞 광장에서 벌어진 촛불집회에 나타난 일부 기독교인들이 쓴 모자나 등에 멘 글자판에 적힌 내용은 너무나 자극적이었다. '예수 천국, 불신 지옥'이라는 여덟 글자가 예수를 믿으면 천국에 가고 믿지 않으면 지옥에 간다는 뜻임은 알겠는데, 왜 그렇다는 설명은 없었다. 아무런 생각 없이 그것을 읽은 사람들은 '아, 나는 예수를 믿지 않으니 꼼짝없이 지옥에 가겠구나'라고 느끼지 않았을까? 그리고 불교나 다른 종교의 신도들은 어떤 심경이었을까?

필자는 전동차 안에서 전도하는 사람들 중에서 천주교의 신부나 수녀, 불교의 승려나 보살, 원불교의 교무나 정녀를 한 번도 본 적이 없다. 어째서 유독 '개신교'의 일부 교직자 아니면 신자들만이 자기들의 신앙과 신념을 일방적으로 전달하는 일에 그렇게 열성적일까? 이런 점에서 우리는 그들을 기독교의 특이한 보수파라고 부를 수 있을 것이다.

버락 오바마는 2007년 2월 10일 대통령 출마를 선언한 이래, 아니 멀리는 일리노이 주에서 의원 생활을 하던 때부터 기독교 보수파에게 심하게 시달림을 당했다. 특히 오바마가 일리노이 주 연방 상원의원 민주당 후보로 확정된 뒤 그들은 동성애와 임신중절을 비롯해서 많은 쟁점들에 관해 자기들의 반대편에 서 있던 오바마를 끈질기게 공격했다.

진보적인 기독교도들의 반대편에 서 있다는 의미에서 '기독교 우파'라고도 불리는 그들은 1990년대부터 미국의 권력 구도를 바꾸는 데 결정적인 역할을 했다. 레이건 행정부 시절(1981~1989년)에는 정치적 영향력이 그다지 크지 않던 기독교 보수파는 1992년 대선에서 빌 클린턴이 승리해 진취적인 정책을 펼치기 시작하자 크게 불만을 품게 되었다. 이런 시대적 기류를 타고 역사학 교수 출신인 공화당의 뉴트 깅그리치Newt Gingrich는 "민주당이 의회를 지배하면서 행정부와 유착해서 비대한 관료주의를 굳히고 세금을 낭비하고 있다"고 주장했다. 그는 기독교 보수파를 중심으로 공화당 지지자들은 물론이고 민주당의 온건보수층까지 끌어들이는 '쐐기와 자석' 전략을 구사했다. 그것이 성공을 거두어 1994년 중간선거에서 공화당은 하원에서 58석, 상원에서 8석을 늘려 '여소야대'를 이루었다. 그는 그 공로로 명실상부한 공화당 지도자가 되어 1995년부터 4년 동안 하원의장으로 일했다. 시사주간지 《타임》은 민주당의 40년 하원 지배를 끝장내는 '공화당 혁명'을 이끌었다는 이유로 1995년에 그를 '올해의 인물'로 선정했다.

> 뉴트 깅그리치의 '혁명' 이후 1998년 중간선거에서 민주당은 상하원에서 다수파가 되지는 못했지만 크게 약진했다. 그 선거에서 승자는 클린턴이었고 패배자는 선거 결과에 책임을 지고 정계 은퇴를 발표한 깅그리치와 클린턴 대통령의 탄핵에 강경한 태도를 취했던 공화당 지도부 및 기독교 우파였다. 당시 기독교 우파는 그들이 그토록 싫어했던 1960년대 반문화와 마약, 성적 방종의 상징적 인물인 클린턴이 대통령의 지위에 있다는 것에 심한 혐오감을 느꼈다. 그들은 르윈스키 사건을 통해 탄핵을 추진했으나 낙태의사에 대한 살해 등으로 대변되는 우파의 과격하고 파괴적인 행동에 위기감을 느낀 자유주의 세력의 단결과 온건보수 세력의 이탈, 언론의 비우호적 태도로 선거에서 패하고 탄핵도 실패

하고 말았다(《송광익의 앞산자락》, '부시는 기독교 우파와 시오니즘의 포로(2)'에서).

2000년 대통령 선거를 앞두고 미국의 기독교 보수파는 그야말로 '총력전'을 준비한다. 빌 클린턴의 재임기간을 '잃어버린 8년'으로 보았기 때문일 것이다. 보수파는 애초에 아들 부시를 두고 망설였다고 한다. 청년 시절 사생활이 문란했다는 평가와 함께 기독교 보수파의 '복음주의적' 또는 '근본주의적' 교리나 정치적 이념에 대한 그의 견해가 모호하다고 보았기 때문이다. 그러나 부시는 종교적, 정치적으로 단호한 보수적 견해를 밝힘으로써 기독교 보수파와 전통적 공화당 지지세력의 지지를 받아 민주당의 앨 고어에 맞설 공화당 후보로 선택될 수 있었다.

공화당과 기독교 보수파는 2000년 대선이 다가오기 오래 전부터 승리를 위한 프로그램들을 착착 진행해왔다. 그중 대표적인 것이 언론, 특히 텔레비전과 라디오를 통한 교묘한 선거운동이었다.

보수파에는 전국적인 '스타 전도사들'이 많았다. 그 전도사단의 얼굴은 팻 로버트슨Pat Robertson과 빌리 팔웰Billy Falwell이었다. 미국인들에게 가장 잘 알려진 텔레비전전도사televangelist라고 할 수 있는 로버트슨은 1986년에 공화당 대통령 후보 지명을 받으려다가 좌절한 '정치적 목사'로서, 기독교방송네트워크CBN의 창설자였고, 국제가족엔터테인먼트회사를 설립한 사업가이기도 했다. 역시 텔레비전전도사인 팔웰은 버지니아 주 린치버그에 있는 대형 침례교회의 목사였다. 이 두 사람은 물론이고 우리나라에도 잘 알려져 있는 빌리 그레이엄 목사를 포함해서 보수파들이 총동원되어 텔레비전이나 라디오, 또는 교회와 대중집회장의 '설교'를 통해 민주당과 클린턴을 여러 해 동안 공격해댔으니 그 상처는 이루 말할 수가 없었다. 그런 분위기에서 치러진 선거전에서 부시와 고어가 박빙의 승부를 벌인 끝에 고어가 유권자 총득표 수에서는 앞서고도, 플로리다 주의 '개표 부정' 의혹 논란 끝에 지기까지 기독교 보수파가 몰아준 표가 결정적인 작용을 했음은 두말할 나위도 없다.

대통령이 된 부시는 기독교 보수파와 대기업들, 부유한 특권층, 군수산업체들, 진보 세력에 거부감을 보이는 다수 농어민들의 지지에 부응하듯이 대대적으로 세금을 줄여주고 교토의정서 비준을 거부했다. 그리고 9.11테러를 빌미로 북한과 이란, 이라크를 '악의 축'이라고 규정하면서 이라크에서 전쟁을 일으키는 쪽으로 치달았다.

2004년 대선은 부시의 연임을 위해 다시 총동원 태세에 들어간 보수 세력과 존 케리를 후보로 내세운 민주당 지지자들의 대결이었다. 2003년 3월 20일에 이라크를 침공하기 시작해서 확전 일로로 걸어간 부시는 언제 끝날지 모르는 전쟁의 늪에 빠져서 허우적거렸으나 이번에도 기독교 보수파의 열성적인 지지에 힘입어 재선에 성공했다. CNN의 출구조사에 따르면 '매주 교회에 가는 개신교 신자'의 68퍼센트가 부시에게 투표한 반면 31퍼센트가 존 케리에게 표를 준 것으로 나타났다.

민주당은 2008년 대선을 '잃어버린 8년'을 되찾을 결정적인 계기로 보고, 비틀거리는 부시와 공화당을 겨냥해서 총력전을 시작했다. 이라크와 아프가니스탄 전쟁에 나간 미국의 수많은 젊은이들이 명분도 없이 목숨을 잃고 경제가 만신창이가 되어버린, 2008년 가을이라는 절호의 기회에 보수파가 이미 두 차례나 성공한 '선거전략'에 맞설 방책을 찾지 못하면 승리를 장담할 수 없었다.

예비선거 초기의 예상을 뒤엎고 힐러리 클리턴을 여유있게 앞서면서 민주당 후보가 된 버락 오바마는 기독교 유권자들에 아주 신중하게 접근

했다. 그는 일찍이 연방 상원의원 시절에 미국의 기독교를 이렇게 이해하
고 있었다.

> 미국인이 종교적인 국민이라는 사실은 누구도 의심하지 않는다.
> 최근 조사 결과에 따르면, 미국인 중 95퍼센트가 신을 믿고 3분
> 의 2 이상이 교회에 다니며 37퍼센트는 독실한 기독교인을 자처
> 하고 이보다 훨씬 많은 사람들은 진화론보다 창조론을 믿는 것으
> 로 나타났다. 종교가 예배 장소에 국한되어 있는 것도 아니다. 종
> 말론을 내세우는 책이 나오면 수백만 권씩 팔리는가 하면, 기독
> 교 음악이 빌보드 차트에 오르내리며, 모든 대도시 교외 지역에
> 는 매일같이 대형 교회megachurch가 새로 출현해 탁아 시설부터
> 싱글 친목회와 요가, 필라테스 강습에 이르기까지 온갖 서비스를
> 제공한다(《버락 오바마, 담대한 희망》, 285~286쪽).

이렇게 '신을 믿는 미국인 95퍼센트'를 절대적 존재로 의식하고 예비
선거 유세를 해야 했던 오바마에게 폭탄이 터졌다. 그가 '신앙의 사부'로
섬겨온 제레미아 라이트Jeremiah Wright 목사의 '빌어먹을 미국God damn
America' 발언이 바로 그것이었다. 라이트는 시카고에서 8500여 명의 신
자가 다니는 대형 교회인 트리니티 연합그리스도 교회의 목사였다가 명
예목사로 물러나 있었는데 오바마와 힐러리를 '정밀 검증'하던 ABC 뉴스
가 라이트의 설교들을 뒤지다가 그 과격한 욕설을 집어낸 것이다. 라이트
는 오바마를 위해 변명을 하다가 또 실수를 저질렀다. 자칫하면 예비선거
과정에서 물러나야 할지도 모르게 된 오바마는 라이트의 언행에 '격분하
고' '비통한 심경'이라고 공개 발언을 한 뒤 그 교회를 탈퇴했다.

그 위기를 가까스로 넘긴 뒤 대통령 후보로 확정된 오바마는 2008년 8월 16일 캘리포니아 주의 한 도시에서 열린 '신앙 포럼'에 공화당의 존 매케인과 함께 불려나갔다. 거기서 그는 이렇게 고백했다. "예수 그리스도는 나의 원죄를 위해 죽으셨고, 나는 그를 통해 속죄를 받았습니다." 기독교 복음주의자들이나 근본주의자들이 늘 하는 말을 따라서 한 것이나 마찬가지였다.

오바마와 매케인은 그날 CNN을 통해 생중계된 포럼에서 낙태(임신중절)를 비롯한 민감한 사회적 쟁점들에 관해 뚜렷한 견해 차이를 보였다. 기독교 보수파의 핵심적 논제인 낙태와 관련해서 매케인은 임신 초기의 낙태부터 반대한다고 말했으나 오바마는 그의 지론인 '필요한 경우의 낙태'에 찬성한다고 거듭 강조했다. 두 후보의 공통점은 결혼을 두 남녀의 결합으로 규정하면서 동성결혼에 반대한 것이었다. 오바마는 포럼을 보수주의적 고백으로 시작했으나 정작 토론에서는 진보적 견해와 중도적 의견을 적절히 조화시킴으로써 그 모임을 주관한 보수파의 릭 워런 목사한테서 "오바마와 매케인 두 후보가 미국에 대해 깊은 성찰을 해왔으며, 모두 애국자"라는 평가를 받았다. 대통령 선거라는 중차대한 정치적 결전장에서 오바마가 기독교에 진중하면서도 온건한 자세로 접근한 것이 매케인 진영이 매달린 네거티브 공세를 이겨내고 압승하도록 한 동인 중 하나라고 볼 수 있을 것이다.

2008년 11월 대선 결과를 분석해보면 흥미로운 사실이 한두 가지가 아니다. 오바마가 흑인 표의 95퍼센트를 차지한 것은 그렇다 치고, 여성 표의 56퍼센트를 가져간 것도 예상된 일이었다. 그런데 두드러진 현상은 레이건과 부시 부자가 공화당 후보로 나서서 당선된 1980, 1984, 1988, 2000, 2004년에 민주당 후보들이 차지했던 기독교 신자들의 표에 비해 오바마의 것이 훨씬 많다는 사실이다. 그는 개신교의 표 45퍼센트(매케인은 54퍼센트), 천주교의 표 54퍼센트를 받았다. 유태교 표에서는 오바마가 78 대 21로 매케인을 압도했다. 이런 지표들로 판단하면 미국 기독교 보수파의 정치적 철옹성은 2008년 대선에서 일단 무너진 것으로 보인다. 진취적 성향이 강한 오바마가 재임 중 기독교 보수파의 반격을 계속 막아낼 수 있을지는 그와 민주당이 정치를 어떻게 하느냐에 달려 있을 것이다.

제5장

팍스 아메리카나인가 '겸손한 미국'인가

팍스 아메리카나인가
'겸손한 미국' 인가

버락 오바마가 미국의 제44대 대통령으로 당선되었을 때 세계 여러 나라 사람들이 기뻐한 까닭은 무엇이었을까? 나라마다 다르겠지만, 으뜸가는 이유로 조지 부시 2세 행정부에서 절정에 이른 패권주의와 일방주의가 사라지거나 크게 약화되리라고 기대한 것을 들 수 있을 것이다. 스스로 세계 평화를 파괴하면서도 '팍스 아메리카나Pax Americana'라는 미신에 사로잡혀 제 나라를 '절대적 선'으로 단정하고, 필요할 때마다 어떤 나라들을 '악'으로 규정해서 무력으로 공격하거나 경제적으로 억압하는 미국의 행태를 보고 양심적인 사람들은 진저리를 치고 있었던 것이다.

팍스 아메리카나가 무엇이기에

팍스 아메리카나는 라틴어로 '미국의 평화'라는 뜻이다. 풀어서 말하면 미국이 주도하는 세계의 평화를 의미한다. 이 말은 '팍스 로마나Pax Romana'에서 따온 것이다. 기원전 1세기 말에 제정帝政을 세운 아우구스투스 황제 때부터 이른바 '5현제' 시대까지 약 200여 년 동안 로마가 그전에 비해 상대적으로 평화롭고 무력으로 영토를 확장하는 일도 최소한으로 줄었던 시기를 가리킨다. 팍스 아메리카나는 1945년에 세계 제2차 대전이 끝난 뒤 미국이 지배적인 군사력과 경제력을 자랑하는 가운데 서방세계에 상대적인 평화가 찾아온 기간을 말한다. 이 시기에 미국과 동맹국들은 국지전쟁(한국, 베트남, 페르시아만, 유고슬라비아, 아프가니스탄, 이라크)에 개입했지만 주요 서방 국가들 자체에서는 무력 충돌이 없었고 핵무기도 사용되지 않았다는 것이다. 이런 의미라면 팍스 아메리카나는 어디까지나 미국과 유럽의 자본주의 국가들을 중심으로 '평화'를 규정한 일방적인 용어라고 볼 수 있다.

특히 미국이 팍스 아메리카나의 시기라고 말하는 1945년부터 21세기 초의 10년 가까운 때까지 65년 동안 한국과 베트남의 전쟁에서 수백만 명이 목숨을 잃었고 최근에도 이라크와 아프가니스탄에서는 참혹한 살육 행위가 벌어지고 있다. 그 모든 전쟁에서 주도적인 역할은 언제나 미국이 맡았다. 그러다 보니 미국의 많은 젊은이들도 권력의 정치·경제·군사적 목적에 떠밀려 희생당할 수밖에 없었다. 이런 입장에서 보면 팍스 아메리카나는 '지배자들의 평화'에 지나지 않는다.

팍스 아메리카나라는 말이 번지던 무렵인 1960년대 초에 특이하게도 대통령 존 F. 케네디는 그런 용어가 적절하지 않다고 지적했다. 그는 소비에트 진영도 미국인들과 똑같은 개인적 목표를 가진 인간들로 이루어져 있다면서, '미국의 전쟁 무기들'에 바탕을 둔 평화는 바람직하지 않다고 주장했다. 그러나 1981년 1월 대통령에 취임한 로널드 레이건이 팍스 아메리카나를 크게 외치기 시작한 이래 30년 가까이 이 말은 '세계의 경찰 또는 헌병'을 상징하는 대명사처럼 되어버렸다. 이 글의 앞부분에서 간략히 언급했듯이 레이건은 국제사회의 무법자이자 폭군이었다.

그는 결국 레바논에서 미국의 해병대를 철수시키기는 했지만, 1981년에 리비아 해안에서 '위협적인' 리비아 전투기들을 격추하라고 명령하고, 1983년에는 좌파정권으로부터 그레나다를 '해방'하기 위해 군대를 파견했다. …… 그는 이란-이라크 전쟁 기간에 석유 유통을 보호한다는 구실로 페르시아만에 해군 호위함들을 보내고, '전략방어 선도정책'을 도입함으로써 무기 경쟁의 열기를 높였다. 그리고 날이 갈수록 소련의 귀에 거슬리는 말들을 더 많이 썼다.

1984년에 쉽사리 재선된 그는 두 번째 임기 중인 1986년에 리비아 폭격을 승인하고 니카라과의 '콘트라 반군'을 지원하는가 하면 소련을 '악의 제국'이라고 표현했다(영국의 일간지 《인디펜던트》 2009년 1월 22일자 '특집기사'에서).

레이건은 재임 8년 동안에 국방예산을 35퍼센트나 늘리면서 '힘을 통한 평화'를 추구했다. 이것은 팍스 아메리카나가 '미국만을 위한 평화'였음을 알려준다. 반면에 그는 메디케이드처럼 비군사적인 프로젝트에 대한 지출을 줄이고, 장애인들을 위한 사회보장에 관한 시행령들을 까다롭게 만들면서 저소득층의 국민 수백만 명이 누리던 소득세 감면제도를 폐지해버렸다. 레이건은 또 리처드 닉슨이 1971년에 시작한 '마약과의 전쟁'에 수십억 달러를 쏟아 붓고도 아무런 효과를 거두지 못했다. 그러면서도 그는 팍스 아메리카나에 관해서 오래 남을 '명언'을 남겼다. "미국의 국방 정책은 단순한 전제를 바탕으로 한다— '미국은 전투를 시작하지 않는다. 우리는 결코 침략자가 되지 않을 것이다.'"

조지 H. W. 부시는 1837년의 마틴 밴 뷰런 이래 현직 부통령으로는 처

레이건 밑에서 두 번이나 부통령으로 일한 조지 부시 1세

음으로 대통령이 되었다. 레이건 밑에서 두 번이나 부통령으로 일한 그는 중앙정보국CIA 국장 출신으로는 첫 대통령이라는 기록도 남겼다. 미국의 정보 행정을 총괄하면서 세계 온갖 지역에서 벌어지는, 미국의 이해관계가 걸린 일들에서 '007식 작전'을 지휘하던 기관의 책임자가 국가원수가 된 것이다.

1924년 매서추세츠 주에서 태어난 부시 1세는 금융가이자 연방 상원의원인 프레스콧 부시의 아들로서, 특권을 누리며 안락하게 청소년 시절을 보낸다. 예일대학교에서 경제학을 전공하고 1948년에 졸업한 그는 석유업으로 돈을 벌려고 텍사스 주로 이사한다. 조지 부시 1세와 2세가 석유와 인연을 맺은 것은 그것이 시초다(석유는 부시 부자가 중동에서 전쟁을 일으키는 가장 큰 요인 중 하나가 되고, 9.11테러 뒤 부시 부자가 오사마 빈 라덴과의 수상한 관계 때문에 언론의 추적을 받는 원인이 되기도 한다).

석유업으로 백만장자가 된 아버지 부시는 연방 하원의원, 유엔 주재 미국대사, 공화당 전국위원회 의장, 주중 미국대사를 거쳐 제럴드 포드 행정부에서 중앙정보국 국장으로 임명된다. 그야말로 '화려한' 경력이다.

그러나 이런 화려함이 언제나 가진 자와 힘센 자의 편을 들게 하는 동인이 되는 것은 이들 부자가 대통령으로서 여실히 입증한 바 있다.

그는 레이건의 높은 인기 덕분에 당선되었다는 평가를 받았다. 경제 여건이 상당히 좋았기 때문이다('레이거노믹스'가 큰 재정적자를 낳고, 결국 아들 부시 임기 중 미국 경제를 파탄 직전으로 몰고 가는 씨앗이 되었음은 나중에 드러났지만). 부시 1세는 대통령 취임사에서 미국을 '더 친절하고 더 신사다운 나라'로 만들겠다고 강조했다.

석유시장의 동향에 늘 민감한 부시 1세는(이 글의 앞부분에서 간단히 다루었듯이) 1990년 8월, 사담 후세인이 쿠웨이트를 침공하자 이라크 군대가 세계 최대의 산유국인 사우디아라비아로 밀고 들어갈 것을 걱정했는지, 유엔의 지원을 받아 연합군을 구성해서 이라크를 상대로 대규모 전쟁을 시작한다. 미군 42만 5000여 명, 연합군 11만 8000여 명은 '사막의 폭풍'이라는 작전으로 100시간도 안 걸려서 이라크군 100만여 명을 패퇴시킨다. 후세인의 쿠웨이트 침공이 빌미를 주었다 하더라도 부시 1세의 대응은 무자비하게 파괴적인 것이었다. 그런데 패전 뒤에도 사담 후세인은 계속 권좌에 앉아서 분풀이 식으로 쿠르드족을 살육했다.

전쟁에서 대승을 거둔 부시 1세는 미국에서 인기가 하늘을 찔렀으나 국내 경기가 침체에 빠지자 선거 공약을 깨뜨리고 세금을 올린다. 이 때문에 보수적 공화당원들이 이탈함으로써 그는 1992년 선거에서 빌 클린턴에게 패배한다.

조지 부시 1세도 레이건처럼 '명언'을 많이 남겼다.

"내 입술을 읽어 보라. 새로운 세금은 없다."

"링컨의 유산이 펜실베이니아 대로 1600번지(백악관)에서 마침내 결실을 맺어서 흑인 남자 또는 여자가 오벌 오피스(대통령의 집무실)에 앉는 날이 올 것이다(그날은 멀지 않았다). 그날이 오면 가장 주목할 것은 얼마나 자연스럽게 그 일이 일어나는가이다."(이 말은 그로부터 20년도 채 안 되어서 버락 오바마를 통해 실현되었으니 참으로 놀라운 예언이다)

빌 클린턴도 따라간 팍스 아메리카나

'문제는 경제야, 바보야'라는 선거 구호로 이라크 전쟁의 최대 승자인 아버지 부시의 인기를 거품으로 만들어버리고 제42대 대통령으로 뽑힌 빌 클린턴은 영욕을 아울러 겪은 특이한 인물이다. 1946년에 미국 남부의 낙후된 지역인 아칸소 주에서 태어난 그는 어떻게 보면 버락 오바마보다 더 어려운 소년 시절을 보냈다. '떠돌이 세일스맨'이던 아버지는 그가 태어나기 석 달 전에 자동차 사고로 목숨을 잃는다. 그의 어머니가 로저 클린턴이라는 사람과 결혼함으로써 빌은 평생 그 성을 가지고 살게 된다. 이런 환경에서 자란 그는 고등학교 성적이 뛰어나서 원하는 대학이면 어디라도 갈 수 있었으나 케네디 대통령 같은 정치인이 되겠다는 꿈을 품고 수도 워싱턴의 조지타운대학교를 선택한다.

클린턴은 집안이 한미한 것 말고는 부시 1세보다 '화려한' 학력을 쌓는다. 미국 대학생들이 받기가 그리도 어렵다는 로즈 장학금으로 영국의 옥스퍼드대학교에 가서 공부를 하고 오는가 하면 버락 오바마가 나온 하버드대 로스쿨과 쌍벽을 이루는 예일대 로스쿨을 졸업한다. 여기서 만난 평생의 반려자가 힐러리다.

불우한 성장과정에서 굳어진 성격 때문인지 클린턴은 청소년 시절부터 여자를 지나치게 '밝히는' 습성을 가지고 있었다고 한다(《인디펜던트》의 '특집기사'는 그를 '위대한 유혹자'라고 표현했다). 그런 습성이 그의 대통령 재임 기간에 탄핵 소추까지 당하게 하는 사태를 일으켰으나, 어쨌든 그는 공화당의 레이건이나 부시 1세에 비하면 국제관계에서는 덜 호전적이었다. 그러나 클린턴조차도 미국 대통령의 철칙처럼 되어버린 팍스 아메리카나에서 벗어날 수는 없었다.

클린턴의 두 번째 임기 중에 이라크의 사담 후세인을 표적으로 한 공세가 벌어진다. 그는 1998년 '연두교서'에서 후세인이 핵무기를 가지려 한다면서 이런 내용을 강조한다.

> 생화학적 무기들 그리고 그런 무기를 얻으려고 하는 불법 국가들, 테러리스트들과 조직범죄자들에 우리 모두가 맞서야 합니다. 사담 후세인은 1990년대의 절반 이상을, 국부의 대부분을 이라크 국민을 위해서가 아니라 핵무기와 생화학무기, 미사일을 개발하는 데 썼습니다. …… 나는 사담 후세인에게 이렇게 말합니다. "당신은 세계의 의지에 도전할 수 없소. 당신은 전에도 대량살상 무기를 사용했소. 우리는 당신이 그런 무기를 다시 사용할 수 없도록 하겠소."

나중에 아들 부시가 바로 그런 이유로 제2차 '걸프전'을 일으키던 때 내세운 이유와 비슷한데 후세인이 그런 무기를 개발한 적이 없음은 국제기구의 조사로 뒤에 밝혀진 바 있다.

빌 클린턴도 사담 후세인의 권력을 약화시키려고 이라크 정권 교체 정책을 추진했다. 클린턴 행정부는 1998년 12월 16일부터 19일까지 나흘 동안 '사막의 여우'작전으로 이라크를 폭격했다. 그리고 1999년 옛 유고연방의 코소보 지역에서 세르비아 민족주의자들이 알바니아인들을 '인종청소'하고 대량 학살하는 것을 막으려고 클린턴은 '연합군 작전'에 미군을 사용하는 것을 승인했다. 그때 언론의 대체적인 의견은 클린턴 행정부가 전쟁 이전의 대학살을 크게 과장했다는 것이었다.

1975년에 베트남 전쟁이 끝난 뒤 미국 대통령으로서는 처음으로 클린턴은 2000년 베트남을 방문하는 평화외교를 선보였다. 그러나 클린턴이 레이건이나 부시 2세보다 정도는 훨씬 덜하더라도 팍스 아메리카나의 기치 아래 외국의 내전에 개입해서 인명을 살상하라는 명령을 군대에 내린 것은 사실이다.

팍스 아메리카나의 최악 부시 독트린

제43대 대통령 조지 워커 부시는 1946년에 조지 H. W. 부시의 장남으로 태어났다. 아버지처럼 예일대학교를 졸업하고 나중에 하버드대 경영대학원을 나온 그는 가업인 석유사업에서 사회생활을 시작한다. 그는 1977년에 텍사스 주에서 연방 하원의원 선거에 출마했다가 낙선하고, 텍사스 레인저스 야구단의 공동구단주가 된다. 미국에서는 프로 부문에서 야구, 농구, 미식축구, 아이스하키를 4대 스포츠라고 하는데, 아들 부시가 서른한 살이라는 나이에 프로야구단의 공동소유주가 되었다는 것은 파격적인 일로서, 아버지와 그의 재력이 대단했음을 짐작할 수 있다. 그는 그 야구단에 80만 달러를 투자한 뒤 팔 때는 1500만 달러를 받았다고 하니 사업 수완이 뛰어났던 것 같다.

워싱턴 정계 진출을 위해 공을 들이던 부시는 1994년 중간선거에서 마침내 텍사스 주지사로 당선된다. 그리고 2000년 11월에 대통령으로 뽑힌다.

그가 취임한 지 8개월 만에 터진 9.11테러는 미국과 그 자신의 정치 지형을 크게 바꾸는 결정적 계기가 된다. 그는 재빨리 '전 세계적 테러와의 전쟁'을 선포하고 9월 20일, 아랍의 알카에다와 그 지도자 오사마 빈 라덴을 비난하는 연설을 하면서 빈 라덴이 작전을 하고 있다고 추정되는 아프가니스탄의 탈레반 정권에 이렇게 요구한다. "테러리스트들을 넘겨라. 아니면 그들과 똑같은 운명에 빠질 것이다."

그는 그로부터 두 해 뒤인 2003년에 이라크 전쟁을 시작함으로써 미국 역사상 처음으로 '전략적 목적'으로 두 번이나 전쟁을 하는 최초의 대통령이 된다. 그는 '9.11 특효' 덕분에 첫 임기(2001년 1월~2004년 1월) 중 전임의 어느 대통령들보다 높은 지지율을 기록한다(두 번째 임기에는 인기가 급전직하해서 사상 최하의 지지율로 일찌감치 '레임 덕'이 되고 말았지만). 결국 부시는 여론조사가 시작된 이래 가장 인기가 낮은 대통령으로 백악관을 떠난다.

부시의 팍스 아메리카나는 그 어느 때보다도 공격적이고 파괴적이었다. 그는 테러와의 전쟁을 위해서라면 합법과 불법을 가리지 않았다. 부시는 9.11테러 직후, 국가안보국NSA이 미국 밖의 테러 혐의자들과 미국 안 당사자들 간 통신을 영장도 없이 감청하는 것을 승인하는 행정명령을 내린다. 미국변호사협회는 그것이 불법이라고 지적했으나 부시는 요지부동이었다. 2006년에 미국의 한 지방법원 판사가 '테러리스트 감시 프로그램'은 위헌이라고 판결하지만 그 결정은 나중에 뒤집힌다.

부시는 2002년 1월 29일 '연두교서'에서 북한, 이란, 이라크가 '세계 평화를 위협하려고 무장을 하고 있다'고 단언하면서 세 나라는 '악의 축'이라고 선언한다.

부시 독트린의 오만과 편견

미국의 외교정책에는 대통령의 이름이 붙은 것이 많았다. '트루먼 독트린' '닉슨 독트린'이 바로 그런 보기이다. 그중에서 '부시 독트린'은 그 어떤 전례보다도 대상이 광범위하고 일방적이다.

이 용어는 조지 부시 2세가 대통령 재임 시기에 실행한 다양한 외교 원칙들을 정의하고 있다. 그것은 애초에, 미국이 테러리스트들을 보호하거나 원조하는 나라들로부터 자신을 지킬 권리가 있다는 정책을 의미하면서, 2001년의 아프가니스탄 침공을 정당화 하는 데 사용되었다. 그러나 나중에는 '예방전쟁'이라는 말썽 많은 정책을 포함하는 다른 요소들을 담게 된다. 예방전쟁은 '미국의 안보를 잠정적 또는 인지적認知的으로 위협하는(설령 그 위협이 즉각적인 것이 아니더라도) 외국의 정권들을 퇴진시키기 위한 것'이다. 이 정책은 전 세계, 특히 중동지역에 민주주의를 전파하고, 테러리즘과 싸우는 전략인 동시에 일방적으로 미국의 군사적 이익을 추구하겠다는 의지의 표현이었다.

이런 정의에 따른다면 미국은 어떤 '가상의 적'이나 수상한 세력에 대해 언제나 전쟁을 선포할 수 있는 것 아니냐는 비판이 미국 내부뿐 아니라 여러 나라에서 터져나온 것은 당연한 일이었다.

부시 독트린의 핵심을 요약하면 아래와 같다.

1. 테러리스트들을 품고 있는 나라들을 공격하기

2001년 9월 11일 저녁 부시는 전국을 향한 연설에서 이렇게 말한다. "우리는 이런 행동들을 한 테러리스트들과 그들을 품고 있는 자들을 구분하지 않겠다." 바로 이 '정책'은 아프가니스탄 침공을 정당화 하는 데 적용되고, 그 뒤에는 파키스탄 북서부의 알카에다 캠프들에 대한 미국의 군사작전에도 이용된다.

부시는 같은 해 9월 20일에는 이 정책을 훨씬 더 공격적으로 표현한다. "당신들은 우리와 함께 있든지, 아니면 테러리스트들과 함께 있어라. 바로 오늘부터 테러리즘을 보호하거나 지원하는 그 어떤 나라라도 미국은 적대적 정권으로 간주할 것이다."

2. 예방적 공격

부시는 2002년 6월 1일 육군사관학교(웨스트포인트) 졸업식에서 예방전쟁이 장차 미국의 외교정책과 국방에서 할 역할을 밝힌다.

우리는 최선을 바라기만 하면서 미국과 우리의 친구들을 지킬 수가 없습니다. (핵) 비확산조약들에 엄숙하게 서명하고 나서 조직적으로 그것을 깨뜨리는 독재자들의 말을 우리는 믿을 수 없습니다. 위협이 완전히 나타나기를 기다린다면, 우리는 너무나 오래 기다려야 할 것입니다. 우리의 안보를 위해서라면 여러분이 이끌 군대를 변형시켜야 합니다. 세계의 캄캄한 어떤 구석에서도 단숨에 공격할 준비가 되어 있는 군대라야 됩니다. 우리의 안보를 위해서라면 모든 미국인이 우리의 자유와 생명을 지키는 데 필요한 예방적 행동을 할 태세를 갖추겠다는 전향적이고 결연한 의지를 가져야 합니다.

3. 민주적 정권으로의 교체

2002년 말부터 2003년까지 부시는 미국 외교정책과 전 세계적 개입에 관한 견해를 확대해나간다. 그는 유엔 같은 국제기구들의 승인 없이도 미국의 안보상 이익을 위해서라면 일방적으로 행동할 권리가 있다고 주장한다. 이것은 트루먼 독트린의 '억제와 봉쇄'라는 냉전정책, 파월 독트린과 클린턴 독트린 같은 냉전 이후의 철학들과 결별하겠다는 의지의 표현이었다. 부시는 2003년 '연두교서'에서 이렇게 말한다.

미국인들은 자유가 모든 인간의 권리이며 모든 국가의 미래임을
아는 자유로운 국민입니다. 우리가 베푸는 자유는 미국이 세계에
주는 선물이 아닙니다. 그것은 하느님께서 인류에게 주시는 선물
입니다.

그는 2004년 1월 국방대학교에서 "자유를 지키려면 자유의 진전이 필
요하다"고 말한다.

부시 독트린은 북한을 개방으로 유도하기보다는 계속 봉쇄의 그물 안
에 가두어둔 채 한반도의 비핵화를 추진함으로써 결과적으로 북한이
6자회담에서 더욱 경직된 자세를 보이게 했다는 비판을 받기도 했다. 부
시는 "미합중국은 세계에서 가장 위험한 정권들이 세계에서 가장 위험한
무기들로 우리를 위협하는 것을 용납하지 않겠다"면서 북한을 포함한
'악의 축' 나라들을 거세게 비난했다. 결국 2009년 1월 20일 부시가 임기
를 마치고 백악관을 떠날 때까지 북한과 이란의 핵문제는 해결의 실마리
가 풀리지 않았다.

부시 독트린은 9.11 이후 갑자기 튀어나온 것이 아니었고, 부시 혼자서
'창안'하지 않았음도 물론이다. 거기에는 네오콘이 오랜 기간 구상해온
'이념들'이 반영되어 있었다.

…… 미국의 확고한 주도권을 확장하는 것이 클린턴의 후임인 조
지 W. 부시 주니어의 프로그램이었다. 새 대통령은 미국의 세력
과 정치적 행동의 자유를 제한할 수 있는 것은 처음부터 모두 거
부했다. 그는 협력 국가들에 대한 배려를 요구하는 국제연합과
나토 같은 기구에 대해, 미국의 군비를 제한하는 조약에 대해, 환

경 규제를 통해 미국의 산업을 가로막는 국제협정에 대해 그리고 인권에 대한 범죄와 전쟁 범죄를 비난하는 국제사법재판소에 대해 대항했다.

120개 국가가 국제사법재판소를 유지하고 있었고 미국이 최고로 여기는 가치가 문제가 되고 있었음에도, 세계를 이끌어갈 이 나라는 자기 병사들을 세계에 예속시키기를 거부했다. 이 법정을 격렬하게, 거의 전투적으로 거부한 것은 미국의 자신감이 거쳐온 변화를 보여준다. 그것은 '미국은 미국 이외에는 누구도 수행할 수 없는 세계적인 임무를 지고 있다. 그러므로 미국은 세계 모든 나라의 위에, 세계적 조직인 국제연합의 위에까지 서 있다'는 것이다(《제국의 부활》, 페터 벤더 지음, 김미선 옮김. 2006년 2월, (주)이끌리오, 279~278쪽).

위 글의 날카로운 지적처럼 부시는 미국의 '건국 이념'과 전통적 가치를 무시하고 '세계의 독재자'가 되려고 시도한 셈이었다. 그래서 심지어는 보수 강경론자인 팻 뷰캐넌Pat Buchanan(미국의 정치인, 칼럼니스트, 방송인으로 1992, 1996년에 공화당 대통령 예비선거에 출마. 2000년에는 개혁당 후보로 대선에 나감)조차도 부시 독트린은 종전의 미국 외교정책들과 과격하게 결별하고 신보수주의의 이념적 뿌리를 유지하려는 것이라고 지적했다.

부시 독트린의 뿌리는 매카시즘

조지 부시 부자는 미국에서 가장 넓은 주인 텍사스를 정치적 본거지로 삼아 대통령이 되었다. 텍사스 전체가 그렇지는 않겠지만, 그 지역은 대체로 정치, 문화, 종교적으로 아주 보수적인 성향을 띠고 있다. 1950년대에 젊은이들의 우상으로 떠오른 제임스 딘이 주연으로 나온 영화 〈자이 언트〉에 잘 그려져 있듯이 텍사스는 석유의 땅이다. 어제까지 황무지이던 곳에서 어느 날 갑자기 석유가 터져 나오면 그 땅 주인은 벼락부자가되어 제임스 딘처럼 자가용 비행기를 타고 날아다니게 된다. 혹시 부시 2세가 텍사스에서 이루어낸 '성공 신화'에 도취되어 미국이라는 거대한 국가 전체를 사유물처럼 움직이려고 하지나 않았는지, 정치·심리학자들이 깊이 연구해볼 과제다.

팍스 아메리카나가 최악의 형태로 나타난 부시 독트린은 1950년대 초반에 미국을 뒤흔든 '매카시즘MacCarthyism'에 뿌리를 두고 있다고 보아야 할 것이다. 특정인의 이름에서 비롯된 용어가 그렇게도 빨리, 광범하게 온 세계로 퍼져서 반이성적인 정치공세와 모함, 반대파를 공격하는 몰지각한 선동과 비방을 뜻하는 말로 쓰이게 된 것은 역사상 아주 드문 일이다.

조지프 레이먼트드 매카시Joseph Raymond MacCarthy(1908~1957)는 1947년부터 1957년까지 미국 위스콘신 주의 연방 상원의원으로 일한 사람이다. 그는 1945년에 제2차 세계대전이 끝난 뒤 미국에 불어닥친 '공산주의 경계' 바람 속에서 '반공'이 지배이데올로기로 자리를 잡던 시기에 가장 두드러진 '활약'을 한 인물이다.

27세 때인 1939년에 위스콘신 주 역사상 가장 젊은 순회판사로 선출된 매카시는 33세에 해병대에 자원 입대해서 2차대전에 나가 싸운 뒤 1946년에 상원의원으로 뽑힌다. 무명 정치인이나 다름없던 그는 1950년, 한 연설을 통해 '국무부에 고용된 공산당원들과 스파이단원들'의 명단을 자기가 가지고 있다고 '발표'함으로써 일약 전국적 명사로 솟아오른다. 그러나 그는 그렇게 주장했을 뿐, 혐의들을 입증하지도 못한 채 해리 트루먼 행정부의 국무부, 〈미국의 소리〉 방송, 미육군에 공산주의자들이 침투해 있다고 계속 비난한다.

매카시가 1950년 초에 '공산주의자 사냥'을 시작한 이래 갤럽의 여론 조사 결과를 보면 '전성기'에 그의 인기가 얼마나 높았는지를 알 수 있다. 1951년 8월에 지지 15퍼센트, 반대 22퍼센트이던 매카시의 인기는 1954년 1월에 지지 50퍼센트, 반대 29퍼센트로 조사 대상의 절반이 그의 편임을 보여주었다. 결국 1954년 11월에는 지지 35퍼센트, 반대 46퍼센트로 다시 역전되기는 했지만.

매카시즘의 광풍은 꼬박 4년 동안 미국사회를 '빨갱이 공포심red complex'으로 몰아넣는다. 그는 1950년 초부터, 해리 트루먼 행정부가 정부 고위직에 침투한 자들을 처리하지 않는다고 비난하면서 공산주의에 대한 공포를 조장한다. 그는 국방장관인 조지 마샬George Marshall이 205명의 '알려진 공산주의자들'을 품고 있다고 공격한다. 제2차 세계대전 때 미 육군 참모총장으로서 국민들이 존경하던 정치인이며 '마샬 플랜'을 창시한 바로 그 사람을 말이다.

1950년에 터진 한국전쟁에서 유엔군 총사령관이던 더글라스 맥아더Douglas McArthur는 중공군이 북한을 도우러 참전하자 '중국 땅에 원자폭탄을 터뜨리자'고 정부에 건의한다. 그러자 트루먼 대통령은 그것을 거부하고 맥아더를 해임했다. 이때 매카시는 트루먼을 향해 '그 개자식은 탄핵당해야 한다'고 극언을 퍼붓는다.

그 무렵 미국에서 반공주의의 강력한 보루 중 하나는 천주교였는데, 신자 대다수가 민주당원이었다. 그런데 공화당원인 매카시가 자신은 천주교인이라고 공언하자 미국 유권자의 20퍼센트 이상을 차지하는 천주교 계열의 언론매체들이 매카시를 지도적인 '반공투사'로 치켜세운다. 당시 천주교에서 사회적으로 아주 유력한 집안은 조지프 케네디 1세(케네디 대

통령의 아버지) 가문이었다. 케네디는 매카시와 가까운 친구가 되어 별장에
자주 초대하는가 하면 상당액의 정치자금까지 준다. 매카시는 그의 3남
인 로버트 케네디의 영세 때 대부를 맡고 나중에는 '정치적 선배'로서 상
원에서 함께 일한다. 존 F. 케네디는 상원의원 시절 매카시의 광적인 선동
을 보고도 매카시를 비판하지 않는다. 그는 왜 그러느냐는 질문을 받자
이렇게 대답한다. "빌어먹을! 매사추세츠 주 유권자의 절반이 매카시를
영웅으로 보니까요."

매카시는 1953년에 '정부활동조사위원회' 책임자가 되어 육군 안의
'공산주의자들'을 색출하려고 나서지만 아무런 증거도 찾지 못한다. 반
격에 나선 육군은 1954년 초에 그를 고발하고, 그는 4월에 위원장 자리를
물러난다. 그는 1957년 5월에 간염을 앓다가 세상을 떠났는데, 알콜중독
이 원인이라는 설이 널리 퍼졌다.

현대사의 초입, 매카시즘은 본격적인 냉전의 시작을 상징한다.
정신 차리고 보니 국민의 바로 코앞에 냉전이 있는 터였다. 심지
어 언론들은 냉전 종식 10년 후에 발생한 9.11사태(2001년)와 이
라크전을 매카시즘에 비유했다. 좀처럼 집단행동에 수렴하지 않
는, 지극히 개인적인 이 나라 국민 정서가 9.11사태의 충격으로
인하여 대 테러전을 전폭적으로 지지했기 때문이다(최승은·김정
명 지음, 《미국, 명백한 운명인가, 독선과 착각인가》, 2008년 8월, 도서출판
리수, 69쪽).

매카시는 미국의 정치, 사회, 문화를 비롯해서 국제관계에 치명적 손
상을 입히고 역사의 뒤안길로 사라졌다. 매카시즘의 악몽에서 좀처럼 헤

어나지 못한 정치인들은 늘 '레드 콤플렉스'를 안고 살아야 했고, 문학과 영화 등 온갖 분야에서 표현의 자유는 잔뜩 위축되었다. 〈모던 타임스〉라는 영화를 통해 자본주의의 비인간적 본질을 고발한 찰리 채플린이 '빨갱이'로 몰려서 1952년에 미국을 떠날 수밖에 없었던 사실이 대표적 예다. 매카시 광풍은 부정적 역할만 하고 끝났지만, 그 이후 좌파 세력이 기운을 쓰지 못하게 하는 데 크게 '기여'함으로써 미국을 지배하는 주류 세력의 은근한 고마움을 샀는지도 모른다.

부시 독트린은 '잠정적' 또는 '인지적' 테러리스트를 응징하기 위해서라면 어느 나라에라도 군대를 보내서 전쟁을 할 수 있다고 주장했다. 위에서 살펴본 매카시즘의 간략한 역사는 이런 궤변의 뿌리가 1950년대 '반공 광풍'의 반이성적 분위기에서 뻗어 나왔음을 잘 보여준다.

오바마 대통령은 어디로 가는가

미국이 제국주의 국가인가 아닌가에 관한 논쟁은 해묵은 것이다. 특히 제2차 세계대전 이후 미국이 '자유진영'을, 소련이 사회주의권을 대표하게 되면서 영국과 프랑스 같은 강국들의 세력이 약화하자 미국의 제국주의적 성격이 강해졌다고 보는 전문가들이 많았다. 두 초강대국의 외교·군사적 경쟁은 1991년 12월 8일 소비에트연방이 해체를 선언함으로써 미국의 '일국 패권'이라는 형태로 바뀌었다. 그것은 조지 부시 1세가 대통령 임기를 13개월쯤 남겨둔 때였다. 1989년 11월 9일 '베를린 장벽'이 무너진 뒤 1990년 10월 3일 서독이 동독을 흡수 통일함으로써 자본주의가 사회주의에 승리한 것이 명백해보였는데, 소련조차 독립국가연합CIS이라는 느슨한 체제로 오그라들었으니 미국 보수파의 기쁨은 더할 나위가 없었을 것이다. 그 '승리'는 지미 카터의 나약한 대외정책을 넘어서서 공산주의권에 강력히 맞선 로널드 레이건의 공이라고 보는 사람들도 많았다.

그렇게 해서 미국은 세계 유일의 초강대국으로 군림하게 되었다. 그런데 1993년 1월부터 2001년 1월까지 빌 클린턴의 대통령 재임 기간에 미국의 패권주의와 일방주의가 얼마쯤 부드러워진 것을 빼면 공화당이 대통령 자리를 지킨 기간(1989년부터 4년 그리고 2001년부터 8년, 곧 부시 부자의 임기)에는 오히려 레이건에 못지않거나 그를 능가하는 제국주의적 행태가 세계를 위협했다.

버락 오바마는 공화당 정권의 그런 유산을 물려받은 것이다. 그는 이 문제를 어떻게 봐왔을까?

> 과거의 식민지를 해방시키고 전후 세계 질서를 관리해나갈 국제 기구를 창설하는 데 미국이 떠맡은 역할, 국가의 분쟁을 냉전의 프리즘을 통해 바라보는 경향, 미국식 자본주의와 다국적 기업을 성장시키기 위한 끊임없는 노력, 국익에 보탬이 될 때는 독재와 부정부패, 환경 악화를 묵인하고 때로는 조장한 사례, 냉전이 끝나면 빅맥 햄버거와 인터넷 때문에 역사적 분쟁과 대립이 종결될 것이라고 생각한 낙관주의, 아시아의 경제력 증대와 세계 유일의 초강대국을 자처하는 미국에서 점차 커지는 분노, 최소한 단기적으로는 민주화가 민족적 증오와 종교적 불화를 완화시키기보다는 오히려 표출시킬지 모른다는 우려 그리고 세계화라는 놀라운 현상이 경제적 취약성과 테러 행위, 유행병의 세계적 확산을 촉진시킬 수도 있다는 인식이 그것이다(《버락 오바마, 담대한 희망》, 394쪽).

오바마가 대통령 출마를 선언하기 전 해인 2006년에 펴낸 《버락 오바마, 담대한 희망》은 그의 정치사상과 세계관을 파악하는 데 가장 중요한 자료다. '인도네시아를 통해 지난 반세기 동안 미국 외교정책의 전반적인 모습'을 파악한 위의 글은 마치 진보적인 국제정치 평론가가 쓴 것처럼 보인다. 또 이 내용을 한국에도 그대로 적용할 수 있다고 본다. 오바마가 대통령으로서 이런 판단력을 가지고 국제문제에 대처한다면 미국은 패권주의와 일방주의를 벗어날 수 있을 것이다. 그러나 상원의원과 대통령의 차이가 그런 진보적 정치관이나 세계관을 유지하는 데 아무런 장애가 되지 않을까? 그렇지 않을 것이다.

오바마는 "빌 클린턴이 백악관을 차지할 즈음에는 미국의 냉전 이후 외교정책이 탱크보다는 통상 위주로 전개되었다"고 지적하면서 "클린턴 행정부는 무역 자유화를 촉진시키고 국제 금융제도를 뒷받침하는 정책을 마련"했을 뿐 아니라 "오랫동안 곪아온 발칸 지역 및 북아일랜드의 분쟁을 종식시키고 동유럽과 중남미, 아프리카, 옛 소련의 민주화를 증진시키는 데 많은 노력을 기울였다"고 평가했다(위의 책, 408~409쪽).

클린턴이 부시 부자보다는 온건하게 팍스 아메리카나의 길을 따라간 사실을 지적하지는 않았지만, 그가 레이건 및 부시 부자와 어떤 차이를 보였는지를 잘 이해할 수 있게 하는 분석이다.

상원의원 시절에 오바마는 부시 2세의 대외 정책을 날카롭게 비판하면서도 구체적으로 어떤 길을 선택해야 할 것인지에 관해서는 고민을 많이 한 것 같다. 아래 구절에서 그의 조심스러운 생각을 읽을 수 있다.

먼저 우리는 고립주의나 종종 필요한 군사력의 대외 배치조차 부정하는 접근 방식으로 되돌아간다면 기대하는 성과를 거둘 수 없다는 점을 인식해야 한다.

......

진보 세력은 그동안 일관된 안보정책을 거의 제시하지 못했다. 여기서 두 가지 사실, 즉 오사마 빈 라덴이 호치민이 아니라는 점과 오늘날 미국이 당면한 위협이 실질적이고 복합적이며 또 참혹한 결과를 낳을 가능성이 있다는 점을 돌이켜 생각해보는 것이 좋을 것이다(위의 책, 426~427쪽).

대통령 당선자 오바마의 구상은 인수위원회가 뼈대를 잡은 외교정책에 간략하게 정리되어 있다. 그 내용은 오바마가 팍스 아메리카나를 완전히 벗어날 것인지, 아니면 클린턴 식으로 '소극적인 전쟁과 개입'을 할 것인지, 그보다 더 강경한 노선으로 나갈 것인지를 예측할 수 있는 자료다. 위원회의 웹 사이트 중 '외교정책'은 이렇게 시작된다.

오바마-바이든 플랜

버락 오바마와 조 바이든은 미국 리더십의 새 시대를 통해 세계에서 미국의 안보와 태세를 쇄신할 것이다. 오바마-바이든의 외교정책은 이라크전을 책임 있게 끝내고, 아프가니스탄에서 탈레반과 알카에다에 대한 전투를 마무리하며, 테러리스트들에게서 핵무기들과 느슨한(방치된) 상태의 핵물질들을 (안전하게) 확보하는 한편, 강력한 맹방들을 지원하고 이스라엘과 팔레스타인의 싸움에서 지속적인 평화를 추구하기 위해 미국의 외교를 새롭게 할 것이다.

이런 도입부를 보면, 오바마 행정부의 최우선적 외교 과제는 (1) 이라크전 끝내기 (2) 아프가니스탄 전쟁 마무리 (3) 이스라엘과 팔레스타인의 평화 유지임을 명확히 알 수 있다. 그런데 그 아래에 세목별로 달려 있는 설명들은 '오바마-바이든 플랜'(이하 'OB플랜')이 단순히 평화적인 수단에만 의존하는 것은 아니라는 점을 잘 드러내고 있다.

무엇보다도 먼저 "오바마와 바이든은 우리의 안보에 대한 최대 위협, 곧 아프가니스탄과 파키스탄에서 알카에다와 탈레반의 재기에 미국의 자원을 재집중할 것"이라고 한다. 이 말은 테러리스트들을 '품고' 있거나 '비호'하는 나라나 세력을 미국의 자원(병력과 무기)으로 제압하겠다는 뜻이라고 풀어야 할 것이다. 이어서 오바마와 바이든은 "아프가니스탄에서 우리의 병력 수준을 높이고, 나토 동맹국들도 그렇게 하도록 밀어 붙이며, 아프가니스탄의 경제 발전에 활력을 불어 넣기 위해 더 많은 자원을 바치겠다"고 밝힌다. 여기서 특히 주목해야 할 것은 나토 동맹국들을 '밀어 붙인다press'라는 표현이다. 두 사람은 또 "부패와 불법 아편거래를 척결하는 조치를 포함해서 더 많은 일을 하도록 아프가니스탄 정부에 요구할 것"이라고 강조한다.

여기까지 보면, 오바마 행정부의 외교정책은 클린턴 대통령 시절보다 강경한 기조를 바탕으로 하고 있음을 알 수 있다. 조지 부시 2세가 이라크와 아프가니스탄에서 벌여 놓은 전쟁을 단순히 '수습'하는 것이 아니라 적어도 아프가니스탄과 파키스탄에서만은 확전도 불사하겠다는 말이다. '파키스탄에 대해서는 군사 원조를 늘려서 아프가니스탄 접경지역의 안보를 책임지게 하겠다'는 말도 같은 맥락으로 볼 수 있다.

OB플랜을 순서대로 보면 아프가니스탄, 파키스탄에 이어 핵무기가 나온다. 이 항목은 '미국인들에게 가장 심각한 위험은 핵무기를 가진 테러리스트의 공격 위협과 위험한 정권들의 핵무기 전파'라고 규정하면서, 오바마가 핵무기와 핵물질의 안전한 확보를 위해 공화당과의 협력에 주력할 것임을 강조한다. 그리고 OB플랜은 "규칙을 깨뜨리는 북한, 이란 같은 나라들이 자동적으로 강력한 국제적 제재를 받도록 핵비확산조약을 강화함으로써 핵의 확산을 척결하겠다"고 밝힌다. 여기서 오바마 당선자가 북한과 이란을 '규칙을 깨뜨리는' 나라들이라고 단정하고 있음을 알 수 있다.

오바마와 바이든은 핵무기 없는 세계를 만드는 한 묶음의 목표를 정하고 그것을 추구할 것이다. 오바마와 바이든은 핵무기들이 존재하는 한 언제나 강력한 억제책을 유지할 것이다. 그러나 두 사람은 핵무기 제거를 향해 먼 길을 따라 몇 걸음씩 걸어가려고 한다. 새로운 핵무기 개발을 중단하고, 미국과 러시아의 탄도미사일들이 간발의 차이로 발사되는 사태를 막는 한편, 미국과 러시아의 핵무기와 핵물질 보유량을 극적으로 줄이며, 협정이 전 세계적인 것이 되도록 미-러의 중거리 탄도미사일 금지령을 확대하겠다.

그렇다면 오바마 행정부 핵정책의 최우선 목표는 '몇 개의 핵무기'를 개발한 혐의를 받고 있는 북한과 이란을 국제적으로 제재하는 것이고, 그 다음에는 '몇 천개 이상의 핵탄두'를 보유하고 있는 미국과 러시아가 핵무기와 핵물질을 감축하겠다는 셈이 된다.

미국과 러시아 정부는 핵무기를 얼마나 갖고 있는지 공식적으로 발표한 바가 없다. 따라서 우리는 믿을 만한 정보에 기댈 수밖에 없다. 2007년

에 〈원자과학자 회보The Bulletin of Atomic Scientists〉*에 발표된 것을 보면,
미국의 '천연자원국방협회'가 추산한 여러 나라의 핵탄두 보유 수는 아래
와 같다(앞의 숫자는 실전용, 뒤의 숫자는 보유 총 수).

    1. 핵비확산조약 가입국
      • 미국 : 4075/5535   • 러시아 : 5200/8800   • 영국 : 총 수 200 미만
      • 프랑스 : 총 수 350 미만   • 중국 : 160~400

    2. 비가입국
      • 인도 : 100~140   • 파키스탄 : ~60   • 북한 : 0~10

    3. (조약 가입 여부) 미발표 국가
      • 이스라엘 : 100~200

  위의 핵탄두 보유 추산에서 최하 수치를 놓고 보더라도 미국은 4000개
이상, 러시아는 5200여 개의 핵탄두를 실전에 배치하고 있다. 중국이 보
유한 핵탄두는 최소한 160개, 이스라엘은 100개다. 이런 통계를 보고 건
전한 상식을 가진 사람들이라면 다음과 같이 묻지 않을까?

  어째서 핵탄두가 없거나, 가졌다고 해도 한 자리 수인 북한과 이

란은 '위험한 나라'가 되고 수천 개를 보유한 미국과 러시아, 각각 160개와 100개를 지닌 중국과 이스라엘은 문제가 되지 않는 것일까? 오바마 행정부는 미국과 러시아가 '간발의 차이로' 핵탄두를 발사할 가능성을 걱정하는데, 중국과 이스라엘은 그럴 가능성이 없다는 말인가? 우발적 또는 고의적으로 핵탄두를 발사할 개연성은 어느 나라에나 있는데, 하필이면 조지 부시 2세가 '악의 축'이라고 비난한 나라들만 그런 위험 대상으로 분류되어야 하는가? 핵무기를 확실히 갖고 있는 미국, 러시아, 영국, 프랑스, 중국, 인도, 파키스탄 그리고 이스라엘은 '국가적 이성'을 가진 나라라는 뜻인가?

이런 사고방식이라면 오바마 대통령은 '잠정적' 또는 '인지적' 테러리스트의 존재를 공격의 '논리'로 내세운 '부시 독트린'에서 벗어나기 어려울 것이다. 비단 북한이나 이란뿐 아니라 팔레스타인, 시리아, 레바논처럼 이스라엘과 적대적 관계에 있는 나라들에 그 논리를 적용할 수도 있을 터이기 때문이다.

'OB플랜'의 외교정책 중 이스라엘 부분을 보면 앞의 의문들에 대한 답이 대체로 나온다.

• 미국-이스라엘과 협력관계(파트너십)를 확고히 한다: 버락 오바마와 조 바이든은 미국-이스라엘 관계를 강력히 지지하며, 중동에서 우리의 으뜸이자 뒤집을 수 없는 약속은 이스라엘의 안보가 분명하다고 믿는다. 두 사람은 그 긴밀한 관계를 지지하면서, 미국은 결코 이스라엘과 거리를 두지 않을 것이라고 말했다.

'OB플랜' 외교정책의 다른 부문들은 에너지 안보, 미국 외교의 쇄신 (동맹 강화, 적국 및 우방과의 대화, 빈곤과의 전쟁, 아시아에서의 새로운 협력관계) 등을 언급하고 있는데 오바마가 상원의원 시절부터 주장해온 내용과 대체로 비슷하다.

오바마 대통령은 미국의 중동정책에서 팍스 아메리카나를 벗어날 수 없다는 사실이 '오바마-바이든 플랜'에서 드러난다. 이것은 오바마의 독자적 선택인가, 아니면 피할 수 없이 가야 할 길인가? 필자는 전자보다 후자에 훨씬 더 비중을 두어야 한다고 믿는다. 오바마가 2008년 대선에서 '마틴 루터 킹은 표절꾼이고 위선자'라고 공언했다면 대다수 흑인과 상당수 백인의 표를 잃었을 것이 분명하듯이, 그는 미국 역사에서 정의나 진리와는 거리가 멀어도 '국민적 존경'을 받는 우상들을 타파하거나 미국을 지배하는 세력이 굳혀온 국제적 우호관계를 벗어날 수 없는 현실 정치인이다. 그렇기 때문에 그를 이해하자는 것이 아니라 그가 대통령으로서할 수 있는 일과 도저히 깨뜨리기 어려운 장벽이 함께 있다는 사실을 인식하자는 뜻이다.

이 책의 앞부분에 썼듯이, 이스라엘은 세계 최대의 석유산지인 중동에자리잡은 미국의 '해외기지'다. 미국이 영국, 프랑스와 함께 1948년 팔레스타인 영토에 세워준 이스라엘이 무너지면 미국은 중동에서 에너지 주도권을 지킬 수가 없다. 석유를 가장 많이 생산하는 사우디아라비아를 비롯해서 이슬람을 믿는 중동의 '우방국들'이 이스라엘이라는 미국의 '전초기지'가 붕괴되면 언제 아랍민족주의에 휩쓸려버릴지 모르기 때문이다.

그리고 대통령이 되겠다는 꿈을 품은 미국의 정치인들, 특히 민주당원들은 유태인들을 등지고는 목표를 이루기가 어렵다. 그들이 미국 안팎에서 정치, 경제, 문화, 과학 등 여러 분야에서 막강한 힘을 가지고 있기에 그렇다. 미국의 한 유태인 단체Jewish Agency가 조사한 바에 따르면, 2007년 미국에 사는 유태인은 530만여 명으로, 이스라엘의 540만여 명과 비슷했다. 그들은 미국 인구의 2퍼센트에도 미치지 못하지만 그 영향력은 흑인과 히스패닉계를 합한 28퍼센트 남짓보다도 훨씬 크다. 미국의 유태인들은 연방 상원의원 99명 중 13명, 하원의원 435명 중 30명을 차지하고 있다. 그뿐 아니라 그들은 금융, 언론, 영화, 학문을 포함한 주요 분야에서 막강한 세력을 형성하고 있다. 미국의 역대 노벨상 수상자 중 37퍼센트가 유태계 미국인(인구 비례로 따지면 35배)이라는 사실이 그것을 웅변으로 전한다.

민주당 정치인들이 유태인들을 '상전'으로 모실 수밖에 없는 까닭은 그들이 총선거(대선과 함께 치름)와 중간선거 때마다 표를 몰아주기 때문이다. 여론조사 결과를 보면 민주당원으로서 대통령이 된 후보들은 프랭클린 루스벨트가 두 번이나 유태계 표의 90퍼센트, 존 F. 케네디가 83퍼센트, 빌 클린턴이 두 차례 선거에서 79퍼센트씩을 차지했다. 2008년에 버락 오바마가 받은 표는 78퍼센트였다. 만약 민주당 후보가 반유태적 발언을 함으로써 그 표의 절반이라도 공화당으로 넘어간다면 박빙의 승부가 뒤집힐 수도 있을 것이다. 그뿐 아니라 강력한 유태계 로비단체들의 '작용'으로 유태 세력의 영향 아래 있는 다른 유권자들의 표가 함께 이동하고 선거자금도 역류할 것이다.

대통령 혼자서 벗어날 수 없는 아프가니스탄

오바마가 대통령으로 취임한 지 미처 한 달도 되지 않은 2009년 2월 초순에 미국 행정부 안팎에서 아프가니스탄 전쟁에 관해 비관적인 전망이 나오기 시작했다. 그런 견해들이 새삼스러운 것은 아니지만, 오바마가 당선자 시절부터 외교정책의 최상위에 올려놓은 구상이 임기 초부터 그를 심란하게 만든다는 것은 예삿일이 아니다. 가뜩이나 끝이 보이지 않는 경제 위기를 해결하기 위해 막대한 재원을 마련해야 하고, 유럽연합은 물론이고 다른 여러 나라들과 함께 대책을 세워야 하는 마당에 언제, 어떻게 마무리 될지도 모르는 아프가니스탄 전쟁이 가뜩이나 바쁜 오바마 대통령의 발목을 잡고 있는 것이다.

미국의 리처드 홀브룩 파키스탄·아프가니스탄 특사는 2월 8일 독일 뮌헨에서 열린 연례 국제안보정책회의에서 "개인적 견해로는 이라크보다 아프가니스탄 상황이 더 힘들다고 본다"고 말했다. 외신 보도에 따르면, 그는 "아프가니스탄에는 마법 주문도, (보스니아 내전을 끝낸) 데이턴 협정도 없다" 면서 "새로운 아이디어와 행정부 안의 협력을 늘리고, 나토와 연대를 강화할 필요가 있다"고 강조했다고 한다.

조지프 바이든 부통령, 제임스 존스 백악관 국가안보보좌관 등과 함께 뮌헨 회의에 참석한 데이비드 퍼트레이어스 미 중부군 사령관 역시 "아프가니스탄 사태 해결은 쉽지 않다"며 더 많은 지상 병력과 항공기, 의료시설, 공병대원, 훈련교관 등이 필요하다고 말했다. 존스 보좌관은 "아프가니스탄은 미국만의 고민이 아닌 전세계적 과제"라며 "그렇기 때문에 오바마 행정부는 나토와 아프가니스탄, 파키스탄 정부와 목표 달성을 위해 새로운 포괄적 전략을 세울 것"이라고 밝혔다.

오바마 대통령은 앞서 아프가니스탄 증파 전에 전략을 재검토할 수 있도록 국방부에 지시했다고 영국 일간지 《더 타임스》가 보도했다. 오바마는 1만 7000명을 추가로 파병하는 방안을 국가안보회의NSC에서 논의 중인 것으로 알려졌다. 아프가니스탄 파병의 필요성을 촉구한 것은 미국만이 아니었다. 라데크 시코르스키 폴란드 외무장관은 "치안 상황 해결이 시급하다"고 강조했고, 존 허튼 영국 국방장관도 "나토는 전시 상황에 대해 각성해야 한다"고 밝혔다.

하지만 반응은 시큰둥하다. 프랑스의 에베르 모랭 국방장관은 이날 현지 언론과의 인터뷰에서 "우리는 이미 (아프가니스탄에) 상당한 노력을 쏟아 부었다"라며 추가 파병 가능성을 배제했다. 영국도 추가 파병에 대해 확답하지 않았다(《경향신문》 2009년 2월 10일자, 박지희 기자의 기사).

위의 기사는 아프가니스탄 전쟁이 미국에게 얼마나 무거운 짐인지 그리고 '우방들'의 힘을 빌리는 것이 얼마나 어려운 문제인지를 잘 전해주고 있다. 오바마 대통령 다음으로 아프가니스탄 전쟁의 상위 책임자인 부통령, 국가안보보좌관, 중부군 사령관과 동행한 홀브룩 대사가 그 전쟁을 '마법'으로도 풀기 어렵다고 말한 것은 미국의 고민을 여실히 알려준다.

오바마 행정부가 들어서자마자 아프가니스탄 전쟁에 가장 신경을 쓴 까닭은 무엇일까? 전임자인 부시 대통령이 '9.11테러의 주범'으로 지목한 알카에다를 소탕하고 그 지도자인 오사마 빈 라덴을 생포하거나 사살하고 나면 그 전쟁을 깨끗이 접고 그 나라에서 철수할 수 있을까? 그렇게 할 수 없다는 데 미국의 고민이 있다. 파키스탄 접경 지역에 은신하고 있다고 알려진 빈 라덴이 쉽사리 잡히지도 않을 뿐 아니라 험준한 지형을 이용하는 데 '달인'이 되다시피 한 알카에다 조직원들을 특수부대나 보병과 최첨단 무기만으로는 추적하기 어렵기 때문이다. 설령 그런 작전에 성공한다 하더라도 친미정권보다 국민의 지지를 훨씬 더 받는 탈레반 세력을 두고 미군이 철수한다면, '국익'과 관련해서 아무런 소득도 못 거두고 그 중요한 아프가니스탄을 포기하는 셈이 될 것이다.

미국 대통령으로서 오바마가 아프가니스탄에 힘을 집중해야 하는 이유는 중동과 중앙아시아에서 에너지 주도권을 지키거나 확대해야 하기 때문이다. 아프가니스탄은 나라 자체가 천연가스와 광물이 풍부할 뿐더러 인도양과 연결되는 에너지의 중추적 통로다. 아프가니스탄을 장악하지 못하면 중동과 서남아시아에서는 물론이고 세계적으로 '에너지 경쟁'에서 패권을 잡기 어렵다. 1970년대 말부터 외세가 아프가니스탄에서 일으킨 전쟁들은 바로 그런 동기에서 비롯되었다고 보아야 할 것이다.

소련이 1979년 12월 4일에 대군을 침투시켜 시작한 전쟁은 '새로운 그레이트 게임New Great Game'*의 대표적인 보기였다. 당시 소비에트연방의 공산당 서기장 레오니드 브레즈네프가 불을 당긴 이 싸움은 그의 생전에 아무런 소득도 없는 살육과 소모전으로 계속되다가 그의 사후에는 유리 안드로포프, 콘스탄틴 체르넨코로 바통이 이어진다. 그 전쟁을 그만두기로 결정하고 군대를 철수시킨 사람은 소련의 첫 대통령 직함을 가진 미하일 고르바초프였다. 그때가 1989년 2월 15일이다. 그뒤 1991년 12월에 소련이 해체된 원인 중에서 아프가니스탄 전쟁이 큰 몫을 차지한다는 지적이 나왔음은 물론이다.

무자헤딘(아프가니스탄 민병대)과 민간인 100만 명 이상이 목숨을 잃고, 300만여 명이 부상한 데 비해 소련군은 1만 5000여 명이 전사하고 47만여

---

* 그레이트 게임은 원래, 19세기 초에 영국과 러시아가 중앙아시아에서 전략적으로 경쟁하면서 충돌한 것을 가리키는 말이었다. 1917년의 볼셰비키 혁명 뒤에는 영국과 소련이 아프가니스탄에서 벌인 경쟁을 지칭한다.

명이 다쳤다. 1979년에 아프가니스탄의 인구가 1300만여 명이었으니 국민의 30퍼센트 이상이 죽거나 다친 셈이다. 그것은 소련이 아프가니스탄에서 벌인 '베트남전의 재판'이었다. 미국 정부 발표에 따르면, 1959~1975년의 베트남 전쟁에서 미군 5만 8000여 명이 숨졌다. 그러나 베트남 남부와 북부에서 300만~400만 명, 라오스와 캄보디아에서는 150~200만 명의 희생자가 났다는 외신 보도도 있었다. 하노이의 베트남 정부는 '국민들의 사기를 걱정해서' 전쟁의 인명 피해에 관한 자료를 발표하지 않다가 종전 20년 만인 1995년에, "미국과의 전쟁에서 민족해방전선(속칭 베트콩)을 포함해서 110만여 명이 전사하고, 60만여 명이 부상했다"고 밝혔다.

미국은 베트남 전쟁 내내 개입의 정당성에 관해 국제사회의 거센 비판을 받았는데, 소련은 왜 그런 미국을 반면교사로 삼지 못하고 같은 길을 따라갔을까? 그런데 2001년에는 부시의 미국이 아프가니스탄에서 다시 소련을 따라가서 벌써 9년째나 싸움을 하고 있으니, 몽매한 역사는 되풀이되는 것인가?

노엄 촘스키는 최근 우리말로 옮겨져 나온 책에서 미국이 일으킨 아프가니스탄 전쟁은 미리 준비된 각본에 따른 것이었다고 단언한다.

> 아프가니스탄 폭격은 탈레반을 제거하려는 목적으로 수행된 것이 아닙니다. 그것은 전쟁이 시작되고 3주 후에 만들어진 사후 설명이지요. 아프가니스탄 폭격은 매우 명료한 위협, 즉 '너희들이 오사마 빈 라덴을 우리에게 넘기지 않으면 폭격으로 쑥대밭을 만들어주겠다'는 위협이었어요. 아무런 증거도 없었고, 범인을 넘겨달라는 명시적 요구도 없었지요. 사실 탈레반은 증거가 제시되면, 적절한 방식으로 빈 라덴을 가령 제3국으로 넘겨주겠다는

취지의 제스처를 취하기도 했어요. 그러한 제스처가 과연 진지한 것이었는지 어떤지는 알 수 없습니다. 그것이 거부되었기 때문입니다. 아주 간단히 거부되었어요. 왜냐하면 폭격한다는 계획이 이미 서 있었기 때문입니다(《촘스키, 변화의 길목에서 미국을 말하다》, 데이비드 바사미언 인터뷰, 장영준 옮김. 2009년 1월, 시대의창, 138쪽).

'부시 2세 행정부의 아프가니스탄 폭격이 미리 만든 각본에 따른 것' 이라는 주장은 관련 정보들을 샅샅이 뒤지는 것으로 유명한 촘스키의 단언이라서 신빙성이 높다.

아프가니스탄 폭격은 1964년에 일어난 '통킹만 사건'을 연상시킨다. 당시 미국 정부는 북베트남 어뢰정이 그해 8월 2일과 4일 두 차례에 걸쳐 통킹만에 정박 중이던 미국 어뢰정을 공격했다고 발표한다. 미국 의회는 8월 7일 '통킹만 결의'를 하고, 린든 존슨 대통령은 1965년 북베트남 폭격을 명령하면서 미군 18만여 명을 베트남 전쟁에 투입한다.

그러나 1971년에 《뉴욕타임스》가 국방부 기밀보고서인 '펜타곤 페이퍼'를 단독 보도함으로써 '통킹만 사건'은 미국의 조작이라는 사실이 드러난다. 이 보도의 진실 여부를 둘러싸고 오랜 공방이 벌어졌는데, 2005년 12월에 공개된 미국 정부문서에서 《뉴욕타임스》의 보도가 정확했음이 입증되었다. 북베트남의 공격이 전혀 없었는데도 국가안보회의NSC가 조작된 내용을 일방적으로 발표했다는 것이다. 베트남전은 바로 그 1965년부터 확대되는데, 한국의 박정희 정권도 연인원 수십만 명의 군인을 그곳으로 보낸다.

인도의 고위 외교관이었던 M. K. 브하드라쿠마르는 2008년 12월 20일자 《아시아타임스》에 기고한 '아프가니스탄과 이란 그리고 미국과 러시아의 갈등'이라는 글에서 "오바마가 진정으로 아프가니스탄의 유혈 참사와 고통을 끝내고 테러리즘을 영원히 근절시키고자 한다면 미국의 안보 정책을 주무르는 군산복합체, 석유 대기업, 냉전적 기득권 등과 맞서 싸워야 한다"고 주장했다(《프레시안》 2008년 12월 31일자, 황준호 기자의 기사에서). 오바마 대통령이 '침략자들의 무덤'이라는 아프가니스탄에서 미국 주류 세력의 거대한 철옹성 안에 갇혀 있음을 지적하는 말이다.

그런데 오바마 대통령은 2009년 2월 17일, '악화되는 상황을 안정화시키는 등 긴급한 안보 필요에 대한 대처'라면서 미군 1만 7000명을 아프가니스탄에 추가로 파병하는 것을 승인했다. 해병 8000명, 육군 4000명, 지원병력 5000명을 8월까지 차례로 증파한다는 것이다. 그렇게 되면 아프가니스탄 주둔 미군은 3만 8000명에서 5만 5000명으로 늘어난다.

오바마가 증파 카드를 꺼내 들었지만, 아프가니스탄이 '오바마의 베트남'이 될 것이라는 경고가 잇따르고 있다. 아프가니스탄은 소련과 영국이 점령했다가 치욕의 패배를 겪고 물러난 곳이다. 미군 침공 7년이 지났지만 하미드 카르자이 대통령이 이끄는 친미 아프가니스탄 정부는 통제 능력을 잃었다. 탈레반은 아프가니스탄의 72퍼센트를 장악하고 수도 카불을 위협하고 있다.《뉴욕 타임스》는 "오바마가 이라크에서 조기 철군 약속을 이행하기도 전에 아프가니스탄에 추가로 파병하겠다는 것은 정치적 위험을 동반하고 있다"고 지적했다(《한겨레》 2009년 2월 19일자, 김순배 기자의 기사에서).

'겸손한 미국'은 가능할까

오바마 대통령 혼자서 미국의 거대한 기득권 세력과 싸워서 아프가니스탄 전쟁을 끝내는 것은 가능하지도 않을 것이고, '오바마-바이든 플랜'에도 정면으로 어긋나는 일이다. 그렇다면 오바마가 국제사회에서 부시 2세와 다른 면모를 보일 수 있는 길은 무엇인가? 그가 넓고 크게 전략적 사고를 하면서 참모들과 함께 겸손한 자세로 약소국들을 대하는 것이 현재로서는 최선이 아닐까?

오바마가 취임한 뒤 처음으로 2009년 2월 9일에 가진 기자회견을 보면 그런 움직임이 드러난다. 그는 "국가안보팀이 대이란 정책을 재검토하고 있고, 건설적 대화를 나누며 직접 관여할 수 있는 영역을 찾고 있다"면서 이란과의 관계를 적극적으로 개선하겠다는 의지를 보였다. 1979년에 일어난 이슬람혁명 이후 30년이나 외교관계를 끊고 사실상 적국으로 지내온 중동의 강국 이란을 오바마 행정부가 비적대적 국가로 만들 수 있다면 아프가니스탄 전쟁의 실마리가 조금이라도 풀릴 수 있을 것이다. 부시가 대화를 거부하면서 '악의 축'이라고 저주에 가까운 악담을 퍼부은 것에 비하면 오바마의 자세는 완연히 다르다. 한반도의 남과 북에서는 오바마 대통령이 북한에 대해서도 그런 유연성을 보여주기를 바라는 이들이 많을 것이다.

아무튼 미국의 대표인 오바마가 겸손하고 포용력 강한 태도로 국제문제에 접근해야, 주로 미국의 일방주의 때문에 일어난 전쟁과 갈등이 차츰 해결의 실마리라도 찾을 수 있으리라 믿는다.

대통령 오바마와 한국

대통령 오바마와 한국

▨ 미군정 이래 계속되는 미국의 점령자 같은 태도

1950년 6월 25일에 터진 한국전쟁 이후 오랫동안 우리나라와 미국의 관계는 '우방' 또는 '동맹'이라는 말로 표현되어왔다. 그보다 농도가 더 짙은 '혈맹'이라는 어휘도 많이 쓰였지만, 이 말은 1980년대부터 사용 빈도수가 아주 낮아진 것 같다.

1945년 8월 15일에 일본이 미국에 항복하고, 미군이 한반도의 38도선 이남에 진주해서 그해 9월 8일 '미합중국 군사정부'를 세운 뒤 1948년 8월 15일에 남한 단독정부가 들어서기까지 두 나라는 실질적으로 통치자와 피지배자의 성격을 띠게 된다. 남한에 들어온 미육군 제24군단 사령관 존 하지 중장이 군정의 수뇌라면, A. V. 아놀드 소장은 실무 책임자인 군정장관이었다.

미군정은 3년 가까이 38도선 이남 지역을 통치하는 기간에 신생 대한민국의 정치·경제·사회·문화의 토대를 다진다. 먼저 좌우익이 극렬하게 대립하던 그 시기에 한민당을 중심으로 한 우익의 정치적 주도권을 확고하게 해주고, 박헌영을 최고지도자로 한 좌익을 법적, 제도적으로 압박해서 불법조직 또는 '반미군정 정당'으로 몰아붙인다. 또 미군정은 자문 기구나 정책입안 부서에 미국에서 교육을 받았거나 친일행위를 한 사람들을 중용함으로써 좌익에 맞설 교두보를 쌓는다.

친일파를 중용한 미군정

미군정이 친미·반공주의자들에게 장차 정부 수립의 주도권을 맡기도록 하는 것이 트루먼 행정부의 정치적 전략이었음은 물론이다. 이에 따라 미군정청은 유명한 친미주의자인 이승만을 우익의 지도자로, 정치적 기반이 약한 그를 도울 세력으로 한민당을 선택한다. 그 결과 조선사람으로서 친일행위를 일삼은 총독부 관리, 독립운동가들을 '사냥'하고 고문하던 일제의 경찰 같은 자들이 '반민특위법'의 응징을 모면하고 '독립국가'의 기초를 다지는 일을 맡는다. 심지어는 국군을 창설하는 일조차 나중에 그들이 주도한다.

백범 김구와 우사 김규식의 민족주의 진영은 한반도에 '반쪽 정부'가 서는 데 반대하지만, 암살을 당하거나 역부족으로 남북의 분단을 바라볼 수밖에 없게 된다. 1948년 9월 9일 북한 지역에 김일성 주도로 '조선민주주의인민공화국'이 세워진 이래 지금까지 한민족은 61년이나 분단체제에서 살고 있다. 제2차 세계대전 뒤 두 동강이 난 나라 중에서 아직도 그것을 극복하지 못한 유일한 민족이라는 '기록'을 안은 채 말이다.

미국은 남한 군정기간에 법률적 통치 주체로서 조선인들의 삶을 좌지우지하는데, 단독정부가 들어선 뒤에도 실질적인 지배권을 놓지 않는다. 미국 정부는 소규모의 군사고문단만을 남기고 철수한 뒤 남한을 '극동지역 반공의 보루'로 굳히는 정책을 펼치다가 한반도에서 전쟁이 터지자 유엔의 승인을 받아 연합군을 구성하고 본격적으로 개입한다. 1953년 7월 27일 미국과 북한 간에 휴전협정이 맺어지기까지 한국 정부는 전시작전권마저 미국에 넘긴 채 아직까지도 그것을 되돌려받지 못하고 있다.

버락 오바마 대통령은 그 작전권을 가진 미군의 최고 통수권자다. 현재 미군은 한미연합사령부의 지휘 아래 육군 2만여 명을 비롯해서 공군과 해군, 해병대까지 합치면 3만명 가까이가 한국에 주둔하고 있다고 알려져 있다.

미국은 2008년 11월 3일 현재 여군을 포함해서, 육군 61만 3000여 명, 해병대 21만 9000여 명, 해군 37만 1000여 명, 공군 32만 4000여 명에 해안경비대 4만 2000여 명까지 합치면, 160만여 명의 병력을 거느린 군사대국이다. 이 수치는 중국보다 훨씬 적지만 전투기, 항공모함 같은 첨단무기의 위력은 그 어떤 나라도 따를 수가 없다.

한국의 전시작전권 쥐고 있는 오바마

바로 이런 군사적 초강대국이 한국의 전시작전권을 장악하고 있는데, 한반도에서 전쟁이 일어나면 미국은 '한미상호방위조약'에 따라 의무적으로 참전해야 한다. 오바마 대통령은 노태우 정부 때인 1991년부터 날카로운 논쟁의 초점이 되어온 전시작전권 문제를 어떻게 다룰 것인가?

1991년에 노태우 당시 대통령이 《서울신문》 창간 46돌 기념회견에서 "1995년까지는 평시작전권을 한국군이 넘겨받고 2000년까지는 평·전시의 작전지휘권 모두를 한국군이 이양받는다는 것이 큰 방향"이라고 발표한 뒤 1994년 12월 1일 0시를 기해 한국 정부는 44년만에 미군에게서 평시작전권을 환수한다. 그때까지는 부대와 병력의 이동, 주요 훈련 같은 것을 한미연합사령부에 보고하고 승인을 받아야 했다.

2005년 10월 1일 노무현 당시 대통령은 국군의 날 57돌 기념식에서 "전시작전통제권(이하 전작권) 행사를 통해 스스로 한반도 안보를 책임지는 명실상부한 자주군대로 거듭날 것"이라고 선언한다. 이 발언에 대해 한나라당을 비롯한 보수진영은 '북한의 남침 위협이 상존하는 상황에서 위험한 발상'이라고 공격하고, '자주국방'을 끈질기게 주장해온 진보 진영은 적극 환영한다.

실제로 노무현 정부는 이 문제를 해결하기 위해 적극적으로 움직인다. 2005년 한미안보협의회에서 전작권을 이양받기로 합의한 뒤 2006년 한미정상회담에서 그것을 확정한다. 정부가 그 시기를 2012년으로 정하고 미국에 통보하자 미국 정부가 오히려 3년을 앞당기자고 주장한다. 그러나 보수진영과 그들을 대변하는 언론은 소리를 높여 전작권 돌려받기를 거부한다.

그런데 이명박 정부가 들어선 뒤 잠잠한 듯이 보이던 이 문제가 2009년 2월 중순에 되살아난다. 언론의 보도를 보면, 2012년 4월을 목표로 추진 중인 전작권 이양을 한국 합동참모본부와 주한 미군사령부가 긴밀히 협의하면서 차질없이 진행하고 있다고 국방부가 '정책뉴스'를 통해 밝혔다고 한다. 또 합참이 전군적 추진체계를 구축하기 위해 이미 조직 개편에 착수했다는 뉴스도 나왔다. 어찌 된 셈인지 이런 움직임을 보고도 조·중·동이 노무현 정부 시절처럼 격한 반응을 보이지 않는 것을 보니 격세지감이 든다. 한국의 보수진영이 오바마 행정부의 아래와 같은 전략을 간파하고 조용히 넘어가려는 것일까?

우선 오바마 정부는 '한-미 동맹'을 자신의 한반도 관련 정책의 성공을 위해 필수불가결한 요소로 여기며, 미국의 정책이 성공하기 위해서는 한국 정부와 한국인들의 지지가 필요하다는 태도다.
21세기 ‘한미동맹 미래비전’에 대해서는 지금까지보다 더 광범
위한 공동 비전을 추구하는 포괄동맹을 강조하면서, 한미동맹이
미국의 아시아-태평양 정책의 일부분임을 명확히 하고 있다. 북
핵 문제 해결을 위해서는 미국과 6자회담 참여국들에 의한 6.25 전
쟁의 종식, 한반도 평화체제와 동북아 다자안보, 북미관계 정상
화 등에 대한 적극적인 노력이 동시에 있어야 한다는 주장이다.
대량살상무기 비확산, 반테러, 에너지안보, 마약 밀거래 금지, 유
행성 질병 퇴치 등 초국가적 문제들, 중국의 부상 등 여러 도전에
대해서도 효과적으로 응전하는 포괄적인 동맹의 비전이 필요하
다는 태도다(백학순 세종연구소 수석연구위원의 2009년 2월 16일자《한
겨레》‘시론’에서).

전작권 돌려받기에 대한 반대의 목소리도 여기저기서 나온다. ‘평화와
통일을 여는 사람들’의 오혜란 평화군축팀장은 2월 13일 “국방부 설명대
로 현행 한미연합사를 한미 공동방위체계로 대체하면 대미 종속성은 오
히려 심해진다. 현재 협상대로라면 전시작전통제권뿐 아니라 위기관리권
과 평시 작전통제권까지 미국에 넘겨주는 꼴”이라고 비판했다(《오마이뉴
스》2009년 2월 16일자).
인터넷에서는 ‘작전통제권 제대로 되찾기’ 1만인 서명운동이 벌어졌
다. 이 운동은 “국방부가 작전통제권 환수를 핑계로 2020년까지 621조 원
의 예산을 투입하여 첨단무기를 도입하려 한다”고 주장하면서, ‘동북아
군비경쟁이 치열해지고 군사적 긴장이 높아져 한반도 평화는 멀어진다’
고 전망한다.

전작권 환수의 원칙과 방침이 바른 것인지, 오바마 행정부가 진정으로 한반도의 평화를 위해 합리적인 정책을 집행할 것인지는 두고 볼 일이다. 다만 오바마 대통령이 전임자들처럼 한국을 미군의 점령지처럼 보는 오만한 자세를 보이지 않기를 바란다.

한국인의 한이 맺힌 SOFA

2002년 초여름에 경기도 양주시에서 일어난 한 사건이 한국과 미국 사이에 날카로운 대립과 갈등을 일으켰다. 그해 6월 13일 수업을 마치고 집으로 돌아가던 열네 살의 신효선과 심미순 두 학생이 무게 50여 톤의 미군 장갑차에 깔려 무참히 숨진 사건이 기폭제였다. 미군 제2사단 소속의 궤도차량을 운전하던 두 병사가 좁은 도로를 내려가다가 미처 그들을 보지 못하고 치었다고 미군 당국이 발표했으나, 첨단설비를 갖춘 그 차량이 바로 앞에서 브레이크만 밟았어도 그런 참사는 없었으리라는 한국인들의 주장이 터져나왔다.

'한미주둔군지위협정(약칭 SOFA)'*에 따라 미군 당국은 '차량의 안전한 운행을 소홀히 해서 과실치사를 저질렀다'는 혐의로 두 병사를 미 군사법정에 세운다. 두 사람이 '부주의로 인한 과실치사' 혐의에 대해 무죄 판결을 받고 석방되자 우리나라 법무부는 한국 법체제에 따라 우리나라 법정

---

* 한미 SOFA는 주한미군의 법적인 지위를 규정한 협정이다. 일반적으로 외국 군대는 주둔국의 법질서에 따라야 하지만, 미국은 해당국가와 주둔군지위협정을 맺어 쌍방 법률의 범위 안에서 일정한 편의와 배려를 제공받는다. 예전에는 '한미행정협정'이라고 불렀으나, 행정협정은 국회의 비준 없이 행정부 간의 서명만으로 발효되는 간단한 형식의 조약으로서 국회의 비준 절차를 거친 한미 SOFA와는 다르다는 해석에 따라 '주둔군지위협정'으로 부르는 것이 대세를 이루고 있다.

에서 재판을 하게 그들의 신병을 넘기라고 주한미군사령부에 요구하지만 미국은 "지금까지 미국은 세계 어디에서도 공무 중에 일어난 사건에 대한 1차적 재판권을 포기한 예가 없다"며 거부한다.

장갑차의 두 운전병이 '무죄'로 석방되자, 한일 월드컵 축구대회의 열기에 가려 있던 그 사건이 국민들의 관심을 끌면서 11월에 '촛불집회'가 열린다. 이런 집회가 전국으로 번지면서 한때 한국과 미국 정부 사이에 외교적 갈등이 일어나기도 한다. 그러나 촛불집회 참가자들이 끝까지 평화적 시위를 함으로써 12월 19일의 대통령 선거에서 노무현 후보가 보수적인 이회창 후보를 누르는 데 기여했다는 평가를 받기도 한다.

SOFA의 정식 명칭은 '대한민국과 아메리카합중국 간의 상호방위조약 제4조에 의한 시설과 구역 및 대한민국에서의 합중국 군대의 지위에 관한 협정'이다. 1950년 6월에 한국전쟁이 터진 뒤, 남한에 다시 진주한 미군은 전시의 급박한 상황에서 일체의 재판권을 부여받는 '대전협정'을 체결했는데, 당시 대통령 이승만이 순순히 동의함으로써 사법주권을 포기하는 협정이 맺어진 것이다. 그뒤 13년만인 1966년 7월 9일에 한국 정부 대표인 외무장관과 미국 정부 대표인 국무장관이 조인한 한미 SOFA가 1967년 2월 9일 발효된다. 당시 박정희 정권이 미국의 요구에 따라 굴욕적인 한일협정을 맺는 한편, 베트남전에 파병한 대가의 일부가 SOFA였다고 전문가들이 주장한 바 있다.

SOFA는 1991년과 2001년, 두 차례에 걸쳐 개정되었으나 한국에 불리한 규정은 별로 나아진 바가 없다. 가장 독소적인 부분은 제22조 3항으로 '오로지 미국의 재산이나 안전에 대한 범죄, 또는 미군과 미군속 및 그들의 가족 내부에서 행해진 범죄, 공무집행 중의 범죄'에 대해서는 미군당국이 1차적 재판권을 갖고, '기타 공무 외 범죄'에 대해서는 한국 정부가

1차적 재판권을 갖는다고 되어 있다.

SOFA와 관련된 미군 범죄와는 다르지만 미국이 쿠바 영토 안에서 '운영'해온 관타나모수용소는 근래 국제적으로 거센 비판을 받아왔다. 수용소가 들어 있는 관타나모만의 미해군 기지는 100년도 전에 미국이 차지한 땅이다. 그곳은 미국이 외교관계를 맺지 않은 나라에 자리잡은 유일한 해군기지로서, 2002년 이래 미국 정부가 아프가니스탄과 이란 전쟁에서 '적국의 전투원으로 추정되는' 사람들을 잡아다 가둔 곳이다. 이런 일은 제네바협정에 어긋날 뿐 아니라 국제적으로 용인될 수 없는데도 부시 2세는 대통령으로서 공공연히 그런 조치를 취했다. 재판도 받지 않은 채 수용소에 갇힌 사람들이 폭행과 고문을 당하거나 자살한 사건이 폭로되어도 그는 아랑곳하지 않았다. 로널드 레이건 이래 대통령들이 즐겨 쓰던 '불량 국가rogue state'(망나니 또는 악당의 나라라는 뜻)라는 말이 미국 자신에게 돌아가게 하는 짓이었던 것이다.

오바마 대통령은 취임한 지 이틀 뒤인 2009년 1월 22일, 1년 안에 관타나모수용소를 폐쇄하고 그의 첫 임기 안에 피수용자들이 미국 법정에서 재판을 받게 하겠다고 발표했다. 이와 같이 그가 상식과 이성을 존중하는 '법의 정신'에 따라 중대하고도 명백한 죄를 저지른 미군과 군속 및 가족이 한국의 민간법원에서 재판을 받도록 한국 정부와 협의해서 SOFA를 개정해야 마땅하다고 본다.

■ 한미FTA를 둘러싼 '과속 스캔들'

한 해가 저물어가는 2008년 12월 18일 국회의사당에서 여당인 한나라당, 야당인 민주당과 민노당의 '잠정적 연합전선' 사이에 처참한 전투가 벌어졌다. 외교통상통일위원회(외통위) 위원장인 한나라당 박진 의원이 회의실 문을 철통같이 걸어 잠그고 야당 의원들의 출입을 완전히 막은 채 한나라당 의원들끼리 한미 자유무역협정FTA 비준동의안을 상정한 것이 싸움의 발단이었다. 흥분한 야당 의원들과 보좌관, 당직자들은 쇠망치로 회의장 문을 부수고 안으로 들어가려다가 실패하자 국회의장석을 점거하고 농성을 벌인다. 의장의 직권상정을 막기 위해서다. 《한겨레》와 《경향신문》 말고 보수언론의 대표인 '조·중·동'은 당연히 폭력에 초점을 맞추어 보도했다. 야당 의원들이 '결사항전'의 각오로 의장석을 지키자 김형오 의장은 결국 "경호권을 발동하면서까지 직권상정을 하지는 않겠다"고 약속했다. 그뒤 이 문제는 미디어관련법들을 비롯한 이른바 'MB 악법'에 가려져서 잊힌다.

도대체 왜 그랬을까

수십년 동안 언론계에 몸 담아온 내가 보기에도 '저것이 도대체 어떻게 된 일일까' 하는 궁금증이 풀리지 않았는데, 일반 국민들은 어땠을까? '도대체 지금 한미FTA를 우리나라 국회가 비준한다고 해서 취임을 한 달이나 남기고 있는 오바마 당선자가 '아, 우리도 서둘러야지' 하면서 미국 의회에 대고 한국을 따라하라고 당부할까? 그게 아니면 레임덕 부시가 민주당이 다수인 의회에 부탁해서 그런 성과를 얻어내리라고 기대한 것인가?' 그 퀴즈는 재미도 영 없고 답도 없었다.

그 의문은 2009년 2월 초에 얼마쯤 풀렸다. 정부와 여당이 비준 동의안을 2월 임시국회에서 처리하려던 방침을 사실상 유보했다는 언론 보도가 2월 4일에 나온 것이다. '아니 그 난리를 피운 지가 한 달 하고도 보름이

지났는데 이렇게 연기하려면 왜 그렇게 서둘렀단 말인가?' 여기서 퀴즈는 다시 시작된다.

청와대의 핵심 관계자가 "우선 민생경제 법안들에 주력하고, 비준 동의안은 일단 상임위에 상정된 만큼 미국 상황을 지켜보며 보조를 맞춰가야겠다"고 말하고, 한나라당 공보 책임자가 "2월 임시국회에서 유연성을 갖고 접근하겠다는 상징적 표시로 한미 자유무역협정 비준 동의안을 2월 임시국회에서 처리할 15개 중점 처리 법안에서 제외했다"고 잘라 말한 것을 보고서야 또 의문이 얼마쯤 풀렸다. 그러나 궁금증은 완전히 가시지 않았다. '그런 유연성은 어디 두고 지난해 12월 18일에는 왜 그렇게 전쟁이라도 하겠다는 듯이 국회에서 극단으로 나갔을까?'

영화 〈과속 스캔들〉은 재미있고 감동적인데

필자는 국회에서 한미FTA 비준 동의안을 둘러싸고 여당과 야당이 물리적 충돌을 벌이기 며칠 전에 〈과속 스캔들〉이라는 영화를 보았다. 2008년에 최고 흥행기록을 세운 〈추격자〉를 추격한 끝에 관객 동원 새 기록을 세웠다는 그 영화는 처음부터 보는 이를 황당한 느낌 속으로 몰아넣는다. 이름이 꽤 알려진 연예인으로서 라디오 인기프로그램의 디스크자키를 맡고 있는 남자 주인공 앞에 어느 날 '딸과 외손자'가 나타난다. 지금 서른여섯 살인 그를 향해 스물두 살인 여성이 '아버지가 중3 때 연상의 여자와 관계를 맺어 태어난 딸이 나고, 이 남자아이는 내가 미혼모로 낳은 아버지의 외손자'라고 선언한다. 하루 아침에 아버지 겸 외할아버지가 된 주인공은 딸과 손자를 어떻게 해서든 집에서 몰아내려고 갖은 꾀를 부리지만 결국 실패하고 만다.

이 영화는 '발칙한' 소재에 비해 전개과정이 재미있고 대사들에 창의

성이 넘치는 데다 결말 부분이 아주 감동적이다. 한 마디로 인간의 진정한 사랑은 무엇인가를 보여주면서 관객들이 손수건으로 눈자위를 훔치게 한다.

그런데 2008년 말 한나라당이 '제작'한 '과속 스캔들'에는 인간에 대한 예의나 이웃에 대한 배려는 물론이고 국회 운영의 기본인 민주적 규칙을 존중하는 정신이 결여되어 있었다. 그러니 야당의 '대응 폭력'이 조연으로 등장한 그 '드라마'를 보면서 국민들은 정치에 대한 혐오감을 새삼 느낄 수밖에 없었을 것이다.

엄격하게 말하면 한미FTA는 이명박 정부가 노무현 정부에게서 물려받은 '유산'이다. 2006년 2월 3일 협상을 시작해서 4월 2일 한국과 미국의 협상이 본부장 선에서 타결되어 6월 30일 대통령 서명으로 체결된 것이 바로 그 협정이다. 한미FTA는 두 나라 의회의 비준을 받아야 법적으로 발효되는데, 노무현 정부는 임기가 끝나는 2008년 2월 25일까지 국회 비준을 받아내지 못했다.

한나라당과 조·중·동이 '친노'가 되다

중대한 사건이나 쟁점이 터질 때마다 한나라당과 조·중·동의 무차별 공격을 받던 노무현 대통령과 정부가 기이하게도 그들의 적극적 지지를 받은 것이 있었으니, 바로 한미FTA 협상이었다. 그때 한나라당 의원들 중 농촌지역 출신 말고 대다수는 '친노 세력'으로 보일 지경이었고, 조·중·동도 참여정부 기관지 같았다.

여당인 민주당 안에서도 농촌 선거구의 표를 의식한 의원들을 빼면 다수가 그 협상을 지지했다. 소수 의원들이 민주노동당과 비슷한 논리로 협상을 반대하기는 했지만.

2007년 12월의 대통령 선거와 2008년 4월의 총선은 FTA 앞에 놓인 지뢰밭이었다. 농축산물, 그중에서도 특히 쌀과 쇠고기 수입을 개방하면 우리나라 농축산업이 결정적 타격을 받으리라고 믿는 농민들이 그 협정을 적극적으로 밀어붙이는 정치인들에게 반대표를 던질 것이 자명하므로 대통령 후보들과 여야당 의원들은 기나긴 눈치싸움을 계속했다.

노무현 대통령 당선자의 인수위원회부터 정책 입안에 참여했고, 참여정부 초부터 청와대 국민경제비서관으로 일하다가 떠난 정태인 교수는 《나쁜 사마리아인들》이라는 책으로 유명한 영국 케임브리지대 장하준 교수와의 대담에서 그 눈치싸움의 배경을 이렇게 설명한다.

또 하나의 변수는 미국 의회의 비준 동의 여부입니다. 미국에 압도적으로 유리하게 타결되었는데도 미국은 쇠고기, 자동차에서 더 얻어내려고 '비준동의'를 무기 삼아 들이대고 있잖아요. 미국에서 아직 광우병이 발생할 시기는 안 됐지만 2003년 소한테 발생했으니까 2013년쯤 되면 인간한테도 발생할 시기가 되는 거죠. …… 일단 인간 광우병이 발생하면 완전히 공포 분위기로 들어갈 텐데, 우린 아직 광우병 소도 발생하지 않은 상태라서 설마 그거 먹고 어떻게 되랴, 하는 안이한 생각으로 미국산 쇠고기 먹고 있다가 뼛조각 붙은 고기 들어오고 하자 다시 경각심이 강하게 일고 있는데, 이런 식으로 미국산 쇠고기가 소비되지 않고 수출 막히면 미국 의회가 비준을 거부할 가능성이 있다는 거죠. 그걸 빌미로 한국 정부에 더 많은 것을 요구하겠죠(《장하준, 한국경제 길을 말하다》, 2007년 11월, 시대의창, 235~236쪽).

한나라당의 승리가 확정적으로 보이던 2007년 대선 한 달을 앞두고 나온 이 책에서 정태인 교수가 말한 대로 한미FTA가 '미국에 압도적으로 유리하게 타결되었는데도' 이명박 대통령은 2008년 2월 25일에 업무를 시작한 지 얼마 되지 않아 '뼛조각 붙은 미국산 쇠고기' 수입을 강력하게 밀어붙인다. 이명박 정부가 나라 안팎에서 해결해야 하는 온갖 문제들 중에서, 미국산 쇠고기 수입을 물꼬 삼아 한미FTA가 두 나라 의회에서 비준되도록 하는 작업에 최우선순위를 두었다고 해석할 수 있는 일이었다.

이명박 대통령이 그렇게 할 수 있게 된 결정적 요인은 4.14총선에서 한나라당이 압도적 승리를 거둔 것이었다. 국회 의석 299개 중 170석 이상을 단독으로 확보하고 친박연대와 자유선진당 같은 잠재적 우군까지 갖게 된 데다 원내 제1당이던 민주당이 80석 남짓한 의석으로 오그라들었으니 그의 앞날에는 거칠 것이 없는 듯이 보였을 수도 있다. '미국 쇠고기 수입 협상 타결'이 발표된 4월 18일은 워싱턴에서 열릴 한미정상회담 바로 전날이었다. 따라서 그것이 부시에 대한 선물이라는 해석도 나왔다.

이명박 대통령은 2009년 6월 미국 워싱턴에서 오바마 대통령과 정상회담을 하고 나서 '극도의 환대'에 감동받은 듯한 표정이었으나 대북 핵실험을 둘러싼 대북 강경책에 합의한 것과는 달리 FTA와 전시작전통제권에 대한 두 나라의 이견은 여전했다는 보도가 미국의 언론에 나왔다.

촛불은 가라앉았지만

그러나 허약한 민주당과는 달리 국민들의 미국산 쇠고기 수입 반대 여론은 만만치 않았다. 4월 18일에 협상이 타결되자 '광우병을 일으킬 수도 있는 미국산 쇠고기를 먹어야 하는가'라는 항의가 일어나기 시작하더니 5월 2일 여자 중고등학생들의 촛불시위가 벌어진다. 8월 초순까지 서울과 전국의 대도시들에서 석 달 남짓 이어진 촛불 집회와 시위는 이명박 정부의 존립을 위태롭게 하는 듯이 보이기도 했으나 공권력이 강력히 대응하고 '촛불 진영'의 동력이 쇠약해지면서 잦아들었다. 2008년 여름을 뜨겁게 달군 촛불에 대해서는 아직 역사적 평가가 이르다는 생각도 들지만 필자는 잠정적으로 이런 견해를 밝힌 바 있다. 권지희 외 19인이 쓴 《촛불이 민주주의다》(2008년 8월, 해피스토리)에 대한 서평의 한 대목이다.

> 2008년의 촛불은 바른 권력을 세우는 혁명적 성과를 빚지는 못했다 하더라도 우리사회가 장기적으로 민주주의를 살리고 경제적 평등을 향해 나가며, 문화적 공동체를 이룰 수 있다는 희망을 심어주었다. 그리고 무엇보다도 직업 언론인들과 민주화 세력이 수십 년 동안 해내지 못한 일, 곧 조·중·동의 반민주성과 그들이 수구특권 세력의 전위부대라는 사실을 어린 학생들부터 유모차 엄마들까지가 철저히 깨닫게 하는 계기가 되었다. 이것이 촛불의 정치혁명이자 문화혁명이다(《계간 광장》 창간호, 2008년 10월, 재단법인 광장).

그러나 촛불은 가라앉았지만 이명박 정부를 곤혹스럽게 하는 일들이 잇따라 벌어진다. 2008년 11월의 미국 대선에서 버락 오바마 후보의 당선 가능성이 커지면서 그해 4월 19일의 한미정상회담에서 확인된 바 있는 이명박-부시의 단단한 유대와 '우정'이 한미FTA 의회 비준에 아무런 도움이 될 수 없음이 확실해진 것이다. 11월 4일의 미국 대선 뒤에 나온 '오바마-바이든 플랜'은 한국과의 중대 현안인 FTA에 대해 공세적인 입장을 보였다. 오바마 당선자 진영은 자유무역이 아니라 공정무역을 분명하게 강조했다. "우리의 경제적 안보를 침해하는 협정들에 대해서는 단호하게 맞설 것"이라고 명시한 부분은 이명박 정부가 비준을 서두르는 것이 일방적이라는 판단을 내리기에 충분한 메시지였다. 그런데도 2008년 12월 18일 우리나라 국회에서는 '비준부터 하고 보자'는 식의 과속 질주가 벌어졌다.

오바마가 대통령에 취임하기 닷새 전인 1월 15일에는 국무장관 내정자인 힐러리 클린턴이 한미FTA를 재협상해야 한다고 주장했는데, 한국 정부 측은 오히려 2월에 국회 비준을 강행하겠다고 응수했다. 민주당이 보호무역을 전통적 강령으로 삼아온 데다 제너럴모터스, 포드, 크라이슬러라는 3대 자동차회사가 파산 위기를 맞은 상황에서 미국산 자동차가 한국에서 부닥치는 관세장벽을 허물어야 하는 판에 오바마 대통령이 기존의 자유무역협정을 원안대로 비준해달라고 의회에 요청하기는 어려운 일이었다.

그런데 2009년 3월 들어 한나라당과 민주당이 국회에서 한미FTA를 비준하는 문제를 두고 다시 논의하던 때, 3월 2일 오바마 행정부가 재협상 원칙을 분명히 밝혔다. "한국과 콜롬비아와의 자유무역협정을 둘러싼 문제들에 신속하고 책임 있게 대처하고, 공적 이익을 증진시키도록 협정의 시행을 재검토할 것"이라고 말이다. 미국 무역대표부는 "미국과 무역상대국의 이익을 적절하게 진전시키는지 여부에 대해" 여론 수렴작업을 벌이겠다고 강조했다.

미국 정부의 입장이 이렇다면, 한국 국회가 협정을 서둘러 비준하더라도 난감한 일들이 벌어질 것이다. 오바마 대통령이 관련 기관에 재협상 지시를 하면 한국 정부가 '우리는 이미 국회 비준을 마쳤으니 응할 수 없다'면서 재협상을 거부할 수 있을까?

신자유주의는 파산했는가

  2009년 세계는 1929년에 시작된 미국의 경제 대공황 시기에 못지 않은 현실적·심리적 공포로 시달리고 있다. 2008년 여름 미국의 서브프라임 모기지론 파동이 불을 붙인 경제대란은 동서양을 막론하고 선진국이라고 불리는 나라들로부터 중진국, 개발도상국으로 삽시간에 번져나갔다. 2007년만 해도 1인당 국민소득이 6만 달러를 넘어 세계 4위였고, 유엔의 한 기구가 주관한 설문조사에서 '세계에서 가장 살기 좋은 나라'로 꼽힌 바 있는 아이슬란드, 인구 30만 남짓의 섬나라이지만 '유럽의 강소국'으로 불리던 그 나라가 국가 부도 위기에 몰려 IMF 구제금융을 받았다. 미국식 '신자유주의'를 끝없이 따르다가 그것이 신기루임을 알아차리기도 전에 비극을 맞이한 것이다.

  우리나라는 아이슬란드보다 나은가? 외형적으로는 분명히 그렇다. 1997년 가을부터 온 국민의 가슴을 졸이게 한 IMF 외환위기 때보다는 절박함이 덜해 보이기 때문이다. 그러나 이것은 어디까지나 그때와 지금을 비교해서 하는 말일 뿐, 서민과 중소기업은 물론 일부 대기업이 겪는 어려움은 그때 못지않다. 국가의 '뒤주'라고도 할 수 있는 외환보유고가 바닥을 드러내던 1997년에 비하면 그래도 지금은 2000억 달러 남짓이 있으니 얼마나 다행이냐고 말하는 사람도 있을 것이다. 그런데 원-달러 환율은 2009년 3월 5일에 1568원까지 올랐다. 환율 변동에 따라 손실을 안게 되는 기업들과 달러로 자녀를 유학시키고 있는 부모들이 감내할 수준을 훨씬 넘어선 것이다. 특히 환율 변동에 대비한 보험 격인 키코KICO(Knock -in-Knock-out 통화옵션)에 가입한 중소기업들은 하루하루가 지옥이라고 한다. 한 전자업체의 임원은 이렇게 하소연했다.

외환시장이 개장하는 아침 9시면 가슴이 두근두근 뛰는데, 불안
감 탓에 오후까지 일이 손에 잡히지 않는 때도 있습니다. 환율이
하루에 50~100원 왔다 갔다 할 때마다 회사 돈 6~7억 원이 순
식간에 날아가는 게 보여요. 안 그래도 요즘 회사가 극심한 유동
성 부족에 시달리고 있는데, 이대로 당하다가 한순간에 날아가는
게 아닌지 걱정입니다(《경향신문》* 2008년 12월 28일자, 특별기획 '기로
에 선 신자유주의' 1부 중 "은행 믿고 가입한 '키코'가 멀쩡한 회사 죽일 줄
이야" 에서).

'공황'을 온 몸으로 느끼는 쪽은 서민과 중소기업만이 아니다. 젊은이
들을 포함한 실업자들은 벼랑 끝에 발을 딛고 서 있는 심정일 것이다. 통계
청의 2009년 2월 17일 자료에 따르면 1월의 공식 실업자 수는 84만 8000명
이었지만, '취업 준비' '쉬었음' '구직 단념자' '주당 18시간 미만 취업자
중 추가 취업 희망자' 등을 포함하면 사실상 '백수'로 볼 수 있는 사람은
346만 명에 이른다고 한다. 이런 수치는 '카드 대란' 때인 2003년 1월의
217만 7000명의 1.6배나 되는 것이다. 대학생들이 졸업을 미루고 '5학년
생활'을 하는 현상이 한 추세가 된 지는 이미 오래다. 노동력을 최대한으
로 동원해야 내수에 활기를 불어넣을 수 있을 텐데 '노는 인력'이 그렇게
많다는 것은 참으로 심각한 일이다. 게다가 그들의 좌절감, 박탈감, 경제

---

*《경향신문》은 2008년 11월 26일부터 2009년 1월 중순까지 위의 '특별기획'을 연재했는
데, 어떤 날은 4개 면 전체를 쓸 정도로 과감한 시도였다. '공포로 변해버린 금융허브의
꿈'이라는 제목의 첫 번째 기사는 아이슬란드를 취재했다. 이 기획은 거기서 시작해서
미국과 한국의 현장을 누비면서 신자유주의와 세계 경제대란이 어떻게 연관되어 있는가
를 생생하게 전한다.

적 궁핍까지 감안하면 국민의 평균적 삶의 질은 나날이 떨어지고 있다고 보아야 할 것이다. 이렇게 중대한 국면에서 진보적인 경제전문가들은 한국이 빨리 신자유주적 정책으로부터 벗어나서 국민의 대다수를 이루는 중산층과 빈민을 위한 대책을 세워야 한다고 주장한다. 이명박 정부가 이대로 가면 그들은 날이 갈수록 빈곤과 고난의 늪으로 점점 더 빠져들리라고 보는 것이다. 신자유주의가 무엇이기에 이렇게 세계 경제를 혼란과 공포 속으로 몰고 왔을까?

신자유주의라는 것은 1970년대 중반, 스태그플레이션에 대응해서 나타났다. 그 이전 스태그플레이션이 오기 전에는 대공황 이후부터 케인스주의 복지국가 시스템이 작동하고 있었다. 케인스주의 시스템의 핵심은 자본활동이 방만하게 이루어지면 위기가 닥친다는 것을 교훈으로 해서 자본 활동을 규제하는 한편 노동자들을 보호하고 사회복지를 통해 약자를 보호하는 체제를 구축하는 것이었다. 케인스주의가 황금기를 거치는 동안은 무사했는데 스태그플레이션이 왔다. 스태그플레이션의 근본적인 이유는 이윤율의 하락, 기업의 수익률 악화가 원인이었던 것으로 진단된다 (경상대 장상환 교수, 위의 《경향신문》 특별기획 1부를 정리하는 토론회 '발제'에서).

1981년 1월 미국 대통령으로 취임한 로널드 레이건이 바로 이런 신자유주의를 '레이거노믹스Reaganomics'를 통해 현실에 반영하기 시작했음은 잘 알려져 있다. 레이건의 끈끈한 동반자로는 영국 총리 마가렛 대처가 있었다.

(신자유주의의) 흐름은 라틴 아메리카 외채위기를 겪으면서 1990년대 초에 감세와 민영화 그리고 규제완화라는 IMF-미 재무부-월스트리트 3각 동맹의 '워싱턴 컨센서스'로 정식화되었다. 1980년대부터 2007년까지 미국은 평균 2.9퍼센트의 경제성장을 거뒀는데(1950~1960년대에는 평균 4.25퍼센트) 성장의 과실은 주로 최상위 계급에 집중되었다.

1969년 말 53퍼센트를 넘어섰던 노동분배율은 클린턴 집권 8년 동안 잠깐 반등했던 것을 제외하곤 줄곧 떨어져서 현재 45퍼센트 수준에 머무르고 있다. 상층의 금융자본은 결국 부동산·주식거품을 최대한 부풀리는 '허구의 성장'을 꾀할 수밖에 없었다. 조지프 스티글리츠의 말 그대로 30년간 우리를 지배한 시장만능의 논리와 신자유주의는 이론적으로도, 실제적으로도 허구였다(《경향신문》 2009년 1월 11일자 '특별기획' 중 정태인 교수의 '역사로서의 현재─우리는 어디에 서 있는가'에서).

일반적으로 신자유주의는 강력한 사적 소유권, 자유 시장, 자유무역이라는 특징을 갖는 제도적 틀 안에서 개인의 자유와 기능을 해방시킴으로써 인간 복지가 가장 잘 개선될 수 있으며, 국가의 역할은 그것을 실행하는 데 적합한 제도적 틀을 만들어내고 보호하는 데 있다고 보는 이론이다. 그러나 지나친 금융자유화, 고삐 풀린 민영화, 대기업과 금융 경영자들의 독선과 특권의식, 투기를 조장하는 금융파생상품 등이 독소로 작용함으로써 신자유주의는 파산했다는 평가까지 받게 되었다.

■ 오바마노믹스와 MB노믹스

버락 오바마가 스스로 작명한 것 같지는 않지만, 어쨌든 로널드 레이건 이래 굳어진 관례에 따라 그의 경제정책에도 '오바마노믹스Obamanomics'라는 이름이 붙었다. 오바마노믹스의 기초라고 볼 수 있는 자료는 '2008년 민주당 대선강령Report of the Platform Committee's Renewing America's Promise'이다. 이 강령은 머리말, 아메리칸 드림의 회복, 미국의 지도력 회복, 미국 지역사회의 회복, 미국 민주주의의 회복으로 구성되어 있다. 이 순서를 보면 '아메리칸 드림'이 가장 앞에 있음을 알 수 있다. '강령'의 머리말은 그것을 이렇게 설명한다.

아메리칸 드림이 위험에 처해 있다. 소득이 감소하는 한편, 담보권 실행이 증가하고 있다. 수백만 명의 미국인이 의료보험 혜택을 받지 못하고, 가정은 노동시간 연장으로 자녀와 노부모를 돌볼 수 있는 시간이 부족하여 곤란을 겪고 있다. 가스와 주택난방비용은 노인과 근로가정working family 모두를 압박하고 있다. 예전에 비하여 미국은 안전하지 않으며, 세계적으로 존경을 받지 못하고 있다. 9.11사태 이후에 신세기 건설을 위한 토대를 구축할 수 있었음에도 불구하고, 미국은 아프가니스탄에서 불가피한 전쟁을 종료하기도 전에 이라크에서 불필요한 전쟁의 불을 지폈다. 현 정부의 경솔한 정책, 무능한 관리 및 파탄 정치는 우리의 경제, 안보와 명예에 손상을 입혔다(번역은 국회 외국어지원센터).

이 강령은 '새로운 시대를 맞아들이기 위하여' 프랭클린 루스벨트의 뉴딜 정책과 존 F. 케네디의 뉴 프론티어 정신을 바탕으로 아메리칸 드림을 회복하겠다고 약속한다.

…… 우리는 실직한 근로자, 집을 잃을 위험에 처한 가족, (아무리 열심히 일해도) 소득증가가 물가인상을 따라잡지 못하는 이들에게 즉각적인 구제를 제공할 것이다. 우리는 미국에 대한 투자(즉, 세계 정상급 공교육, 인프라 및 녹색기술에 대한 투자)를 재개함으로써 우리 경제가 높은 수준의 보수를 제공하는 양질의 미래형 일자리를 창출할 수 있도록 할 것이다. 또 과도한 비용이 소요되며 이용하기 힘든 의료보호로 인하여 야기되는 어려움을 종식시키고, 사회보장을 공고히 하며, 미국 국민이 퇴직에 대비하여 저축을 할 수 있도록 지원할 것이다. 그리고 미국 국민의 창의성을 활용하여 미국이 석유권력의 압제로부터 해방되도록 할 것이다
(강령의 '머리말'에서).

요약하면 레이건과 부시 부자 정권이 밀어붙여온 신자유주의를 벗어나서 그들에게는 거의 없었던 '인간을 존중하는 정책'을 펼치겠다는 선언이다(다만, 미국 자체가 석유권력인데 그 '압제로부터 해방되도록 할 것'이라는 말에는 동의하기 어렵다).

민주당의 강령에는 수많은 항목이 들어 있지만 상징적으로 하나를 골라 보면 경제정책의 핵심을 알 수 있다.

우리는 세법을 개혁해야 한다. 현행 세법은 수천 페이지에 달하며, 높은 몸값을 받는 로비스트들이 도처에 특수이익을 보호하기

위한 허점loophole과 세금은신처tax shelter를 봉쇄하고, 근로자와 그 가족을 구제하는 즉각적 중산층 감세 조치를 취하기 위하여 자금을 활용할 것이다. 또한 수백만 은퇴자들에 대한 연방소득세를 폐지할 것이다. …… 우리는 소득이 25만 달러 미만인 가정에 대하여 세금을 인상하지 않을 것이며, 중산층 가정에 추가적 세금 감면 혜택을 제공할 것이다('경제관리' 중 '세법의 공정성 회복').

이것이 선거에서 이기기 위한 단순한 정치선전이 아니었음은 오바마 대통령의 실천으로 입증된다. 《뉴욕타임스》가 2009년 2월 21일(취임 한 달 뒤)에, '경기부양 비용 상관없이 적자 감축'이라는 제목으로 오바마의 대대적인 '감세 계획'을 보도한 것이다. 오바마 대통령은 부시 행정부로부터 1조 2000억 달러의 재정적자를 물려받았지만, 10월 1일에 시작되는 2010 회계연도 예산안에 '10개년 계획'을 포함시켜서 그의 임기가 끝나는 2013년까지 재정적자를 5333억 달러까지로 줄일 작정이라고 한다.

오바마는 이렇게 획기적인 정책 목표를 이루기 위해 "부시 대통령이 연간 25만 달러 이상의 고소득자에게 소득·배당·자본소득에 부여한 감세 혜택을 2011년 이후 소멸시킬 것"이라고 말했다고 한다. 이렇게 되면 부자들의 소득세율은 현행 35퍼센트에서 39.6퍼센트로 올라갈 것이다.

같은 날 《워싱턴 포스트》는 "세입은 올해 전체 경제GDP의 16퍼센트에서 2013년에는 19퍼센트로 늘어나는 반면, 정부 지출은 제2차 세계대전 이후 최고치 수준인 지금의 26퍼센트에서 22퍼센트로 줄어들 것"이라고 전망했다. 오바마는 노동자 가구 중 95퍼센트가 4월 1일부터 연 최대 800달러(매월 65달러)의 감세 혜택을 받을 것이라고 말했다.

오바마 대통령은 그로부터 한 주 뒤인 2월 28일 주례 라디오 연설에서

"지금까지 해온 대로 똑같이 반복하거나, 조금씩 몇 발짝 나아가려는 게 아니다"라고 단호하게 말하고는 "(기득권 세력이) 저항할 태세를 갖추듯, 나도 맞서 싸울 준비를 하고 있다"고 강조했다. 《워싱턴 포스트》는 3월 1일 "오바마의 예산안은 '작은 정부'를 주창한 레이건 정부 이후 가장 획기적인 이념 전환"이라고 평가했다. 오바마는 또 "지금까지 힘 있는 이익 집단을 위한 시스템이 워싱턴을 너무 오랫동안 움직여 왔다"면서 "나는 미국 국민들을 위해 일하겠다"고 선언했다. 현대에 들어서 미국 역대 대통령들이 선포한 적이 거의 없는 기득권 세력과의 전쟁을 그가 어떻게 치러 나갈지 궁금하다. 그 세력의 저항이 거셀 것이기 때문이다.

'신자유주의의 낙원' 미국에서 중산층과 빈민들이 참으로 오랜만에 들어보는 희소식이다(그 나라의 '강부자들'은 눈살을 잔뜩 찌푸리겠지만). 상원의원 시절 오바마는 부시 2세가 주장하는 '소유주 사회'에 대해 "새로운 경제 상황이 불러올 위험과 혜택을 국민들에게 고르게 배분하려는 노력조차 하지 않는다. 오히려 그러잖아도 고르지 못한 승자 독식의 경제 상황에서 위험과 혜택의 편중 현상을 심화시키고 있다"고 지적한 바 있다. 이런 비판의식이 대통령 오바마의 '국민 다수를 위한' 감세정책에 반영되고 있다고 보야야 할 것이다.

오바마의 경제정책인 오바마노믹스를 넓고 깊게 보는 것은 여기서 가능하지도 않고 필자의 영역을 벗어나는 일이다. 그래서 여기서는 오바마가 2009년 1월 20일에 취임해서 한 달 만에 발표한 '2퍼센트의 부자보다는 국민 대다수를 위한 감세 정책'을 근거로 그가 아니라 존 매케인이 당선되었더라면 어떻게 되었을까를 생각해보려고 한다.

공화당 후보 지명자인 존 매케인은 72세의 백인 공화당원으로서,

맥주 유통회사를 물려받은 여자와 결혼한 사람이다. 그 부인은 미국이 처한 상황을 바꿀 필요를 거의 느끼지 못하는 사람이다. 매케인은 이라크 전쟁을 지속하는 것을 지지했고, 이라크에 100년도 넘게 있을 수 있다고까지 말했다. 현재의 의료보장 제도를 그대로 두는 것을 선호하기도 했다. 피부암을 앓은 병력이 있기 때문에 현재 자신이 대부분의 의료보험에 가입할 자격이 없을 것이라는 점은 언급도 하지 않았다. 매케인은 월스트리트의 금융 위기를 해결할 가장 좋은 계획은 전체 경제 시스템이 위험에 처하지 않는 한 아무것도 하지 않는 것이라고 언급했다. …… 처음에는 부시가 부자들을 위해 세금을 감면하는 것은 부당하고 변호할 여지가 없는 일이라고 말했지만, 유세에서는 입장을 바꿔서 미국에서 가장 부유한 사람들에 대한 세금 감면을 연장하겠다고 나섰다. 매케인은 아버지와 할아버지가 해군 제독이었고 그 자신도 군인이었던 사람이다. 그는 전쟁을 분쟁을 해결하는 자연스러운 수단으로 여기며, 테러나 적들과 싸우는 데서 할 수 있는 모든 수단을 활용하는 것을 꺼리지 않는 사람이다(《오바마노믹스》, 존 R. 탈보트 지음, 송택순 옮김. 2008년 11월, 위즈덤하우스, 20~21쪽).

미국뿐 아니라 어느 나라에서나 어떤 생각과 어떤 배경을 가진 인물이 대통령이 되느냐에 따라 가난하고 힘없는 사람들의 삶이 크게 달라질 수 있다는 것을 위의 인용문에서 여실히 알 수 있다.

'747 공약'은 어디로

정치인의 책무는 정치를 잘 하는 것이고 정치를 잘 하려면 올곧은 권력을 장악해야 한다. 이때 집권은 대통령 선거에서 승리를 뜻함은 물론이다. 1948년 8월 15일에 대한민국 정부가 세워진 이래 많은 사람들이 대통령직에 올랐다가 물러났다. 초대 이승만부터 실권 없는 국가원수였던 윤보선, 쿠데타로 정권을 잡은 박정희, 상징적 대통령이던 최규하, 박정희의 후계자들인 전두환과 노태우, 재야 민주화 진영 출신의 김영삼, 김대중, 노무현을 거쳐서 오늘의 이명박 대통령에 이르렀다. 사람 수로는 열 번째다.

실권을 쥔 대통령들 중에서 이승만은 12년 동안 미국의 원조에 기대 나라살림을 꾸려야 했으니 독자적인 경제정책을 내세우기 어려웠다. 다만 지금도 생각나는 것은 '북진통일'이다. 박정희는 '민족 중흥' '조국 근대화' 같은 5.16쿠데타의 선동적 구호와 더불어 '고도성장' '수출입국'을 추진했다. 그의 강력한 '드라이브'는 상당한 성과를 거두어 우리나라가 세계 10대 경제대국으로 발돋움할 발판을 마련했다는 평가와 함께 '개발독재'로 대자본을 살찌우면서 재벌의 경제 지배를 굳혀 주고 미국과 일본에 한국 경제를 종속시켰다는 비판을 아울러 받는다. 1950년의 한국전쟁 때부터 1960년대 후반까지 양식이 모자라 굶어 본 적이 있는 세대는 그가 '보리고개'를 없애는 데 크게 기여했다는 데 동의하는 것 같다.

전두환과 노태우는 1980년 5월의 광주항쟁 때 민주화를 외치는 시민들을 무력으로 살상한 '주범'이라는 낙인이 찍힌 채 대통령 자리에 있었지만 경제적으로는 운이 좋아서인지 1997년과 2000년대 들어서처럼 심각한 위기에 부닥친 적이 별로 없었다. '3당합당'을 통해 보수 세력의 압도적 지지를 받아 대통령이 된 김영삼은 금융실명제를 비롯한 경제 개혁을 추진했으나, 임기 말에 무리한 외환정책을 고집하다가 'IMF 환란을 초래한 최고 책임자'라는 비판을 받으면서 물러날 수밖에 없었다.

최초로 민주정권을 세웠다는 평가를 받은 김대중은 1997년 12월 대통령 선거에서 당선되자 마자 환란을 수습하는 짐을 떠맡고 참모들과 함께 신속하게 그 수렁을 벗어남으로써 국민들에게 '준비된 대통령'이라는 인상을 강하게 심어주었다. 그러나 그는 '벤처 투자 열풍'을 일으키거나 신용카드 남발을 유도하는 정책을 펼침으로써 2000년대의 뒤틀린 경제 풍토를 만드는 데 일조했다는 부정적 평가도 받았다.

정치적 기반과 지지세력을 보면 김대중의 후계자로서 정권을 재창출한 노무현은 특히 경제 분야에서 다양한 논란에 휩싸였다. 그는 재벌을 비롯한 대기업들을 정치자금의 멍에에서 벗어나게 하고 경제구조를 상당히 맑게 하고, 물러날 때까지 안정된 물가를 유지하고, 외환보유고를 2500억 달러 넘게 쌓았다는 호평을 받았다. 그러나 노무현 자신은 '반어적'인 의미로, 몇몇 진보적 학자들은 다분히 냉소적인 투로 그를 '좌파 신자유주의자'라고 부르기도 했다.

이명박은 정치적으로는 물론 경제적으로 박정희와 맥락이 닿아 있지만, 현실적으로는 노무현 정부의 유산을 물려받아야만 했다. 얄궂게도, 그가 압도적인 표 차이로 민주당 후보를 누르고 대통령으로 당선된 원인 중 하나가 그 유산에 담겨져 있는 '경제적 난제들'이다. 본질은 다르지만 부시 2세와 버락 오바마를 연상시킨다고나 할까?

2007년 대선에서 이명박 후보의 대표적 구호는 '747 경제정책'이었다. 그것은 당시 MB노믹스의 핵심이었다. 대통령이 되면 '연 7퍼센트 경제성장, 국민소득 4만 달러, 세계 7대 강국'을 이루겠다는 것이다. 그러나 이명박 정부가 들어선 지 한 해도 안 돼서 경제부처 책임자들이 2009년 성장 목표를 -2퍼센트로 잡을 지경이 되어버렸으므로 '성장 7퍼센트'는 허황한 공약으로 드러났다. 만약 앞으로 어떤 획기적 변화가 일어나서 -2퍼센트 성장이 9퍼센트 약진해서 7퍼센트로 뛰어오른다면 몰라도.

'국민소득 4만 달러' 역시 원-달러 환율이 참여정부 시절보다 훨씬 높아지면 1만 달러 대로 곤두박질 할 것이 분명하다. 그리고 세계 7대 강국? 무엇을 기준으로 그런 나라를 만들겠다는 뜻인가? 경제력과 군사력의 총합을 말하는가, 아니면 정치, 경제, 사회, 문화를 포함한 모든 부문의 국가적 수준을 가리키는가? 비공식이지만 금메달 수 위주로 국가의 등수를 매기는 올림픽 경기라면 몰라도 한국이 세계 7대 강국이 된다는 것은 몇 해 안에 실현할 수 있는 일이 아니다.

2009년 2월 25일은 이명박 정부가 들어선 지 1년이 되는 날이었다. 우선 한 해 동안의 '경제성적표'를 보면 너무나 초라하다. 노무현 정부 시절인 2007년에 5.0퍼센트였던 경제성장률이 2008년에는 2.5퍼센트로 딱 절반이 되어버렸다. 외환위기 시절인 1998년의 -6.9퍼센트 이래 최악이다. IMF를 비롯한 국제 금융기구들은 2009년도 성장률을 -4.0퍼센트 아니면 그보다 더 낮게 전망하고 있다.

노무현 정부 시절 연평균 2.9퍼센트이던 소비자물가 상승률은 2008년에 4.7퍼센트로 치솟았다.

경제에 관한 한, 앞을 보아도 옆을 보아도 거의 모든 지표들이 '깜깜 절벽'이었다. 이명박 정부 초기 '강력한 수출 드라이브'를 목적으로 추진했음이 명백한 고환율 정책은 수출업자들에게는 혜택이었을지 모르지만 다른 부문들에서는 '못 살겠다'는 비명이 터져나왔다. 정부가 외환시장에 개입해서 2008년 말 한때는 1200선 중반까지 환율을 끌어내리기도 했지만, 2009년 2월 24일에 달러당 1516원까지 치솟아 1998년 3월 13일의 1521원 이래 최고를 기록했다. 이명박 정부 첫날의 947원에 비하면 50퍼센트가 넘게 오른 것이다(2009년 7월 21일에는 1250원까지 내려갔음).

주식시장의 코스피지수는 노무현 정부 말기 한때 2000포인트를 넘었는데, 2009년 6월 초에는 1300포인트를 오르내렸다. 이명박 당선자가 "주가가 3000선까지 오를 테니 주식 사서 부자 되세요"라고 장담한 것을 믿고 투자를 했다가 큰 손해를 본 사람들은 무슨 생각을 했을까?

2008년의 무역수지는 132억 6700만 달러 적자, 경상수지는 64억 1000만 달러 적자로 두 부문 모두 1997년 이래 처음으로 마이너스를 기록했다.

이 경제적 악재들을 '미국발 금융위기'에서 시작된 세계 경기 악화의 여파라고 볼 수도 있을 것이다. 그러나 그것만을 원인으로 꼽으면 이명박 정부의 대응에 큰 잘못이 너무나 많았다는 사실이 가려진다.

2009년 2월 25일, '이명박 정부 출범 한 돌'에 앞서 언론사들이 발표한 여론조사 결과를 보면 국민 다수의 부정적 평가가 두드러지게 나타난다. 17대 대선에서 이명박 후보를 지지했던 이들 중 33.4퍼센트가 이번 조사에서는 등을 돌렸고, 53.2퍼센트의 표를 몰아주었던 서울에서 '지지하지 않겠다'가 56.1퍼센트나 됐다. 특히 이명박 후보가 70퍼센트 안팎의 득표율을 보였던 대구·경북에서는 '지지하지 않겠다'가 48.6퍼센트, '지지하겠다'가 34.6퍼센트였다(《한겨레》 2009년 2월 23일자). 그의 정치적 아성인 지역에서조차 이런 조사결과가 나온 것이다.

같은 날자 《경향신문》 여론조사 결과를 보면 '국민 10명 중 6명은 이명박 정부가 지난 1년 간 잘한 분야가 없다'고 보고 있고, '10명 중 4명은 이 대통령이 경제를 가장 잘못하고 있다고 생각한다'고 되어 있다. '경제 살리기'를 제일 강조하면서 당선된 그가 이런 평가를 받는 것은 뼈아픈 일임이 분명하다.

《한국일보》 2월 24일자 여론조사에서는 이명박 정부 1년을 10점 만점으로 평가해달라는 주문을 했는데 평균점수가 51.5점이 나왔다고 한다.

그리고 그의 '우군'인 국민행동본부, 뉴라이트전국연합을 비롯한 보수단체들의 모임에서도 한 극우인사가 '59점'을 매겼다고 하니 국민 대다수의 정서가 어떤지를 여실히 알 수 있다.

그러나 이런 여론을 귀담아 들어서 'MB노믹스'의 틀을 대대적으로 수정할 움직임은 보이지 않는다.

> (노무현 정부의) '좌파 신자유주의' 정책과는 비교가 안 될 정도의, 그야말로 모순으로 뒤범벅 된 경제정책을, 평상시도 아니고 전 세계적인 경제위기 상황에서 '위기 극복 대책'이라고 밀어붙이는 현실이 한국에서 벌어지고 있다. 바로 이명박 정부의 경제정책이 그렇다.
> (1) 그린 개발 정책―4대강 정비사업과 같은 개발정책을 밀어붙이면서도 녹색성장을 주장하는 경제정책, (2) 감세 재정확대 정책―감세 기조를 포기하지 않으면서도 대규모 재정적자를 감수하고 재정지출을 확대하겠다는 재정 정책, (3) 개입 민영화 정책―은행에 공적 자금을 투입하고 채권 매입에 나서는 등 무차별 정부 개입을 하면서도 산업은행 민영화를 강행하겠다는 금융 정책, (4) 감원 일자리 창출 정책―공기업 직원을 약 1만 9000명 정도 감원하면서도 새로이 청년인턴제를 도입하고 사회적 일자리를 만들겠다는 노동 정책이 대표적인 사례다(김병권(새로운사회를여는연구원 연구센터장), 〈세계경제 위기와 MB노믹스의 미래〉, 계간 《광장》 제2호, 2009년 1월, 148~149쪽).

진보적인 경제전문가들은 '선진국의 소비 위축으로 수출이 막혀버린 지금 내수를 통한 불황 탈출 말고는 사실상 길이 없다'고 진단한다. 그런데 정작 내수 기반을 회복할 주체인 기업은 투자를 줄여나가고 있고, 민간 역시 소비를 축소하는 마당이라서 정부가 공공투자를 크게 늘려야 한다는 것이다.

이명박 정부가 신자유주의 정책을 강화하는 길에서 벗어나 '춥고 배고픈 서민들'과 도산 위기에 몰린 중소기업체들을 살리는 쪽으로 경제정책의 뼈대를 바꾸지 않는 한, 한국 사회를 뒤덮고 있는 먹구름은 걷히지 않을 것이다.

오바마를 거울삼아 보는 한국 사회

오바마를 거울삼아 보는 한국 사회

■ 미국의 우산 아래서 보낸 64년

미국은 한국이 함께 가야 하는 나라다. 무엇보다도 3만 명에 가까운 그 나라 군대가 우리나라에 주둔하고 있고, 경제적으로는 중국 다음 가는 한국 상품 수입국이다. 그리고 정치, 사회, 문화적으로도 긴밀하게 연결되어 있다.

우리나라 국민은 미국을 어떻게 생각하고 있을까? 아마도 개인의 세계관, 두 나라의 역사적 관계에 대한 평가에 따라 대답이 달라질 것이다. 보수적인 성향이 강한 이들은 대체로 '미국은 북한의 침략을 막아주면서 한반도의 평화를 지켜주는 최대의 동맹'인 동시에 '한국이 자유민주주의와 앞서가는 시장경제를 배워야 하는 선진국'이라고 생각할 것이다. 이런 생각이 통째로 그른 것은 아니겠지만, 이 글에서 시종일관 강조했듯이 미국을 그렇게만 본다면 한국 사회의 발전은 물론이고 개인의 창조적 사고에도 큰 도움이 되지 않을 것이다.

미국 하면 무엇이나 최고

내 또래의 사람들은 '미국 하면 무엇이나 최고'라고 여기면서 어린 시절을 보냈다. 필자는 한국전쟁이 터진 1950년 6월 25일에서 며칠이 지난 무더운 여름날의 일을 지금도 기억한다. 마을 넓은 터에 모인 동네 어른들이 "괴뢰군이 남침을 해서 서울을 점령한 뒤 남으로 밀고 내려온다"면서 수심이 가득한 얼굴로 피란 떠날 걱정을 하던 날이었다. 맑은 하늘에 굉음이 울리더니 '무스탕 비행기'라고 부르던 거무튀튀한 물체가 날아가면서 하얀 '삐라'를 쏟아냈다. 나중에 안 사실이지만 유엔군이 곧 참전해서 '괴뢰군'을 무찌르겠으니 국민들은 안심하라는 내용이었던 것 같다. 그때로는 질이 좋은 종이에 인쇄한 그 삐라들이 산과 들에 널려 있어서 아이들은 그것을 주워서 딱지치기를 하거나 종이비행기를 날리곤 했다.

경부선 열차가 잠깐 머무는 충청남도의 소읍인 필자의 고향으로 북한군이 하루 이틀이면 들이닥칠 것이라던 날, 필자는 어머니 손에 이끌려 피란길에 올랐다. 누이동생을 등에 업은 어머니를 따라 만 여섯 살 배기가 수십리 길을 걸어가면서 몇 발자국도 못 가 쉬면서 짜증을 부리던 기억이 지금도 생생하다. 아버지 형제들은 부산으로 간다면서 남쪽으로 떠난 뒤 소식이 없고, 심심산골의 친척 집에서 보내는 피란살이는 굶주림의 연속이었다. 퉁퉁 불어터진 보리밥 한 덩이로 아침과 저녁 끼니를 때우고 점심은 굶는 것이 예사였다. 코흘리개들은 어찌나 배가 고팠던지 설익은 땡감을 따서 먹거나 송화가루로 배를 채웠다가 항문이 막혀 눈이 뒤집어지기도 했다.

그렇게 두어 달 남짓이 지나서 국군이 북진을 시작하고 맥아더 장군이 지휘하는 미군이 인천에 상륙한 뒤 '마침내' 우리 마을에 미국사람들이 찾아왔다. 마을을 지나는 경부국도의 다리가 폭격을 당해 허물어진 것을 복구하러 온 공병부대였던 것 같다. 그들은 생김새가 참으로 신기했다. 얼굴이 우유처럼 하얗고 눈은 퍼렇고 코는 우뚝 솟은 백인들 사이에 석탄처럼 새까맣고 다른 별에서 온 듯이 보이는 흑인들이 더러 섞여 있었다.

동네 아이들은 아침부터 저녁까지 다리 언저리에서 진을 치고 살았다. 미군들이 작업을 하다가 휴식시간이 되면 요즘말로 '이벤트'를 벌였기 때문이다. 그들 중 몇 사람이 높다란 트럭에 올라가서 초콜릿과 과자를 땅으로 뿌리면 아이들은 결사적으로 몸을 던져 그것들을 덮쳤다. 운 좋게 그 별난 먹을거리를 손에 넣은 아이들은 부러운 눈길로 쳐다보는 다른 어린이들이 빼앗기라도 할까봐 흙가루가 묻은 채로 초콜릿이나 비스킷을 잽싸게 입에 넣었다. 미군 병사들은 그런 모습을 보면서 재미있어 죽겠다는 듯이 박장대소를 했다.

고마운 미국의 가루우유

이듬해에 국민학교(지금의 초등학교)에 들어간 우리에게 '고마운 미국'이 손을 내밀었다. 미군 전투기들이 무차별 폭격을 해서 기둥만 앙상하게 남은 '교실'에서 차디찬 마룻바닥에 앉아 몽당연필 심에 침을 묻혀가면서 공부를 하던 아이들은 점심시간이면 먹을 것이 없어서 양지에 모여 해바라기를 하곤 했다. 그렇게 비참한 곳에 어느 날부터 미국의 원조물자인 '가루우유'가 배급되기 시작했다. 미국의 성조기와 한국의 태극기가 악수하는 그림이 선명하게 찍힌 그 우유 자루는 아이들은 물론이고 어른들에게도 최대의 '영양 공급원'이었다. 사람들은 허기지면 허겁지겁 그 우유를 가루채 먹고, 좀 느긋해지면 쪄서 먹기도 했다. 나중에 어른이 되어서 들은 것이지만 그 우유가 '사료용'이었다는 주장도 있었다. 그러나 어쨌든 그것은 굶주린 백성들에게는 '구원의 양식'이었다.

미국 하면 착하고 잘 사는 사람들의 나라라고만 여기고 있던 아이들에게 이상한 소문이 들리기 시작한 것은 가루우유가 선을 보인 시기와 엇비슷했다. 동네 어른들은 미군들이 자주 나타나는 곳에 처녀들이나 부녀자들이 혼자 다니면 안 된다고 신신당부를 했다. 그런데 그런 일보다 더 희한한 일이 일어나기 시작했다. 어느 날 한 아이가 우리 동네의 한 집을 가리키면서 "저 집 딸 양갈보로 갔단다"라고 말하는 것이었다. 필자는 그게 무슨 말인지 도무지 알 수가 없었다. 그런 집이 하나 둘 늘어나면서야 그 뜻을 이해할 수 있었다. 처음에는 그렇게 손가락질을 하던 아이들도 그런 집 딸들이 화사하게 치장을 하고 '미제' 옷이며 신발이며 치약 그리고 아이들이 그렇게도 먹고싶어 하던 '씨레이션'(미군의 야전 식품)을 한 보따리 싸들고 귀향하면 부러워서 어쩔 줄 몰라 했다.

이것이 지금도 미군부대 주변에서 팍팍하게 살고 있는 우리나라 여성들의 '슬픈 역사'의 시작이다. 그 이래 60년이 가까워지는 지금까지 얼마나 많은 한국 여자들이 가난을 벗어나려고 미군을 상대로 인신을 매매했으며, 더러는 사랑이 싹터서 결혼하고 미국으로 갔지만 문화와 생활관습의 충돌 때문에 버림을 받거나 이혼을 했을까? 필자는 1990년대 초에 미국 북동부의 시애틀에서 가까운 타코마(유명한 보잉 비행기회사와 큰 공군기지가 있는 곳)에 그런 여성들이 2만여 명이나 있다는 이야기를 들었다. 그들 대다수는 미국시민이 되었지만 남편과 헤어져서 어렵게 산다는 것이었다. 미식축구팀 피츠버그 스틸러스가 '슈퍼볼'에서 두 번이나 우승하는 데 큰 공을 세운 하인즈 워드는 미군 출신과 이혼한 한국 여성이 눈물겨운 노력으로 일궈낸 보기 드문 성공사례일 뿐이다.

중학교에 들어가서 영어를 배우기 시작하면서 미국은 나에게 더욱 가까이 다가왔다. '아이 앰 어 보이'로 시작해서 'ABC 노래'를 지나 더듬더

든 '미국말'을 배워나가던 때 영어 단어 하나라도 남보다 빨리 외우려고 얼마나 기를 썼던가? 요즈음은 유아부터 어른까지를 '소비자'로 삼는 거대한 영어 사교육시장이 불황에도 고래처럼 돈을 빨아들이고 있으니 격세지감이 든다.

미국을 고마워하고 동경하던 마음에 동요가 일기 시작한 것은 1960년의 4월혁명 직전이었다. 그때 고등학교 1학년이던 필자는 어린 시절에 그렇게도 존경하던 '이승만 대통령'이 아주 나쁜 독재자임을 중학교 3학년 무렵에 깨닫고서는 증오심이 끓어올랐다. 필자가 다니던 고등학교는 서울 혜화동 로터리와 담이 붙어 있는 곳이었다. 4월 19일 아침 9시반께, 물리 수업시간에 선생님이 "야, 어제 고려대 학생들이 깡패들한테 쇠뭉치로 얻어맞았는데 너희들 어떻게 생각하니?"라면서 은근히 분노를 자극하고 있던 참에 대학로 쪽에서 함성이 들려왔다. 고등학교 1학년부터 3학년까지 전교생이 순식간에 마당으로 달려나갔다. 누군가가 무명커튼을 찢어서 만든 천자락에 '민주주의 사수하자'라는 먹글씨를 써 들고 앞장을 서자 모두 교문을 박차고 달려 나갔다. 서울대 문리대와 의과대 앞을 지나서 종로 5가 네거리로 가니 건물 창마다 사람들이 고개를 내밀고 격려의 손뼉을 치고 있었다. 길가의 사람들은 우리 고등학생들을 향해 미친 듯이 손을 흔들어 댔다.

조금씩 이상해진 미국

우리는 정신없이 서울시청 광장을 지나서 중앙청(지금의 경복궁)을 오른쪽으로 끼고 돌아 경무대(현재 청와대) 앞 200여 미터 지점까지 갔다. 앞에는 동국대 학생 수백 명이 도로 한복판에 앉아 있었다. 경무대 입구에는 배관용 시멘트통을 쌓아놓고 경찰관들이 우리를 향해 총을 겨누고 있었다. 우리는 납작 엎드린 채 겁에 질려서 앞을 보고 있었다. 오후 1시쯤이 던가, 요란한 소리와 함께 총탄이 날아오기 시작했다. '뛰어' 하는 선생님 의 고함에 따라 우리는 삼일당(진명여고 강당) 옆골목으로 달려갔다. 그런 데 그 짧은 시간에 고등학교 학생 열두어 명이 총을 맞았고 그들은 평생 불구로 지내야 했다.

4월 26일은 참으로 기쁜 날이었다. '국민이 원한다면 하야하겠다'면서 이승만이 물러났기 때문이다. 드와이트 아이젠하워 행정부가 주한 미국 대사인 월터 매카나기를 통해 이승만에게 압력을 가했다는 소문이 빨리 도 퍼졌다. '아니 그동안 독재자를 그렇게도 감싸던 미국이 웬일이지?' 이 렇게 속삭이는 소리가 여기저기서 들려왔다. 이해관계가 걸린 나라들에 서 미국이 독재자를 비호하다가도 세가 불리해지면 가차없이 버린다는 것을 그때 필자는 제대로 알지 못했다.

더 이상한 일은 1961년 5월 16일부터 일어나기 시작했다. 육군소장 박 정희의 주동으로 김종필을 비롯한 군인들이 탱크를 몰고 한강을 건너 와 서 4월혁명의 결과로 세워진 장면 정부를 무너뜨리는 쿠데타를 저질렀는 데 미국의 케네디 행정부가 아리송한 태도를 보인 것이다.

4월혁명 뒤에 급진적인 대학생들은 남북통일을 최대의 과제로 삼고 '가자 북으로, 오라 남으로'를 외쳤는가 하면, 기성세대 중에서도 혁신세 력이 비슷한 움직임을 보이자 보수적인 정당들과 언론이 '안보 위기'를 요란하게 강조했다. 게다가 '무능한 장면 정부'라는 비판이 옛날의 동지 인 민주당 구파에서 거의 날마다 쏟아져나왔다.

1960년 7.29총선을 통해 들어선 장면 정부 역시 미국의 요구에 따 라 일본과 '새롭고 적극적인 교섭'을 시도하지만 1961년 5.16쿠데타에 의해 중단되었다. 미국은 박정희가 해방 전에는 친일 활동을 하고 해방 후에는 공산주의 활동을 했지만 이승만 정부가 공산주의자들을 제거하는 데 협력했으며 그의 쿠데타 동지들 가운데 공산주의자나 반미주의자가 없다는 점을 파악하고 쿠데타를 승인하며 한일 회담을 서두르도록 촉구했다(《오마이뉴스》 2005년 1월 21일, '미국의 오만·일본의 무례에 앞서 한국의 비굴함을 먼저 반성해야', 이재봉 기자*의 기사에서).

위에 인용한 기사에서 알 수 있듯이 케네디 대통령은 박정희의 '좌익 전력'을 의심하면서 쿠데타를 지지하지 않다가 며칠 뒤에 기정사실로 받아들이기로 결정한 것이다. 만약 그때 케네디가 박정희 군대가 주한미군 사령관의 승인 없이 이동한 것을 문제 삼았다면 쿠데타는 불발로 끝났을 것이다. 이래서 1979년 10월 26일 박정희가 중앙정보부장 김재규의 총탄에 맞아 비명횡사하기까지 18년 5개월의 기나긴 독재가 시작된다.

광주를 버리고 전두환을 택하다

1980년 5월에 미국은 또 '이상한 일'을 저지른다. 박정희의 후계자를 자칭하는 전두환과 노태우의 '신군부'가 '서울의 봄'을 군화발로 억누르고 김대중을 비롯한 민주인사들과 청년들을 체포하자 광주에서 전남대 학생들이 18일 오전에 항의시위를 벌였다. 그것이 시민항쟁으로 커지자 전두환 일파는 광주를 무장 공격하기 시작했다. 공포 속에서도 평화롭게

---

* 이재봉 기자는 한국 정부가 40여년만에 공개한 '한일 회담 문서'와 미국의 한국 관련 외교 문서들을 검색한 결과를 바탕으로 위의 기사를 썼다고 밝혔다.

며칠을 보내던 시민들은 '미국이 곧 항공모함을 보내서 우리를 구해줄 것'이라는 소문을 믿고 애타게 기다렸다고 한다. 그러나 그게 아니었다. 미국은 끝내 광주를 저버리고 전두환을 택했다. '인권대통령'을 자임하던 지미 카터가 한 일이 바로 그것이었다. 퇴임 뒤에 그가 세계 평화를 위해 많은 노력을 한 것은 별개 문제다. 카터의 후임인 로널드 레이건이 1981년 1월 대통령에 취임한 직후 전두환을 미국으로 초청해서 가까운 친구처럼 등을 두드렸다는 사실은 이 글의 앞부분에 쓴 바 있다.

박정희의 후계자들인 전두환과 노태우는 물론이고 '문민정부'의 김영삼, '국민의정부'의 김대중, '참여정부'의 노무현도 미국의 위세를 떨쳐버리지 못했다. 미국의 대통령을 정점으로 한 지배세력과 주한미군에 당당히 맞서서 '옳은 것은 옳고 그른 것은 그르다'고 말할 용기를 가졌다 하더라도 사사건건 대립했다가는 정권의 존립 자체가 위태로우리라고 생각했을 것이다. 왜냐하면 제2차 세계대전 이후 세계 도처에서 미국이 비호하던 독재자나 통치자들이 미국에게 등을 돌렸을 때 미국이 어떻게 '처리' 했는지 그들이 몰랐을 리 없기 때문이다. 그러니 주한미군이 터무니없이 주둔비를 요구해도, 환경을 오염시켜도, 한국인들에게 잔인한 범죄행위를 해도, 이라크 전쟁에 파병을 요청해도 당당히 거부하지 못했을 것이다. 한국의 대통령들은 미국과의 경제적 관계가 악화되는 것도 큰 부담이지만 미국 때문에 느끼는 해묵은 심리적 불안 상태에서 벗어나기도 어려웠을 것이다.

오바마의 인맥을 찾아라

2008년 11월 6일 오전 2시(한국시각) 버락 오바마 후보의 당선이 확정되자 우리나라에서, 특히 정부와 재계에서 '오바마 인맥을 찾아라'가 지상

과제처럼 떠올랐다. 미국의 우산 아래서 60년 가까이 권력과 부를 누려온 보수 세력에서 당연히 나올 수 있는 반응이었다. 한국인으로서 오바마 당선자와 가까운 사람이 누구인지, 미국시민권을 가진 우리나라 동포로서 오바마의 승리에 기여한 사람은 누구인지, 미국 정·재계에서 오바마 대통령을 보좌할 '친한인사'는 누구인지를 알아내서 빨리 선을 대야 한다는 뜻이었을 것이다.

도대체 인맥이란 무엇인가? 인간과 인간을 이어주는 끈이나 핏줄 같은 것일까? 사랑이나 우정으로 맺어진 관계일까? 아니면 이익을 좇아서 함께 움직이는 개인들의 유대일까? 이 모두가 정도 차이는 있어도 인맥에 포함될 것이다. 그런데 이명박 정부가 오바마를 찍은 미국인들의 투표용지(실제로는 전자투표지만)에서 먹물이 마르기도 전에 그리도 조급하게 인맥 찾기에 나선 까닭은 무엇이었을까? 필자는 그것을 '조건반사'라고 본다.

이명박 대통령은 2008년 2월 25일에 취임한 직후 '미국산 쇠고기 수입 재개'라는 선물을 부시 대통령에게 주고 곧바로 워싱턴에 가서 백년지기처럼 다정한 모습을 보였는데, 부시와는 전혀 다른 성장배경과 정치철학을 가진 오바마의 인맥을 어떻게 빨리 찾을 수 있다고 생각했을까? 그는 가만히 있는데, 참모들이 그랬을까? 대통령 취임 한 해가 지난 2009년 초봄까지 이명박 진영에서 오바마 인맥을 얼마나 찾아냈는지는 밝혀진 바 없다. 중요한 것은 그런 자세로는 오바마 대통령이나 미국 행정부 또는 재계의 중요 인물들과 단시일에 우호적 관계를 맺을 수 없다는 점이다.

오바마가 매케인을 누르리라는 여론조사 결과가 선거 두어 달 전부터 미국의 여러 언론매체에 나오던 무렵에, 막판까지 '부시와의 우정'을 강조하던 이명박 진영은 다급해진 것 같다. 그 조급증이 오바마의 당선 확정 직후 두드러지게 나타난 것이다.

…… 신문 방송 등 각종 언론매체에서는 '인맥'을 강조하면서 혹시나 나라의 어느 구석에 숨어 있을지 모르는 오바마의 옛 친구와 숨바꼭질을 하는 것 같다. 외교 실무라인은 아예 묵묵부답이고 그나마 국제적 인맥이 있다는 국회의원 몇 명이 미국 민주당 전당대회에 참여하여 오바마 후보자와 악수하며 찍은 사진 한 장이 한국과 미국 대통령 당선자 사이에 형성된 스킨십의 전부이다. 하지만 내년 초 미 대통령 취임식까지 국내 인맥을 뒤져봐야 나올 리가 만무하다. 오바마가 정치에 입문한 지 10년 남짓밖에 안 되는 신인이고 워싱턴의 중앙무대보다는 시카고 외곽에서 빈민운동으로 자신의 입지를 세워 백악관을 접수한 사람이기 때문이다. 주류 인사들만 접촉을 시도했던 한국 정부나 정치권이 유색인종이자 비주류 정치인인 오바마에게 그동안 관심이나 두었을지 의문이다. 투자가 없으니 과실이 있을 수 없다(《한국일보》 2008년 11월 13일자, 이용중 동국대 법대 교수의 칼럼, '오바마의 인맥 찾기'에서).

오바마 인맥 찾기에 몰두하기는 야당인 민주당도 마찬가지였다. 노무현 정부에서 외교통상부 장관을 지낸 아무개가 그와 선이 닿는다느니, 어떤 한국 교민이 오바마 선거 캠프에서 중요한 일을 했다느니 하면서 나라 안팎 뒤지기에 나섰던 것이다. 한국에서 중요한 선거를 앞두고 정치인들이 공천을 받으려고 인맥을 찾아서 효과를 본 것처럼 오바마 대통령에게 접근하겠다는 뜻이었을까? 해답은 먼 데 있지 않다. 정부와 여당뿐 아니라 야당도 인맥을 통해 오바마에게 다가가려고 하지 말고, 미국 대통령을 전보다 훨씬 더 자주적인 자세로 대하면서 정책과 이념 양면에서 공통점을 찾으려고 노력하면 가장 좋은 인맥을 일구어낼 수 있을 텐데 말이다.

▣ 오바마의 '정직한 정부'와 한국

오바마는 대통령에 취임한 바로 그날 '정직한 정부' 만들기에 시동을 걸었다. 새 정부의 윤리와 투명성을 규정하는 두 건의 행정명령과 세 건의 대통령 각서에 서명한 것이다. 내용은 크게 세 가지였다. 공직자들과 로비스트들의 접촉을 엄격히 제한하고, 백악관에 근무하는 고액 연봉자들의 봉급을 동결하며, 정보자유법을 바탕으로 정부기록물 등의 공개를 확대한다는 것이었다. 오바마 대통령은 "정부에서 일하는 어떤 공직자도 로비스트의 선물을 받을 수 없도록 하겠다"면서 "오늘 이 시간부터 로비스트들은 역사상 어느 정부보다 더 엄격한 제한을 받을 것"이라고 말했다. 그리고 대통령 자신을 포함해서 10만 달러 이상의 연봉을 받는 백악관 참모들의 연봉도 동결했다. 그는 또 "행정명령들 자체만으로 정직하고 투명한 정부를 만들 수는 없겠지만 그리고 워싱턴의 책임감과 재정 규제를 복원하는 데 충분하지 않을 수도 있지만, 이 나라의 '개방의 새 시대'를 시작하는 역사적 조치가 될 것"이라고 말했다.

오바마는 대통령이 되기 오래 전부터 '정직한 정부'에 관한 구상을 밝혀왔다. 그는 연방 상원의원 시절이던 2006년 8월 28일 아버지의 조국인 케냐의 나이로비대학교에서 젊은이들에게 이렇게 말했다.

> 결국, 사람들이 정부가 그 존재이유인 직무(국민을 보호하고 공동의 복지를 향상시키는 일)를 잘 수행한다고 믿지 않는다면, 그밖의 모든 것은 사라집니다. 이것이 바로 반부패 투쟁이 우리 시대의 위대한 투쟁들 중 하나인 까닭입니다.
>
> ……

우리는 더 많은 일을 하고, 더 많은 개혁을 해야 한다는 것을 알고 있습니다. 저는 모든 해결책을 가지고 있지도 않고 개혁이 쉬우리라고 생각하지도 않지만, 한 나라가 진정으로 개혁을 시작할 몇 개 지점들이 있다고 생각합니다.

오바마가 '정직한 정부'를 특히 강조하는 이유는 전임 대통령들의 재임 기간에 부정과 부패에 관련된 대형 사건들이 일어나서 행정부에 대한 국민의 불신이 커졌기 때문인 것 같다.

클린턴이 남겨준 교훈

그 누구보다도 오바마의 민주당 '대통령 선배'인 빌 클린턴이 첫 임기 때 '화이트워터' 스캔들에 휘말려 재선에 실패할 뻔했던 일이 오바마에게 경각심을 안겼을 것이다. 클린턴은 아칸소 주지사 시절인 1978년에 오랜 친구이자 정치적 후원자인 짐 맥두걸과 함께 지역을 개발한다는 명분으로 택지를 사들인 뒤 1979년에 '화이트워터'라는 부동산회사를 공동명의로 차린다. 맥두걸은 1985년 주지사 선거 때 클린턴에게 정치자금을 지원하는가 하면 1989년에 자신이 경영하던 신용금고회사가 파산하자 클린턴이 직권을 남용해서 그에게 도움을 주었다는 의혹을 받는다. 1992년 대선 당시 《뉴욕타임스》가 이 문제를 보도한 이래 클린턴 대통령은 특별검사의 조사를 받는 등 갖은 곡절을 겪은 끝에 무죄와 유죄 사이를 오가다가 가까스로 벗어나서 재선에 성공한다. 힐러리도 화이트워터에 연루되었을 것이라는 의혹에 오랫동안 시달렸다.

오바마의 직전 대통령인 부시 2세 재임기간에는 행정부와 경제계에서 크고 작은 부정사건들이 터진다. 그의 임기 첫 해인 2001년 말, 텍사스 주

휴스턴에 본사를 둔 엔론회사(2000년도 매출 1110억 달러로 세계적으로 유명한 전기, 천연가스, 펄프·제지, 통신사업체)가 법제도의 허점을 악용하고 정부를 상대로 로비를 벌여서 대규모 부정을 저지른 것이 드러나서 경영책임자가 재판을 받고 24년 형을 선고받았다. 엔론은 경제전문지《포천》이 6년 연속 '미국에서 가장 혁신적인 기업'으로 선정한 데다, 회계부정의 피해가 너무 커서 지금까지도 대기업의 사기와 부패의 상징으로 꼽힌다.

대기업과 밀착한 부시와 체니*

그런데 정작 미국과 여러 나라의 관심을 더욱 끈 것은 엔론이 부시 대통령, 딕 체니 부통령과 심상치 않은 관계를 맺어왔기 때문이다. 2001년 1월 20일, 부시는 대통령 취임식에 엔론의 당시 회장인 케네스 레이와 사장인 제프리 스킬링을 대동하고 나타났다. 두 사람은 취임식 행사에 각자가 10만 달러씩을 기부했다. 그해 2월 22일에는 레이와 엔론의 다른 임원들이 백악관에 가서 체니 부통령의 '에너지 태스크포스'와 회동한다. 그 뒤에도 엔론의 임원들이 딕 체니를 여러 번 만난다. 부시와 엔론의 경영

---

* 딕 체니Dick Cheney(1941~)는 '미국 역사상 가장 강력한 부통령'이라는 소리를 들었던 정치인이다. 그는 1978년 와이오밍 주에서 연방 하원의원으로 당선된 뒤에 다섯 번이나 연임한다. 그리고 공화당 하원 원내대표를 지낸 뒤 조지 부시 1세 대통령의 국방장관으로 일한다. 그는 1995년부터 2000년까지, 에너지 분야에서 선두를 달리던 핼리버튼의 회장으로 근무하는데, 1998년에 드레서라는 회사와 합병할 때 회계가 불투명하다는 비판을 받는다. 체니는 조지 부시 2세가 2000년 11월 대통령에 당선되자 2001년부터 2009년까지 부통령으로서 미국 정계와 경제계에 막강한 영향력을 행사한다.
체니는 9.11사태 이후 부시와 함께 '테러와의 전쟁'을 '설계'한다. 그가 에너지 태스크포스를 이끄는 공직자로서 엔론과 부적절한 관계를 맺은 데 관해 정부기록을 공개하라는 여론의 요구에 불응하자 시사주간지《타임》과 CBS로부터 '정부의 제4부'라는 공격을 받는다. 그리고 그는 중앙정보국의 기밀을 누설하는 등 가뜩이나 부도덕하다는 비난을 받던 부시 2세 대통령의 '길동무'로서 부통령 임기를 마치고 물러난다.

책임자가 같은 텍사스 주에 사업 기반을 두고 있는 데다 취임식에서 거액의 '헌금'이 오고 갔으니 대통령이 의혹의 눈길을 받을 수밖에 없었지만 법적으로는 문제가 되지 않았다. 체니도 국가의 극비사항인 에너지 관련 정보들을 엔론에 넘긴 것 아니냐는 의심을 샀으나 역시 사법처리를 당하지는 않았다.

부시와 체니 두 사람 모두 갑부 소리를 들었다. 세계 최대의 자본주의 국가인 미국에서 부자는 자랑스러울 수 있겠으나, 최고권력자가 된 뒤에 부정과 관련된 의혹을 받는다는 것은 정부의 도덕성에 큰 상처를 입힐 수 있는 일이다. 부시 2세 임기의 최대 회계부정 스캔들이었던 엔론 사건은 오바마가 '정직한 정부'의 필요성을 절감하도록 한 계기가 되었을 것이다.

오바마가 부닥친 장애물

'정직한 정부'라는 깃발을 치켜든 오바마 앞에 장애물들이 나타난다. 오바마 당선자가 상무장관으로 지명한 빌 리차드슨 뉴멕시코 주지사가 2009년 1월 4일 주정부와 거래가 있는 기업이 사법당국의 수사대상이 된 것을 이유로 사퇴한다. 클린턴 행정부 이래 '북한통'으로 알려진 그의 낙마는 아쉬운 일이지만 오바마는 사의를 받아들일 수밖에 없었다. 대통령 취임 뒤인 2월 3일에는 백악관 '성과 담당 최고책임자'로 지명되었던 낸시 킬퍼가 1995년에 '겨우' 298달러의 세금을 내지 않았다는 이유로 일을 시작하지도 못한 채 물러나야 했다. 보건장관으로 지명된 톰 대슐도 탈세 의혹을 받고 킬퍼와 같은 날 입각을 포기한다. 그리고 티머시 가이트너는 세금 불성실 신고가 불거져서 인준과정에서 시달리다가 오바마 행정부의 경제수장인 재무장관에 가까스로 취임한다.

여기까지 보면 오바마의 취임 전후 한 달은 크게 얼룩진 것처럼 보이지만 한국의 이명박 정부와 비교하면 가히 천지 차이라고 할 수 있다. 이명박 대통령 자신이 한나라당 경선 때부터 위장전입, 탈세처럼 증거가 드러난 사건들이나 부동산 투기와 'BBK 불법 경영' 같은 의혹의 산을 넘고 넘어 박근혜 후보를 간신히 물리치고 본선에 나가서, 거기서도 더 높은 산을 넘은 것은 잘 알려져 있는 사실이다. 그런데 도덕성을 크게 의심받는 일들이 인수위 때부터 대통령 취임 이후에도 끊임없이 일어나고 있다. 국무위원 내정자가 된 사람들이 부동산 투기, 탈세, 위장 전입, 건강보험료 안 내기, 논문 표절 등으로 임명장을 못 받고 물러났다. 대통령 취임 한 해가 되는 2009년 2월 25일까지 국회에서 이렇다 할 흠 없이 인사청문회를 치른 사람은 몇 손가락으로 꼽을 정도밖에 되지 않는다.

그런 부도덕은 국민의 질책을 받아 마땅하다 치고, 심각한 문제는 정작 대통령이 그렇게 흠집 투성이인 인물 중 대다수를 장관이나 행정부의 고위직에 기어코 임명한다는 사실이다. 불법이나 부정이 드러난 사람을 단호하게 배제하지 않고 '직무 능력을 높이 산다'는 것을 명분 삼아서 말이다. 국민의 신뢰를 받기에는 너무나 일방적인 처사들이라고 볼 수밖에 없다.

노무현 이전 한국 대통령들의 도덕성

한국의 역대 대통령들 중에 '상징적 국가원수'이던 윤보선과 최규하는 논외로 하고 도덕성에서 높은 평가를 받은 이가 한 명도 없다는 것은 불행한 일이다.

미국 하와이를 근거로 독립운동을 하던 이승만은 3.1운동 직후인 1919년

9월 중국 상하이에 세워진 '대한민국 임시정부'의 대통령으로 선출되는데, 1920년 12월에 처음으로 상하이를 방문한 뒤로는 임시정부를 다시 찾은 적이 없을 정도로 불성실하게 '직무'를 수행한다. 그는 1945년 8월 15일 이래 미국의 절대적인 후원을 받아 1948년에 대한민국 초대 대통령이 되지만, 민족의 최대 숙원이라고 할 '반민족행위자 처벌'을 공권력으로 무산시키고, 친일에 앞장섰던 지주와 자산가들이 중심이 된 한민당과 손을 잡는다.

많은 국민들은 이승만을 '국부'로 추앙하지만, 그는 1960년 3월 15일 대통령 선거에서 사상 유례가 없는 부정이 저질러진 데 분노한 마산 시민들의 항거를 외면하고 종신집권의 길로 치닫다가 4월혁명으로 정치적 파산을 당한다.

박정희는 1979년 10월에 세상을 떠난 뒤 꼭 30년이 되는 지금도 거의 모든 여론조사에서 한국의 역대 대통령들 중 '가장 훌륭한 업적'을 남겼다는 평가를 받는다. 이 문제는 정치, 경제, 사회, 문화, 국제 분야를 아울러서 그를 연구한 전문 자료들을 참조해야 할 것이다.

도덕성 측면에서 보면, 박정희는 '정의'와 윤리에서 크게 벗어난 인물이었다. 1937년 대구사범학교를 졸업하고 문경소학교에서 교사로 근무하던 그는 1940년 4월 일제의 '꼭두각시 정부'라고 불리던 만주국의 육군군관학교에 들어간다. 1942년 10월 일본육군사관학교 3학년으로 편입한 그는 우수한 성적으로 졸업하고 일제의 만주군 보병 제8사단에 배치된다. 이때부터 일본군 장교인 그가 민족의 독립을 가로막는 데 앞장섰다는 주장이 그의 생시와 사후에도 끊이지 않고 있다.

케네디, 박정희의 '불법'을 '승인'하다

박정희의 생애에서 인간적으로 심히 괴로운 시기는 1948년의 '여순 반란사건' 때였을 것이다. 1946년 12월에 한국 육사 2기생으로 졸업한 그는 1948년에 육군본부 작전정보국에 근무하고 있었는데, 여순사건에 연루되었다는 혐의로 체포된다. 그가 맏형인 박동희의 영향으로 남로당에서 활동했다는 것이었다. 그는 남로당에 가입한 장교들의 명단을 군 수사대에 넘겨주고 실형은 면한 채 예편당하고 사상 전향을 한다. 그리고 1950년 한국전쟁 초기에 소령으로 현역에 복귀한다. 군 수뇌부에 있던 만주 출신 인맥이 작용했을 것이라고 한다. 그뒤 박정희가 1961년 5월 16일 쿠데타를 일으켜서 결국 미국 케네디 행정부의 '승인'을 받은 것은 정치적으로는 승리였을지 모르나 국가적으로는 명백한 불법행위였다.

필자는 청년기인 1967년부터 박정희의 '삼선 개헌' 공작을 지켜보고, 1972년에는 《동아일보》의 기자로서 '10월 유신'이라는 헌정쿠데타를 목격했다. 그리고 1974년 10월 24일에 선배, 동료들과 함께 '10.24 자유언론 실천선언'에 참여한 바 있다. 1972년 10월 17일에 박정희가 선포한 '유신'이라는 것은 잔혹한 공포정치가 본격적으로 시작됨을 뜻한다. 그는 언론과 국민의 입에 재갈을 물리고 그의 영구집권 기도에 반대하는 민주인사들을 닥치는 대로 투옥한다. 1974년 1월에 1호가 나온 '긴급조치'가 그 시발점이다. 200명이 넘는 청년·학생과 기성세대가 '민청학련'과 '인혁당'이라는 반국가단체를 결성하거나 박정희 정권을 비판했다는 혐의로 군사법정에서 재판을 받고 장기형부터 사형까지를 선고받았다. 박정희의 그런 폭정을 보면서도 겁에 질린 채 기사 한 줄 제대로 쓰지 못하던《동아일보》의 젊은 언론인들이 발표한 것이 바로 '10.24선언'이다.

그 운동이 전국의 언론사들로 들불처럼 번지자 '유신 선포' 이래 최대

위기를 맞은 박정희 정권은 《동아일보》의 광고주들을 협박해서 《동아일보》《동아방송》《월간 신동아》의 목을 졸랐다. 그리고 마침내 1975년 3월 12일부터 《동아일보》 자유언론실천운동의 주역들이 사주 김상만의 손에 차례로 해직당하는 사건이 벌어진다. 무려 130여 명이 회사에서 쫓겨나는데, 그중 113명이 동아자유언론수호투쟁위원회(약칭 동아투위)를 만들어 34년 동안이나 《동아일보》와 국가를 상대로 명예회복과 배상을 요구했다. 그 결과 2008년 10월 21일, 국가기구인 '진실·화해를 위한 과거사 정리위원회'가 "《동아일보》와 국가는 명예회복과 보상을 해야 한다"는 요지의 결정을 내렸다.

유신 피해자들에 대한 진실화해위의 결정

이 결정 이전에 박정희 정권 시절에 사형을 당한 '인혁당 사건'의 8명과 《민족일보》 조용수 사장이 대법원의 재심에서 무죄를 선고받고 정신적, 물적 배상을 받는다.

그런 일을 자행한 박정희는 1998년 2월 25일 김대중 정부가 들어선 이래 노무현 정부가 물러나기까지, 보수 세력이 명명한 '잃어버린 10년' 동안 화려하게 부활해서 이명박 정부 시기에도 현대 역사상 최고의 '영웅' 대접을 받고 있다. 아래에 인용하는 글을 쓴 학자는 보수 세력이 박정희를 미화하는 과정을 잘 보여주고 있다. 그는 이화여대 국문학과 교수이며 소설가인 이인화가 1990년대 후반에 쓴 글을 바탕으로 박정희를 '국가적 영웅'으로 미화하는 방식을 소개한다.

(이인화의 눈에) 박정희는 '비로소 눈을 비비고 …… 진정 위대했던 한 사람의 국가지도자로서 바로 보게 되는' '선악을 초극한

인간 운명의 한 전형'으로 부각된다. 굴절 심한 박정희의 인생역정, 즉 스물여덟 살에 일본 육사를 나온 만주군 중위, 서른두 살에 숙군 대상자로 사형 구형을 받은 남로당 군사부 비밀당원, 마흔다섯 살에 자유민주주의 헌정질서를 짓밟는 쿠데타 주모자 등의 '씻을 수 없는 죄과, 이 도덕적인 오점들'은 '이 국가에 대한 경건주의와 숭고한 자기희생의 의지를 낳았'으며, '그(박정희)의 영혼에 암세포처럼 번져갔던 죽음의 힘'으로 승화된다. 이 '죽음의 힘은 그를 채찍질하여 국익에 이르는 좁고 험한 길로 앞뒤를 가리지 않고 달려가게 만들었'고, '오직 민족을 번영으로 이끌 절박한 시대적 과업만이 자기구원에 이르는 길'이었으며, '모든 면에서 압도적 우위를 자랑하던 북한의 전쟁도발을 막으며 경제발전을 이룩해야 한다는 지상명령이 늙고 탈진해 쓰러질 때까지 그를 괴롭혔다.'(이인화, 1997). 이렇게 '죽음의 형이상학'을 배경으로 한 초인적 초월성 맥락에서 정당성에 대한 이성적 관심은 사실상 조소의 대상일 뿐이다(홍윤기 동국대 철학과 교수의 '민주화시대의 박정희', 이병천 엮음, 《개발독재와 박정희시대》, 2007년 8월, 창비, 374쪽).

이인화의 눈에 비친 박정희는 요즘 말로 '좌빨'이었다가 쿠데타를 일으켜 헌정질서를 짓밟았는데, 그런 오점들이 민족을 번영으로 이끄는 시대적 과업에 대한 사명감으로 이어져 '자기구원'에 이른 셈이 된다. 필자는 여기서 이런 생각을 한다. 2008년 말에 '국민 여동생'이라는 애칭을 가진 문근영이라는 연기자가 오랫동안 숨어서 해온 기부가 수억 원이 넘는다는 사실이 밝혀지자 많은 사람들의 감탄과 칭송이 잇따랐다. 그런데 보수를 자처하는 한 논객이 "문근영의 외할아버지가 6.25 때 빨치산 활동을 하다가 잡혀서 장기형을 살고 얼마 전에 죽었다. 외손녀의 기부도 사회주의적 운동의 일환"이라는 요지의 글을 인터넷에 올렸다. 이인화는 박정희를 죄악의 구렁텅이에서 헤매다가 진리를 깨닫고 성자가 되어 종교를 창시한 듯한 인물로 비약했는데, 요즘에는 아무리 좋은 일을 하더라도 일가친척 중에 왼쪽으로 기운 사람이 있었다면 '좌빨'이 되는 것이다.

전두환과 노태우의 도덕 불감증

전두환은 군인 시절부터 거의 언제나 노태우의 앞에 서서 대통령 자리까지 달려왔다. 대구공고를 졸업한 뒤 한국전쟁 중인 1951년 육군사관학교에 들어간 그는 4년제 정규 1기 졸업생으로서 1955년 2월 노태우, 정호용과 함께 소위로 임관된다. 1961년에 육사에서 대위로 근무하던 그는 5월 16일에 쿠데타가 일어나자 육사의 '지지 시위'를 유도해서 박정희의 신임을 얻는다. 그는 소령이던 1962년에 영남 출신 장교들을 주축으로 한 '하나회' 조직을 주도하고 1988년 2월 대통령직을 물러날 때까지 정치적 기반의 하나로 삼는다. 그는 대구·경북의 '명문고'를 나오지는 않았으나 상당한 정치적 수완과 친화력을 바탕으로 군대에서 '승승장구'해서 1979년 3월 국군보안사령관이라는 막강한 자리에 오른다. 바로 이것이 그가 1979년 10월 26일 박정희의 피살 뒤 후계자로 솟아오르는 데 결정적 디딤돌이 된다.

그가 노태우와 더불어 1980년 5월의 광주항쟁을 무자비하게 '진압'하고 '신군부'의 집권에서 핵심 역할을 한 것은 익히 알려져 있는 사실이다. 그는 1981년부터 1988년까지 대통령 노릇을 하면서 1979년의 12.12쿠데타와 광주학살의 주동자라는 낙인을 떨쳐버릴 수 없었다. 그것은 단순한 도덕성의 문제가 아니라 동족에 대한 씻을 수 없는 잔혹행위였기 때문이다.

전두환은 1987년의 6월항쟁 뒤 ‘친구이자 정치적 후배’인 노태우에게 대통령 자리를 물려주었지만 ‘여소야대’로 야당의 공세에 밀리던 노태우의 결정에 따라 1988년 11월 강원도의 백담사로 ‘귀양살이’를 떠나서 두 해만에 집으로 돌아온다.

전두환의 ‘수난’은 세월이 갈수록 심해진다. 그는 김영삼의 ‘문민정부’가 들어선 지 두 해만인 1995년에 ‘내란 및 군사반란’ 혐의로 기소되어 1심에서 사형, 2심에서 무기징역을 선고받는다. 그는 이 재판에서 ‘제5공화국 비리’에 관한 심리를 아울러 받고 2205억 원의 추징금을 내라는 판결을 받는다. 그런데 그중 532억 원만을 납부하고, 자신의 통장에는 29만 원밖에 없다고 공개적으로 발언함으로써 사람들의 실소를 산 바 있다.

오바마 대통령의 ‘정직한 정부’ 만들기를 거울삼아 한국 사회의 어제와 오늘을 논하면서 전두환을 반면교사로 거론하는 것은 어쩐지 부질없는 일이라는 생각이 들기도 하지만, 그도 역사의 일부라서 외면할 수 없는 것이다.

노태우는 시종일관 전두환의 뒤를 끈질기게 따라간 사람이다. 그는 ‘하나회’ 핵심이면서도 군대 진급이나 보직에서 전두환에게 늘 뒤지더니, 전두환이 대통령이 된 다음에도 체육부장관, 내무부장관, 대한체육회 회장을 지내다가 마침내 1988년 2월 대통령으로 취임한다. 그는 김영삼 정부 시절의 ‘내란 음모 및 군사반란’ 재판에서 징역 15년에 추징금 2629억 원을 선고받는다.

거의 언제나 전두환의 ‘종범’처럼 다루어지던 그가 추징금에서만은 400억여 원이나 앞선 것이다. 노태우는 그 중 2286억 원을 납부함으로써 전두환보다 도덕적으로 ‘비교우위’에 서게 된다.

김영삼과 김대중의 도덕적 상처

김영삼과 김대중은 우리나라 정치권에서 가장 오래된 '숙명의 라이벌'이다. 필자는 요즈음도 두 사람의 관계를 보면서 웃는 적이 더러 있다. 김대중이 남북관계나 국내정치에 관해 발언을 하면 김영삼이 조건반사적으로 반박이나 공격을 하는 때가 그렇다. 김대중이 어떤 말을 했건간에 '정신 나간 사람'이라는 호된 비난이 날아간다. 그러나 공격을 받은 쪽에서 대응하는 것은 별로 보지를 못했다.

김영삼은 1927년생이고 김대중은 1925년생이니 호적상으로는 후자가 두 살 위다. 그러나 정치적으로는 언제나 김영삼이 한 발 앞서 나가는 경우가 많았다. 1951년에 서울대 철학과를 졸업한 김영삼은 이듬해 5월 장택상 국무총리의 비서관으로 들어간다. 1954년 이기붕의 권유로 자유당에 입당해서 고향인 경남 거제군에서 총선에 출마한 김영삼은 압도적인 표차로 제3대 국회의원에 당선된다. 27세의 최연소 의원이 된 것이다.

이승만의 종신집권 기도에 반발해서 자유당을 떠난 그는 1958년 총선에서 민주당 후보로 부산시 서구에서 출마했으나 부정 혐의가 짙은 투개표 때문에 낙선하고, 1960년 4월혁명 뒤에 치러진 총선에서 재선의원이 된다. 그는 1964년 통합야당인 민중당의 원내총무로 임명되는가 하면 대변인을 맡기도 하다가 1969년 11월 김대중, 이철승과 함께 '40대 기수론'을 외치며 신민당 대통령 후보 선출 전당대회에 나가서 언론과 정치인들의 예상을 뒤엎고 김대중에게 패배한다. 이때부터 김대중과 김영삼의 경쟁은 더욱 뜨거워진다.

그러나 두 사람이 늘 다투기만 한 것은 아니다. 김영삼은 1983년 전두환 정권에 맞서 투쟁을 강화하기 위해 민주화추진협의회를 김대중과 함께 만들기도 한다. 1980년 5월 '내란음모' 사건으로 사형선고를 받고 옥살이를 하다가 미국으로 망명한 김대중은 국내 대리인을 통해 김영삼과 힘을 모아 신민당을 만들어서 민정당의 '제2중대'라는 비판을 받던 유치송의 민주당을 누르고 강력한 교두보를 쌓는다.

그러나 그들은 1987년의 6월항쟁 직후 영원히 돌아설 수 없을 정도로 결별한다. 전두환의 후계자로 지명된 노태우가 직선제 개헌을 받아들이자 김대중과 김영삼은 형식적으로 단일후보를 추진하다가 독자 출마의 길로 나가서, 결과적으로 노태우 대통령이 '탄생'한다. 그뒤 김영삼은 1988년 4월 총선에서 통일민주당을, 김대중은 새로 만든 평화민주당을 이끌고 경쟁하는데 선거는 김대중의 승리로 끝난다. 그러자 1990년에 김영삼은 김종필과 손을 잡고 '삼당합당'을 통해 여당으로 옮겨 간다. 그 이후 김영삼이 1992년에, 김대중이 1997년에 대통령에 당선됨으로써 두 사람의 경쟁은 '40대 기수론'의 경우 말고는 해묵은 순서를 계속 밟아나간다.

'한국의 역대 대통령들 중에 도덕성에서 높은 평가를 받은 이가 한 명도 없다는 것은 불행한 일'이라고 앞에서 말했지만, 민주 세력의 정통성을 갖고 있다고 주장한 김영삼과 김대중도 예외는 아니었다. 김영삼은 '하나회' 해체, 금융실명제 같은 개혁적 조치를 함으로써 좋은 평가를 받은 반면에 차남인 김현철이 '소통령'이라는 소리를 들을 정도로 권력을 휘두른 까닭에 '문민정부'와 '민주세력 최초의 집권'이라는 말이 무색해져버린다. 다음은 필자가 쓴 글이다.

…… 김영삼 대통령은 임기가 1년 가까이나 남았는데도 머리칼을 자른 삼손처럼 보인다. 요즈음 몇 사람만 모여도 대통령과 둘째 아들 현철씨를 공격하지 않고는 얘기를 이어갈 수가 없다. '달리는 여론조사기관'이라는 택시 기사들은 대통령 부자가 존칭을

박탈당한 지 오래라고 말한다. 그리고 대통령에 대한 지지도가 10퍼센트 안팎으로 곤두박질쳤다 하니 1992년 선거에서 그에게 갔던 1000만여 표는 거의가 달아났다는 말인가?

……

대통령이 이렇게 궁지에 몰린 직접 원인이 현철씨임은 물론이다. 지난 4년 동안 현철씨와 그의 사조직 또는 정보조직이 즐기던 '언론놀음'과 여론재판은 이제 부메랑이 되어 그의 머리를 치고 있다.

……

대통령의 아들이라는 것 말고는 아무런 관직도 없는 30대 청년이 총리와 장관 인사에 개입하고, 안기부 고위간부를 마름 부리듯 하며, 집권당 공천에 관여하고, 국빈들이나 머물 고급 호텔의 방을 사랑방처럼 썼다 하니 …… 하물며, 만약 한보에 간 5조 원의 은행돈 대출에 그가 개입했다는 소문이 진실로 드러나기라도 한다면 아버지는 어떻게 할 것인가?(《한겨레》 1997년 3월 18일자 칼럼 '왜 불행한 대통령들뿐인가'에서)

결국 김현철은 1997년 2월 뇌물수수 및 권력남용 혐의로 구속되어 옥살이를 하고, 김영삼 대통령은 '대국민 사과 성명'을 발표한다. 엎친 데 덮친 격으로 김영삼은 한보철강, 기아자동차 등의 부도가 잇따르면서 마침내 IMF 외환위기를 맞아 숨을 가쁘게 쉬다가 김대중에게 대통령직을 넘겨주고 물러난다.

전남 신안군의 하의도에서 태어난 김대중은 1943년에 목포상고를 졸업하고 회사원 생활을 하다가 8.15 해방 뒤 목포신문사와 해운회사의 사장으로 일한다. 그는 해운업을 하면서 몽양 여운형이 주도하던 '건국준비위원회'에 참여했다는 사실 때문에 정치생활을 하는 기간 내내 '좌익' 성향이라는 공격에 시달린다. 그는 1954년 목포에서 무소속으로 총선에 나가서 낙선한 뒤 1956년 민주당에 입당해서 장면의 신파 계보에 들어간다. 그는 4, 5대 국회의원 선거에 출마했다가 고배를 든 뒤 1961년 5월 14일 강원도 인제 재선거에서 당선되지만 이틀 뒤에 일어난 군사쿠데타로 의원 선서도 하지 못한다. 그렇게 비운의 정치인이 된 그와 박정희의 악연은 그때부터 18년 동안 계속된다.

마침내 그는 1963년 목포에서 제6대 국회의원으로 당선되어 초선으로 의사당에 들어간다. 그 선거 때, 박정희가 김대중이 장차 자신에게 도전하는 것을 미리 막으려고 공화당 후보로 김병삼을 내세워 '총력지원'을 한 것은 유명한 일화다. 1967년에 재선된 김대중은 앞에 말한 '40대 기수경쟁'에서 김영삼과 이철승을 이기고 신민당 대통령 후보로 지명된다. 그는 1971년 4월의 대선에서 "박정희가 영구집권을 위해 총통제를 계획하고 있다"고 유권자들에게 경고하면서 파죽의 기세로 투표일을 향해 가지만 호남 출신인 그를 지역감정으로 몰아붙이는 박정희 진영의 홍보전과 '부정' 혐의가 짙은 투개표 때문에 뜻을 이루지 못한다.

1972년 10월 박정희가 '유신'을 선포하고 영구집권 체제로 들어간다는 소식을 일본에서 들은 그는 미국에 가서 교민들과 함께 유신 반대 민주화 운동을 하다가 1973년 8월 8일 일본 도쿄의 한 호텔에서 한국 중앙정보부 요원들에게 납치당한다. 그는 일본의 바다에서 '상어밥'이 될 뻔하다가 갑자기 나타난 비행기 소리에 놀란 납치자들이 급히 한국으로 데려와서 '귀가'시키는 바람에 구사일생으로 목숨을 건진다. 앞에 적었듯이 그는 1980년 봄 전두환 일파의 '신군부'에게 '내란음모' 혐의를 쓰고 사형선고까지 받지만 미국의 개입으로 다시 죽을 고비를 넘긴다.

1997년 12월 대선에서 한나라당의 이회창 후보를 간신히 이기고 대통령이 된 그는 같은 민주화운동 출신인 김영삼이 수구보수 세력으로 넘어가서 대통령이 된 것과는 달리 자력으로(보수의 김종필과 손을 잡았으므로 완전한 자력은 아니지만) 정권을 장악한 민주진영 최초의 정치지도자가 된다.

그는 당선자 시절부터 환란을 수습하면서 국가 부도의 위기에서 국민을 구해내고, 보수언론 사주들을 탈세 혐의로 구속하는 등 개혁을 시도하지만 두드러진 성과를 거두지는 못한다.

김대중의 도덕성에 치명타를 가한 것은 그의 세 아들이었다. 홍일, 홍업, 홍걸이라는 이름이어서 '홍삼 트리오'라고 불린 그들은 그의 임기 말을 여러 가지 스캔들로 얼룩지게 했다. 김대중 측근과 직계 가족의 어지러운 이권 찾기에 관해서는 다음 글이 그 본질을 날카롭게 지적하고 있다.

> 현 정부하에서의 부패게이트에도 과거 정부에서와 같이 여전히 공식적 권력이 부당하게 이용되고 있지만, 더욱 큰 문제는 비공식적 권력(막후 권력 혹은 실세)이 공식적 권력을 통제·왜곡한 것이다. 왕조시대가 아님에도 막후정치가 득세하여 국정을 농단하고 부패문제를 형성하는 주된 고리 역할을 하였다. 이것이 바로 공식적인 법과 제도적 절차가 무시되는 후진국의 모습이다. 특히 대통령과 밀접히 관련된 인물들이 부패문제 형성에 직·간접적으로 개입하고 있다.
>
> 이것은 비록 직접적인 개입이 없더라도 대통령이 작금의 여러 부패문제에 대하여 심각한 도덕적 책임을 부담할 수밖에 없음을 의미한다(윤태범 충남대 교수의 '끊이지 않는 게이트의 망령', 《김대중 정부

5년 평가와 노무현 정부 개혁과제》, 경향신문사·참여연대 엮음, 2003년 2월, 한울, 17~18쪽).

'문민정부'나 '국민의정부' 역시 정치부패의 척결에는 큰 성과를 거두지 못하였다. 특히 김대중 정부는 한국정치사에 있어 최초로 민주적 정권교체를 이루어, '국민의정부'라는 이름하에 부패방지법, 돈세탁방지법 등을 제정하는 등 정치자금과 관련된 정치부패를 근절하기 위한 다각적인 정책을 추진하였으나, 오히려 각종 게이트와 대통령의 아들까지 부정에 연루, 구속되는 사태가 발생, 부패한 정부로 국민적 비판을 받고 있다(김영래 아주대 교수의 '정치개혁의 무덤 음성정치자금', 위의 책, 32쪽).

김영삼과 김대중은 모두 개혁에 역점을 두었으나 각 부문에서 구체적 계획을 강력하고도 끈질기게 추진하지 못하고 '부패'라는 불명예를 안은 채 대통령직에서 물러난다. 특히 '6.15선언'을 계기로 남북관계를 획기적으로 개선한 김대중으로서는 그런 업적이 도덕성 확보로 이어지지 못한 사실이 아쉬울 것이다.

▮ 노무현의 도덕성 시비와 죽음

1946년 경남 김해에서 태어난 노무현은 한국 현대정치사에서 아주 특이한 인물이다. 가난한 부모의 3남 2녀 중 막내로 태어난 그는 초등학교 시절 학업성적은 뛰어났으나 집안 형편이 어려워서 결석이 잦았다고 한다. 그러면서도 5학년 때는 담임 교사의 권유에 따라 전교 학생회장을 맡았다. 고향의 진영중학교에 들어갈 때도 입학금이 없어서 '외상'을 달았다고 하니 가난의 정도가 어떠했는지를 여실히 알 수 있다. 그는 1학년 말인 1960년 3월에 정·부통령 선거를 앞두고 독재자 이승만의 생일을 기리는 교내 글짓기대회가 열리자 백지동맹을 하자고 학생들에게 외치다가 정학처분을 당했다. 만 14세의 소년이라고 보기에는 탁월한 정치의식과 정의감을 지녔던 것 같다.

소년 노무현의 정치의식과 정의감

가난 때문에 중학교를 1년 휴학하고 장학금을 받아 가까스로 졸업한 노무현은 부산상고에 입학해서 1966년에 졸업한다. 그는 "농업협동조합 입사시험에 낙방하고 한 어망제조업체에 취직해 사회에 첫 발을 내디뎠으나, 최저생계비에도 못 미치는 저임금과 발등을 다쳐도 치료비조차 주지 않는 고용주의 비정함에 실망해 곧 직장생활을 포기하고 막노동판을 전전하며 사법고시 공부에 매달렸다('다음 백과사전' 노무현 항목 '안병국 글'에서).

태어날 때부터 청년기까지 노무현을 괴롭히면서도 단련시킨 것은 가난이었다. 육군에 입대해서 사병으로 복무하고 1971년에 제대한 그는 1973년 권양숙과 결혼하고 1남 1녀의 아버지가 된 처지에서 사법시험 공부를 계속했는데 세 번 실패한 뒤 1975년 네 번 만에 합격한다. 그것이 보기 드물게 '상고 출신 법관'이 태어나는 계기가 되었다. 대전지방법원 판사로 임용된 그는 짧은 법관생활을 떠나서 1978년 변호사 개업을 하고는 주로 조세와 회계에 관한 사건 등을 맡았다.

필자는 노무현의 결혼과 사법시험 합격은 불가사의라고 표현할 수밖에 없다고 생각한다. 왜냐하면 '연좌제'가 법적으로는 금지되어 있었지만 현실적으로는 엄존하던 1973년에 사법시험 공부를 하던 그가 '좌익활동' 경력으로 시달리다가 1971년에 옥사한 권오석의 딸을 배우자로 맞아들였기 때문이다. 또 하나는 박정희 유신독재의 서슬이 퍼렇던 1975년에 노무현의 '처가 이력'을 몰랐을 리 없는 사법시험 전형위원들이 그를 합격시켰다는 사실이다. 단단히 각오하지 않고서는 그에게 합격통지서를 보낼 수 없었을 것이다. 그 시기에《동아일보》《조선일보》에서 강제해직당한 언론인들이나 학생운동을 한 청년들, 해고노동자들이 취업이나 해외여행을 하려고 할 때 당한 박해를 돌이켜보면 노무현의 법관 '취업'은 일종의 사건이라고 할 만하다.

유능한 변호사에서 민주화의 투사로

세무·회계 분야의 유능한 변호사라는 평가를 받던 노무현의 삶에 큰 변화가 일어난 것은 1981년이었다. 전두환 정권이 민주 세력을 대대적으로 탄압하던 시기에 부산지역에서 학생운동가 22명을 구속해서 석 달 남짓 가혹행위를 한 '부림사건'이 바로 그 계기가 되었다. 그는 부림사건이 조작되었음을 입증하려고 노력하면서 '인권변호사' 대열에 합류한다. 수입이 상당한 변호사로서 안락한 삶을 누릴 수도 있었던 그가 험한 길을 택한 것이다.

이후 재야 민주화운동에 투신한 그는 부산 미국문화원 방화사건 등의 주요 시국·노동사건 변론과 부산공해문제연구소 이(1984), 부산민주시민협의회 상임위원장(1985) 활동을 통해 용기 있고 신망 받는 재야 지도자로 성장했으며, 자신의 변호사 사무실에 노동법률상담소를 열어(1985) 노동자들의 권익 보호와 노동운동 발전을 위해 심혈을 기울였다. 1987년 민주헌법쟁취국민운동 부산본부 상임집행위원장으로서 6월 민주화운동을 이끌었으며, 같은 해 8월 노동조건 개선을 요구하는 평화시위 도중 경찰의 최루탄에 희생된 거제도 대우조선 노동자 이석규 사망사건을 수습하다 제3자 개입, 장식葬式 방해 혐의로 구속되었다. 여론의 강한 반발에 힘입어 20여 일만에 풀려났으나, 변호사 업무정지처분이라는 정치 보복을 당했다(위키 백과사전).

노무현은 42세 때인 1988년 4월 총선 때 김영삼이 총재이던 통일민주당 후보로 부산 동구에 출마해서 당선함으로써 직업정치인의 길로 들어선다. 그는 국회 노동위원회에서 이해찬, 이상수와 함께 '노동위 삼총사'로 불리면서 활발한 의정활동을 하는데, 텔레비전으로 생중계되는 '5공 청문회' 때 '광주학살'과 관련해서 전두환을 날카롭게 추궁한다.

그는 1990년 민주정의당, 통일민주당, 민주공화당이 통합되는 이른바 '삼당합당' 때 정치적 '보스'인 김영삼을 따라가지 않아 박정희 군사독재의 후계자들과 전통적 야당 지도자가 '야합'하는 데 동참하지 않았다는 평가를 받으면서 민주화운동 진영에 신선한 인상을 준다.

'바보 노무현'의 좌절과 승리

노무현은 그뒤 정치의 세계에서 가시밭길을 걷는다. 1992년 '작은 민주당' 후보로 부산 동구에서 출마해서 낙선하고, 1995년에는 부산광역시장 선거에서 36.7퍼센트라는 높은 득표율을 올리고도 2위에 그친다. 1996년 15대 총선 때는 서울 종로구에 통합민주당 후보로 나가서 다시 고배를 마신다. 1998년 그는 서울 종로구의 보궐선거에 새정치국민회의 공천을 받아 출마해서 당선되고, 2000년 4월에는 당선 가능성이 높은 종로를 떠나 '지역주의 벽을 넘겠다'는 의지를 밝히며 부산 북·강서을에 나갔다가 허태열에게 패배한다.

정치적 계산을 하지 않고 대의를 따라가는 그의 삶에 감동을 받은 사람들이 조직한 것이 '노무현을 사랑하는 사람들의 모임(약칭 노사모)'이다. 노사모는 한국 대통령 선거 사상, 대대적으로 부정이 저질러진 때를 제외하고 대체로 공정하게 치러진 선거에서 승패를 결정하는 데 가장 크게 작용한 민간조직임이 분명하다.

'바보 노무현'이라는 애칭을 가진 그가 2002년 12월 대선에서 한나라당의 이회창 후보를 누르고 제16대 대통령으로 당선되자 그의 지지자들은 환호했다. 그러나 노무현은 2003년 2월 25일에 대통령으로 취임한 지 오래지 않아 도덕성을 위협하는 암초에 부닥친다. 그해 10월 그의 측근 중의 측근인 대통령 총무비서관 최도술이 거액의 뇌물을 받은 혐의로 구속된 것이다. 최도술은 노무현보다 한 살 아래로, 부산상고 동문인 데다 노무현이 변호사를 하던 시절 사무장을 맡은 바 있다. 게다가 그는 1995년 부산시장 선거 때 민주당 노무현 후보의 선거대책위원회 회계책임을 맡을 정도로 신뢰를 받고 인간관계도 끈끈한 인물이었다. 노무현이 그렇게 믿은 최도술이, 대통령 당선자 시절인 2002년 12월 말에 SK그룹 회장 손길승한테서 '당선 축하금' 명목으로 10억 원이 넘는 양도성 예금증서를 받은 사실이 드러났다. 최도술과 손길승 모두 구속되었는데, 그 사건은 노무현에게 심한 타격을 주었고 2004년 3월 국회에서 탄핵소추를 당하는 한 원인으로 작용한다.

그때 야당인 민주당과 한나라당은 "노 대통령은 국가원수로서의 본분을 망각하고 정당을 위한 불법 선거운동을 계속해왔고, 본인과 측근들의 권력형 부정부패로 국정을 정상적으로 수행할 수 없는 국가적 위기 상황을 초래했으며, 국민경제를 파탄시켰다”는 이유로 탄핵소추안을 내고, 박관용 국회의장이 경호권을 발동해 여당인 열린우리당의 강경한 저항을 ‘제압’하면서 탄핵안을 헌법재판소로 넘긴다. 노무현은 한동안 대통령 공무 수행을 정지당했다가 5월 14일 헌재가 국회의 소추안을 기각함으로써 업무를 재개한다. 이것은 아주 오래된 사건이 아니라 2009년 여름에서 따지면 다섯 해 전밖에 되지 않은 일이다.

암초에 부딪힌 도덕성

노무현은 대통령 임기 내내 이런 저런 추문들로 시달렸다. 노무현이 탄핵 파문으로 고역을 치르던 무렵 형인 노건평이 자신이 경영하는 정원토건이라는 회사에서 10억 원을 빼내 차명으로 주식투자를 한 사실이 드러났다. 대통령 민정수석비서관실이 친인척과 측근을 ‘밀착 감시’하는데도 그런 대형사고가 터진 것이다.

그러나 어쨌든 노무현의 직계존비속 중에서 노건평을 빼면 이렇다 할 혈육이 부정이나 부패에 관련된 것으로 드러나지는 않았다. 김영삼의 차남 김현철과 김대중의 세 아들이 구속된 전례와 비교하면 도덕적인 상처가 적은 편이라는 평을 들을 만했다. 그러나 노무현이 임기를 마치고 김해 봉하마을로 돌아간 지 열 달도 안 된 2008년 12월 초에 노건평이 검찰에 구속된다. 동생의 대통령 재임 중에 그가 농협의 세종증권 매입에 개입해서 ‘중개인’과 함께 30억 원을 받았다는 혐의가 인정되어 법원이 구속영장을 발부한 것이다.

노무현의 도덕성에 심한 타격을 가하는 일이 2009년 4월 8일 그 자신의 '고백'을 통해 밝혀진다. 노무현은 정상문 전 총무비서관이 태광실업 박연차 회장에게 돈을 받은 혐의로 검찰 수사를 받고 있는 데 대해 '홈페이지'에 이렇게 '사과문'을 발표한다. "저의 집에서 부탁하고 그 돈을 받아서 사용한 것"이라고. '저의 집'은 경상도 말로 아내를 뜻하는 것이라고 한다. 노무현은 부인 권양숙이 돈을 얼마나, 언제 받았는지 밝히지 않은 채 상세한 내용은 검찰에 나가서 진술하겠다고 말했다. 일부 언론은 검찰 정보를 인용해서 권양숙이 남편의 대통령 재임 시절인 2005~2006년에 두 차례에 걸쳐 박연차로부터 10억 원을 받았다고 보도했다.

노무현의 이런 고백이 나오기 여러 날 전부터 그의 조카사위 연철호가 박연차의 돈 500만 달러를 받아 회사를 세웠다는 보도가 요란하게 나오던 터라 노무현과 함께 집권세력을 이루었던 민주당과 그의 지지자들이 받은 충격은 매우 컸을 것이다.

이른바 '박연차게이트'를 소재로 한 집권세력의 '노무현 때리기'는 2008년 말에 시작되었다. 대검찰청 중앙수사부는 박연차 태광실업 회장의 거액 탈세 혐의를 근거로 노무현 전 대통령의 친형인 노건평과 정치인들, 청와대 전 고위관리를 강도 높게 수사했다. 그 결과 세종증권이 농협에 인수되도록 도와준 대가로 30억 원을 받은 혐의로 노건평씨가 12월 4일 구속되었다. 12월 22일에는 검찰이 세종증권 인수와 휴켐스 매각과 관련해서 노건평, 박연차 그리고 노무현의 절친한 친구인 정화삼 씨를 구속기소했다.

2009년 2월 중순부터는 '박연차 리스트'라는 것이 구체적 내용도 없이 언론에 흘러나오기 시작했다. 그후 검찰은 박연차 회장의 돈을 불법적으로 받았다는 이유로 전현직 고위관리들을 체포하거나 구속하고 노무현 정권의 핵심이었던 이광재 의원도 구속했다.

전례 없는 전직 대통령 '여론재판'

4월 10일부터는 상황이 더욱 급박하게 돌아간다. 노무현의 조카사위 연철호 씨가 외국환거래법 위반 혐의로 체포되고 강금원 창신섬유 회장이 구속된다. 이튿날에는 권양숙 여사가 부산지검에서 조사를 받고 그 다음날에는 아들 노건호 씨가 검찰에 소환당한다. 마침내 4월 30일 노무현 전 대통령이 봉하마을에서 서울까지 수백 킬로미터를 달려가서 검찰청사 앞에서 사진기자들의 카메라 앞에 선다.

검찰이 노무현 일가와 측근 그리고 오랜 후원자들을 수사하는 과정에서 드러난 구체적 물증은 공개되지 않았다. 다만 박연차 회장이 '누구에게 언제 돈을 얼마 주었고, 어떤 선물을 했다'고 한 진술이 검찰이 주장하는 혐의를 뒷받침하는 '정황증거'였을 뿐이다. 앞에 적은 대로 노무현은 2009년 4월 7일 자신의 홈페이지에 올린 '사과문'에서 미처 갚지 못한 빚이 있어서 '저의 집에서 부탁해서' 박연차 회장의 돈을 받은 것이라고 밝혔다.

> "조카사위 연철호가 박연차 회장으로부터 받은 돈에 관하여도 해명을 드립니다. 저는 퇴임 후 이 사실을 알았습니다. 그러나 특별한 조치를 하지는 않았습니다. 특별히 호의적인 동기가 개입한 것으로 보였습니다. 성격상 투자이고, 저의 직무가 끝난 후의 일이었기 때문입니다. 사업을 설명하고 투자를 받았고, 실제로 사업에 투자가 이루어졌던 것으로 알고 있습니다. 조사과정에서 사실대로 밝혀지기를 바랄 뿐입니다."

우리나라 국민들은 전직 대통령들 중 두 사람이 본인이나 측근들의 부

정과 부패 때문에 장기형을 선고받고 옥살이를 하는가 하면 거액의 추징
금을 내라는 판결을 받고도 20년 가까이 일부를 미납(전두환, 노태우)하고
도 아직 버티고 있는 현실을 알고 있다. 이 두 사람의 '죄질'은 노무현과
관련된 사람들의 '혐의'에 비하면 하늘과 땅 사이만큼이나 차이가 큰 것
이었다. 그리고 '문민정부' 대통령 김영삼의 재임 기간에 차남 현철이 한
보철강의 '수조원 대 불법 대출'에 개입한 혐의로 구속되었다가 결국 동
문기업들한테서 60억 원을 받은 알선수재 혐의로 실형을 선고받고 복역
한 사실도 기억하고 있을 것이다. '국민의정부' 김대중 대통령 임기 중 장
남 홍일은 비리 혐의로 대법원 확정판결에서 징역 2년에 집행유예 3년과
추징금 1억 5000만 원을 선고받고 국회의원직을 상실하고, 차남 홍업은
비슷한 일로 대법원에서 징역 2년에 벌금 4억 원을 확정판결 받고 1년
6개월을 복역했다. 삼남 홍걸은 이른바 '최규선게이트'에 연루되어 구속
되고 미국 로스앤젤레스에서 살던 '호화주택' 문제로 물의를 일으킨 일도
있었다. 당시 김영삼·김대중 대통령은 여론의 호된 비난을 받으며 '레임
덕' 상태에 빠진 것이나 다름없었다.

　노무현이 검찰의 공세와 여론재판에 시달리던 2009년 4월 9일, 한때
그의 '정치적 사부'였던 김영삼이 독설을 퍼부었다. "우리 역사에서 전두
환, 노태우 전 대통령에 이어 노 전 대통령까지 불행의 역사를 걷는다면,
우리는 얼마나 불행한 역사를 보게 되는 것이냐. 안타깝고 세계에 부끄러
운 일이다."

　또 그는 "요 근래 일어나고 있는 노 전 대통령의 여러 행태로 볼 때 머
지않은 장래에 형무소에 가게 될 것이라 믿는 국민이 전부"라고 말했다.

　　"국가안전기획부 예산 1200억 원의 선거 전용 의혹 사건인 '안풍

사건'이 터진 2004년 김 전 대통령 자신도 법원에 증인으로 채택
됐다. 대선 자금 등이 안기부 예산으로 숨어들어 있다는 의혹에
대해 당시 그는 '강삼재 전 신한국당 사무총장에게 돈 준 일이
없다' 면서 불출석 사유서를 제출하고 법정 출석을 거부했다."
(《한겨레》 4월 9일자, 윤태곤 기자의 기사에서)

비단 김영삼뿐 아니라 자기 눈의 들보는 보지 못하고 남의 눈의 티끌
을 힘 잡는 권력과 보수언론의 공격 앞에서 사면초가가 된 노무현은 결국
스스로 죽음의 길을 선택하고 만다. 5월 23일 환하게 동이 튼 아침, 그는
봉하마을 사저 뒤편 봉화산, 어릴 적부터 노년까지 줄곧 타고 올라가서
앞에 펼쳐진 들판을 바라보았을 부엉이바위에서 수십 길 낭떠러지로 몸
을 던졌다. 그로부터 얼마 뒤, 그동안 그를 그렇게도 괴롭히던 대검 중앙
수사부가 '공소권 없음'이라는 결정을 내린 사실을 알기 전에 그의 숨은
멎어가고 있었다.

너무 슬퍼하지 마라.
삶과 죽음이 모두 자연의 한 조각이 아니겠는가?
미안해 하지 마라.
누구도 원망하지 마라.
운명이다(노무현 전 대통령 유서에서).

5월 29일 정오, 필자는 경복궁에서 열린 '제16대 노무현 대통령 영결
식'에 참석했다. 이명박 대통령 내외의 헌화 순서가 되어 두 사람이 제단
에 올라 꽃을 집어 드는 순간 누군가 벽력같은 소리로 외쳤다. "사죄하시

오." 사방에 있던 청와대 경호원들이 득달같이 달려가서 그 사람의 입을 틀어막고 밖으로 끌어내려 했다. 곁에 있던 몇 명도 이 대통령을 향해 외마디 고함을 쳤다. 나중에 기사를 보고 알았지만 '그 사람'은 민주당의 백원우 의원이었다. 의원이었기 망정이지 보통사람이었다면 어떻게 되었을까?

찬란한 부활

영결식이 끝난 뒤 일행은 운구차 뒤를 따라 노제가 열리는 시청 앞 서울광장을 향해 갔다. 태평로의 세종문화회관 계단과 맞은편의 문화부 청사 앞길을 메운 사람들이 목이 메어 '노무현'을 외치고 있었다. 서울광장과 대한문 앞은 이미 발 디딜 틈도 없었다. 얼굴이 검게 탄 농민인 듯한 노인도, 여자 중학생도, 아기를 안은 30대 엄마도 눈물을 철철 흘리고 있었다.

노제가 끝난 뒤 고인의 영정을 앞세운 운구차가 서울역 쪽을 향하자 광장의 사람들은 노란 비행기를 날리면서 그를 보내지 않으려고 차에 매달렸다. 그들은 깨달았을 것이다. '저 바보 같은 대통령과 함께 하던 때가 왜 이제야 행복했다고 느껴지는지 우리는 참 바보로구나.'

필자는 노무현 대통령이 서거한 뒤 이름난 문필가들과 보통사람들이 그를 추모하는 글을 셀 수도 없이 많이 보았다. 순수한 슬픔과 사무치는 한을 적은 글도 있었지만, 노무현의 대통령 시절에는 물론이고 '박연차게이트' 이후 그를 사정없이 비난하던 유명인사들의 글도 적지 않았다. 그들은 대략 이런 내용으로 추모의 글을 썼다. '나는 노 대통령을 심하게 비판했지만 서거 뒤에 그가 얼마나 정직하게 원칙을 지키며 살려고 노력했는가를 깨달았다. 이명박 정부가 그를 죽음으로 몰아넣었다. 그는 우리 앞에 부활할 것이다.' 그런 글들의 이중성을 탓하기보다 한 시인의 조시

를 여기에 옮김으로써 노무현의 죽음을 '순국殉國'으로 승화시키는 의례
로 삼는 것이 좋겠다.

당신은 부활하고 있습니다

거리와 골목과 광장을 뒤덮은 흐느낌을 타고

당신의 눈이 되살아나고 꿈이 되살아납니다

말이 되살아나고 노래가 되살아납니다

……

당신을 향하여 날아들던 그 예리한 칼날들을

당신을 향하여 퍼부어지던 그 저주의 말들을

다 잊으라는 그 말씀의 깊은 뜻도 우리는 알지 못합니다

그러나 압니다 그 칼날 그 말들을 안고

거꾸로 당신이 되살아난다는 것을

온 나라를 새로운 활기로

가득 채우면서 당신은 부활하고 있습니다

……

한 줌의 재로 돌아가면서도

아름다운 나라 살기 좋은 세상을 만드는

당신의 부활, 아 찬란한 부활!

(신경림, '당신의 부활, 그 찬란한 부활―전 대통령 노무현님 영전에,《경향
신문》 5월 28일자)

이명박 정부의 도덕성

버락 오바마 미국 대통령의 '정직한 정부'라는 이정표를 거울 삼아 한국 역대 대통령들의 도덕성을 짚어보고 나서, 이제 이명박 정부에 이르고 보니 머릿속이 산란해진다. 이 쟁점이 하도 오래 국민들을 어지럽게 했기 때문이다. 2007년 12월 제17대 대통령 선거가 치러지기 전, 한나라당 경선에서 이명박·박근혜 후보가 치열하게 경쟁하던 시기에 박 캠프가 특히 집요하게 이 후보의 도덕성을 문제 삼아서 그의 '도덕성 이력서'는 윤곽이 대체로 드러났다. 다만 가장 뜨거운 쟁점이던 'BBK'는 그의 대통령 취임 나흘 전인 2008년 2월 21일 특별검사가 '무혐의'라고 밝힘으로써 없던 일처럼 되어버렸다. 그런데 정작 그의 도덕성 문제는 대통령이 되고나서도 잠잠해지기는커녕 더욱 거센 논란에 휩싸였다.

1942년 일본 오사카에서 태어난 이명박은 가난 때문에 어린 시절을 고생스럽게 보낸다. 8.15 해방 직후에 부모의 고향인 경북 포항으로 온 그는 집안 형편이 너무나 어려워서 고등학교 진학을 포기하려 하지만 장학금을 약속받고 동지상고에 입학한다. 그는 이 학교를 졸업하고 서울에 가서 한 해 동안 노동을 하다가 고려대 경영학과에 들어간다. 3학년 때 상과대학 학생회장으로 뽑히고, 1964년에는 총학생회장 직무대행으로서 '굴욕적 한일회담' 반대운동에 참여했다가 구속되어 징역 3년에 집행유예 5년을 선고받는데, 옥살이 기간은 6개월이었다.

'전과자'라는 경력 때문에 취업을 못 하다가 1965년에 어렵사리 현대건설에 입사한 그는 현대그룹 회장 정주영과 긴밀한 상하관계를 맺으면서 승진을 거듭한다. 29세에 이사가 되고, 입사 12년 만인 1977년에 현대건설 사장의 자리에 오른다. 1988년에는 회장이 된다. '탁월한 경영인'이라는 평가를 받던 그는 1990년대 초의 '걸프전' 때문에 미수 채권을 회수하지 못해 현대건설이 워크아웃에 들어가는 빌미를 만들었다는 비판도 받는다.

그는 '현대'를 떠나서 1992년 제14대 전국구 의원으로 정치권에 발을 들여놓는다. 그리고 15대 총선에서는 서울 종로구에 출마해서 이종찬과 노무현을 누르고 지역구 국회의원이 된다. 그러나 그는 선거기획을 맡았던 참모가 "이 후보가 거액의 선거비용을 누락시키고 7000만 원 가량만 신고했다"고 폭로하는 바람에 기소되자 재판 과정에서 의원직을 사퇴한다. 나중에 그는 서울 고등법원에서 벌금 400만 원을 선고받는다. 이 사건은 이명박의 정치생활에서 처음으로 국민의 이목을 집중시켰다.

국회의원직을 사퇴한 뒤 그가 Lke라는 금융투자회사를 설립했다가 실패하고 김경준과 공동으로 세운 BBK의 '주가조작' 사건에 연관된 혐의로 고통을 겪은 것은 익히 알려진 사실이다.

대통령이 된 뒤 그의 도덕성은 자신은 물론이고 그가 정부 요직에 임명하기로 내정하거나 임명된 사람들 대다수 때문에 만신창이가 되다시피 한다. 그는 국무회의를 구성하려고 15명의 후보를 지명하는데, 그중 3명이 부동산 투기, 논문 표절, 자녀의 이중국적 문제 등으로 자진사퇴한다. 그리고 임명된 사람들 대부분도 '고소영'(고려대 출신, 소망교회 신자, 영남이 고향인 사람), '강부자'(강남의 부동산 부자)라는 여론의 비난을 받는다.

이명박 대통령의 인사는 끊임없이 도덕성 시비에 시달렸는데, 2009년 하반기에는 최악이라고 할 만한 위법과 비리를 저지른 인물을 검찰총장 후보로 내정함으로써 반대여론이 극으로 치달았다. 사퇴한 총장보다 사법고시 3기나 아래인 천성관 서울중앙지검장을 발탁한 것까지야 이해할 수 있다. 그러나 심각한 문제는 바로 그 사람이 검찰을 쇄신할 수 없는

'범죄 혐의자'라는 점이다. 강남에 아파트를 사면서 '스폰서' 격인 건설업자에게 15억여 원을 빌리고, 아들의 전학을 위해 위장전입을 하는가 하면 장남이 병역 비리 의혹을 샀다. 또 바로 그 장남이 '작은 교외에서 결혼식을 올렸다'고 한 후보자의 말과 달리 결혼식 장소가 6성급 초특급호텔의 야외식장이었음이 드러났다. 이렇게 비리와 거짓을 일삼는 사람이 검찰을 지휘할 수 없음은 자명하다. 결국 이명박 대통령은 "노블레스 오블리주에 반하는 것은 곤란한 것이 아니냐, 고위 공직자를 지향하는 사람일수록 모범이 돼야 한다"고 지적했고, 천성관 후보자는 곧 사퇴했다.

앞에서 예로 들었듯이, 오바마 행정부의 '성과 담당 최고책임자'로 내정된 낸시 킬퍼는 14년 전인 1995년에 '단돈' 298달러(환율을 1250대 1로 계산하면 38만여 원)의 세금을 내지 않은 사실이 드러나자 아무런 변명도 하지 않고 깨끗이 물러났다. 그런데 검찰총장 후보의 비리 의혹에 언론의 초점이 쏠린 덕분에 부동산 투기와 탈세 의혹을 받은 국세청장 후보자가 슬그머니 취임식을 한 데 이어 논문을 표절했음이 밝혀진 국가인권위원장 내정자도 대통령의 임명장을 받았다.

노블레스 오블리주noblesse oblige란 '높은 사회적 신분에 상응하는 도덕적 의무'를 뜻하는 말이다. 그런데 언행이 일치하지 않고, 반대 세력이나 사회적 약자들을 함께 가야 할 국민으로 여기지 않고 무자비하게 대하는 이명박 대통령이 노블레스 오블리주를 강조하는 것을 어떻게 해석해야 할까?

대표적인 사례는 2008년 여름에 '촛불시위'가 한창이던 무렵과 그 얼마 뒤에 그가 한 말과 행동이다. 그는 청와대 뒷산에 앉아 〈아침이슬〉을 들으면서 거대한 촛불의 일렁임을 보고나서 "두려운 마음으로 겸손하게 다시 국민들에게 다가가겠다"고 말했는데, 시간이 얼마 흐르지도 않은 시점에 공권력이 강경하게 '촛불'을 공격하는 사태가 벌어졌다.

그에 못지않은 '공약 위반'은 대운하 공사다. 그는 대통령 취임 뒤 여론이 거세게 반대하자 국민이 원하지 않으면 대운하를 추진하지 않겠다고 공언하더니 언제부터인가 슬그머니 '4대강 정비사업'이라는 이름으로 '변형된 대운하 공사'라는 비판을 받을 만한 일을 하고 있다.

이런 의혹의 시발점은 2008년 12월 15일 이명박 대통령 주재로 열린 '2008년 제3차 국가균형발전위원회'에서 '4대강 살리기 프로젝트'를 추진하기로 결정한 것이었다. 2주 뒤인 29일 한승수 국무총리가 4대강 살리기사업 안동·나주지구 착공식에 참석해서 첫 삽을 뜨면서 '대운하의 변형'이라는 비판이 요란하게 일어났다.

이 사업이 건설업자들의 잔치가 될 것이라는 우려는 한나라당의 경제 전문가 입에서 나왔다. 국회 예결위원장을 지낸 한나라당 이한구 의원은 2009년 6월 11일《평화방송》라디오 인터뷰에서 "지금 (국가) 재정이 엉망이지 않느냐"면서 "(4대강 사업에서) 재해·재난 방지와 관련된 부분들은 필요하지만 이것을 경제회복 조치의 일환으로 생각하든가, 차제에 주변까지 개발해 리조트나 만들어본다는 식으로 자꾸 확대하는 것은 맞지 않다"고 말했다. 또 그는 "100퍼센트 국가 부채로 사업을 하면서 미래 산업을 키우고 지속가능한 고용 창출을 하는 데 투입을 해도 모자라는 판인데 토목사업을 자꾸 확대하는 쪽으로만 가는 것이 굉장히 신경이 쓰인다"면서 정부가 6월 8일 마스터플랜을 통해 발표한 22조 2000억 원 말고도 추가적인 예산 투입이 불가피하다고 말했다. 이런 주장을 뒷받침이라도 하듯, 건설업체들이 4대강 살리기사업 시공권을 따려고 치열한 수주전을 벌이고 있다는 보도가 나왔다.

이명박 대통령의 도덕성이 균형감각을 유지하지 못하고 있다는 의구심을 결정적으로 일으킨 것은 2009년 1월 20일 서울 용산 재개발구역에서 일어난 '화재참사' 때다. 대통령이 경찰청장으로 내정한 당시 서울청장이 농성하는 철거민들을 무리하게 진압한 정황이 드러났는데도 그는 희생자들의 유족을 인간적으로 위로하기보다는 내정자를 끝까지 비호하려는 태도를 보였다. 수사를 맡은 검찰은 이 사건의 진상을 밝힐 수 있는 수사기록 중 3000여 쪽을 공개하지 않음으로써 시민단체들의 거센 비판을 받았다. 법원이 그 기록을 공개하라고 명령했는데도 검찰은 요지부동이다. 검찰총장의 임명권자인 대통령은 이런 위법적 행태를 꾸짖고 용산참사의 진상을 정확히 가려내라고 지시해야 도덕성을 조금이라도 회복할 수 있을 것이다.

1974년 12월에 결성한 이래 민주화와 인권 회복을 위해 애써온 천주교정의구현전국사제단이 '거룩한 분노로 맞서 저항할 것'이라는 제목으로 2009년 2월 2일에 발표한 선언문은 섬뜩한 느낌마저 준다.

용산 참사는 과연 이 나라가 어디로 가고 있는지 또 파국의 종점은 어디인지 국가구성원 모두에게 질문과 충격을 던진 무서운 사건이었습니다.

먼저 국가와 공권력의 존재이유를 따져보고 싶습니다. 대한민국은 민주공화국입니다. …… 국민의 생명과 행복을 위하는 바른 정치가 공화국 탄생의 근본 동기입니다. 그런데 오로지 몇몇 부자들을 위해 대다수 국민의 생존을 무너뜨리려 한다면 이는 대한민국의 정체성을 부정하는 것입니다. 용산 참극에서 나타났듯이 국민을 국민으로 대하지 않고 서슴없이 폭력을 저지르는 이명박 정부의 공권력은 정당성을 잃어버렸습니다. 반성하지 않는 경찰

과 진실을 감추고 있는 검찰을 두둔하고 있는 대통령의 모습은
더욱 우리를 슬프고 울분에 떨게 만듭니다. 유감스럽지만 1987년
어느 대학생의 죽음의 진실을 왜곡하고 은폐했던 일 하나로 철옹
성 같던 군사독재정권이 붕괴되었다는 점을 상기시켜 드려야겠
습니다.

이명박 대통령의 언행에 진실성이 있는지를 의심하게 하는 또 하나의
사례는 '재산 헌납' 문제였다. 그는 대통령 선거 12일 전인 2007년 12월
7일, 다시 말하면 검찰의 BBK 수사결과가 발표된 다음 날, '부실한 수사'
라는 비난이 쏟아져나오자 "우리 내외가 살 집 한 채만 남기고 가진 재산
전부를 내놓겠다"고 공개적으로 약속했다. 그는 2008년 2월 대통령에 취
임한 직후 "상반기 중에 재산헌납위원외가 설립될 것"이라고 말했고, 8월
에는 조만간 구체적인 재산환원 방안이 결정될 것이라고 밝혔는데, 한 해
가 가까워지도록 아무런 소식이 없다가 2009년 7월 5일 '재단법인 청계'
를 설립하겠다고 발표했다. 서울 논현동 자택과 일부 동산을 제외한 대부
분의 재산인 331억여 원을 재단에 출연해서 청소년 장학과 복지사업에
쓰는 방식으로 사회에 기부하기로 결정했다는 것이다.

그런데 이 재단은 법적으로나 윤리적으로 시비의 소지가 아주 크다는
비판이 일었다. 그중 핵심적인 것은 재단의 이사장으로 내정한 사람이 전
법무장관으로서 이명박 대통령이 임명한 공직자였고, 이사진 10명 가운
데 이명박 대통령의 맏사위, 이명박 정부의 초대 대통령 실장과 교과부
장관, 전 청와대 사회정책수석이 들어있다는 사실이다. 이렇게 출연자와
특수관계에 있는 이사들이 설립자의 영향을 받지 않고 독립적으로 재단
을 운영할 수 있을지 의문이다. 그래서 일부 언론은 이런 이사진 구성으

로는 법률적으로 재단 설립 허가를 받을 수 없다고 주장한다.

노무현 전 대통령의 서거를 계기로 이명박 대통령이 수십 년 동안 피와 땀으로 이룩한 민주주의를 역행시키고, 소수 기득권층의 이익을 옹호하기에 급급하며, 남북관계를 파탄 직전으로 몰아가고, 노동자·농민을 비롯한 서민의 삶을 벼랑으로 밀어내는 데 대한 규탄과 비판이 1987년 6월 항쟁 시기에 못지않게 분출하고 있다. 이런 현상은 권력이 강요하다시피 한 노무현의 죽음이 일으킨 분노와 고인에 대한 애끓는 추모의 정에도 원인이 있겠지만 이대로 가다가는 민주주의는 물론이고 나라 살림이 복마전처럼 운영될 수도 있다는 걱정에서 비롯되었다고 보아야 할 것이다.

이런 민의를 대표하고 나선 사람들은 우리사회의 여론주도층인 대학교수, 종교인, 법조인, 의료인, 시민사회운동가들이었다. 6월 3일 서울대와 중앙대 교수들이 시작한 시국선언은 날마다 회오리바람을 일으키면서 7월 중순까지 수만 명이 넘는 서명자를 기록했다. 그동안 이명박 정부 비판에 소극적이라는 평을 듣던 개신교 성직자들도 시국선언에 참여했다. '가족단위'의 시국선언까지 나오는 실정이다. 선언의 대체적 흐름은 노무현 전 대통령의 서거 책임을 이 정권이 져야 하며, 독선적인 국정 운영을 쇄신하고, 민주주의를 회복하며, 민생을 살리라는 것이다. 15일 대한불교조계종 소속 승려 1447명이 발표한 시국선언문은 과거의 온건한 어조와 달리 자못 강경하고 준엄하다. "충격적인 전직 대통령의 서거라는 초유의 사태에도 불구하고 일말의 반성조차 없는 현 정부의 부도덕한 행태와 죽음마저 다시 음해하는 정치검찰의 패악"을 꾸짖으면서 시작한 선언문은 이명박 정부가 들어선 뒤 우리사회가 어떻게 수렁에 빠져들었는가를 날카롭게 지적한다.

"우리 내면에 남아 있던 탐욕심으로 인해 위선과 오만 그리고 독
단과 거짓에 능숙한 현 정부를 선택했던 우리의 어리석음이 결국
2년도 채 되지 않아 양심과 표현의 자유, 언론의 자유가 억압되
고, 순수한 촛불마저 공권력에 짓밟히는 참담한 현실을 불러오고
있습니다."

"노무현 전 대통령의 안타까운 서거와 장례식을 전후한 전국적
인 추모의 의미는 어떠한 경우에도 민주주의의 숭고한 정신과 가
치가 훼손될 수 없음을 다시 한 번 확인시켜주는 계기이며, 현 정
부의 과거지향적인 개발논리와 독재적 발상, 국민과 법과 질서를
유린하는 오만함에 대한 참회와 국정철학의 대전환을 요구하는
국민적 호소입니다."

"일찍이 부처님은 기원정사에서 왕이 갖추어야 할 덕목을 설하
시며 '남의 충고를 듣지 않고 자비심이 없고 포악하면 왕이 권위
를 잃고 나라에 도적이 들끓게 된다고 했습니다."

"국민 위에 군림하며 비뚤어진 공권력에 의지해 민주주의의 근
간인 사상, 표현, 집회, 언론의 자유를 유린해온 지난 날을 깊이
반성하지 않는다면 어떠한 국가적 희망과 미래도 없다는 사실을
현 정부는 반드시 명심해야 할 것입니다. 또한 경제위기를 이야
기하며 국민의 손과 가슴에 밝혀진 촛불의 의미를 호도하는 권력
은 이미 그 대표성을 상실한 껍데기에 지나지 않음을 직시해야
할 것입니다."

■ 벼랑 끝에 선 한국의 교육

오늘날 한국 사회에서 청소년과 어린이들뿐 아니라 어른들을 가장 괴롭히는 것은 무엇일까? 가난, 나쁜 건강, 환경오염을 비롯해서 여러 가지 문제들이 있겠지만, 나이에 관계없이 공통으로 지닌 고민은 교육이다. 교육을 받는 학생들은 '왜 이런 공부를 해야 하는가'라는 의문을 늘 안고 살아야 하고, 자녀를 둔 부모들은 '어떻게 하면 내 아이를 남보다 뛰어나게 가르쳐서 좋은 대학에 보낼 것인지'가 가장 큰 걱정거리일 것이다.

우리나라의 교육열은 좋든 그르든 단연 세계 '최고'라고 할 수 있다. 네 살 배기 코흘리개에게 영어를 가르치고, 학교에서 돌아온 초등학생에게 쉴 틈도 거의 주지 않고 피아노, 미술, 태권도 학원으로 보내는 나라가 어디에 또 있을까? 고등학교로 올라가기 전에 중학교 때부터 대학입시에 대비해서 사설학원에 다니는 아이들이 적지 않은 나라가 한국 말고 달리 있을까? 고등학생들의 대학 진학률이 2008년도에 83퍼센트로 세계에서 가장 높았다는데, 그렇게 대학에 들어간 학생 대다수가 제 나라 말로 편지도 제대로 못쓰고, 10년 가까이 영어를 배웠는데도 외국인을 만나면 의사소통이 어려워서 쩔쩔매는 나라가 또 있을까?

한국의 교육열은 세계 최고

어디 그뿐인가. 부부가 맞벌이를 해도 대기가 벅찬 자녀의 사교육비를 벌충하려고 남편이나 아내가 낮에 일을 마치고 밤에 다시 부업을 나가야 하는 가정이 적지 않다. 서민들은 '교육' 때문에 이렇게 고달프지만 부자들이 많이 사는 서울 강남 지역에서는 한 달에 보통 수백만 원이 들어가는 고액과외가 '성업중'이다.

2008년 여름엔가 텔레비전에서 본 뉴스가 있다. 서울 노원구의 고등학생들이 자정까지 사설학원에서 공부를 마치고 수십 명씩 버스를 타고 인접한 의정부로 넘어가는 장면이었다. 무슨 법 때문에 서울에서는 학원이 자정까지만 '영업'을 할 수 있는데, 경기도는 그렇지가 않아서 그쪽으로 가서 또 공부를 하고 2시가 넘어서야 집으로 돌아온다는 것이었다. 간단히 세수라도 하고 나면 2시 반이 될 텐데 잠을 얼마나 자고 학교에 간단 말인가?

요즈음 나라 안팎으로 경제가 어렵다고 아우성이다. 성장률은 떨어지고 물가는 오르고 실업자는 늘고 환율은 자고 나면 널뛰기를 하기 때문이다. 정부는 공무원을 줄인다고 나서고, 대기업들은 신입사원들의 봉급을 깎아서 경영난을 헤쳐나가겠다고 말한다. 이렇게 모두가 줄이고 깎는 마당에 '절대로 못 줄이겠다'는 것이 있다. 바로 사교육비이다. 교육과학기술부와 통계청이 2009년 2월 27일에 발표한 '2008년 사교육비 실태 조사 결과'를 보면, 2008년 초·중·고등학생의 전체 사교육비는 20조 9000억 원으로 전년도의 20조 400억 원보다 4.3퍼센트가 늘어났다. 같은 기간에 물가가 오른 것과 엇비슷하게 사교육비가 올랐으니 가계의 부담은 그만큼 커졌을 것이다.

학생 1인당 사교육비는 월평균 23만 3000원으로 전년 대비 5퍼센트나 늘었다. 과목별로 보면 사교육비 중 영어가 11.8퍼센트, 수학이 8.8퍼센트 늘어나서 다른 과목들을 압도했다.

2008 회계연도의 정부 예산은 256조 원 남짓이었는데, 사교육비는 21조 원에 가까웠으므로 예산의 8퍼센트쯤 되는 액수다. 절대로 그런 일은 없겠지만, 사교육비 전액을 다른 생산적 부문들에 지출했다면 국민경제에 훨씬 더 큰 도움이 되었을 것이다. 그런데 위의 사교육비 통계수자들은

전국 273개 초·중·고 학부모 3만 4000명을 대상으로 조사한 결과 나온 것이다. 물론 정부기관이 지역과 계층을 고려해서 표본을 뽑았겠지만, 언론이 자주 보도하는 사교육 현실과 거리가 먼 수치들이 눈에 많이 띤다.

부모들이 사교육에 큰돈을 들이는 주된 목적은 자녀의 인성을 함양하고 전문기술을 익혀주기보다는 학교에서 시험을 더 잘 쳐서 궁극적으로는 높은 수능점수를 받게 하는 데 있다. 그렇게 해야 이른바 'SKY 대학'에 들어가거나, 아니면 서울 시내나 수도권에 있는 '괜찮은' 대학에 입학해 좋은 직장에 갈 수 있다고 믿기 때문이다.

SKY(하늘)라는 작명을 누가 했는지 모르지만, 한국 사회의 학벌 광풍을 이 말보다 더 극명하게 표현하는 어휘는 없을 것이다. 미국에서는 아이비리그Ivy League(동부의 뉴잉글랜드 지방에 있는 하버드, 예일, 프린스턴 등 8개 사립대학)가 가장 유명한데, 미국의 우수한 고등학생들은 그 8개 대학만 제일이라고 생각하지는 않는다. 한국보다 나라가 몇십 배 크고, 50개 주를 중심으로 독특한 교육제도와 재정이 뒷받침하는 특성이 있어서 그런지, 예를 들어 캔자스 주 전체에서 1등을 한 학생이 하버드대 아니면 안 가겠다고 하지는 않는다고 한다. 미국에서는 자기가 거주하는 주의 주립대학에 가면 명문 사립대보다 학비가 5분의 1 이하가 되는 경우가 많다고 한다. 그래서 주립인 캔자스대에 진학해 열심히 공부를 해서 지역에서 지도자로 일하거나 중앙 정치무대나 전문분야로 진출하겠다는 학생이 오히려 정상일 수 있다는 것이다. 그런데 우리나라에서는 첫째 S대, 다음에는 K대나 Y대에 들어가야 '성공'할 수 있다고 믿는다. 또 다른 일반적 경향을 보면, S대 자연계열보다는 Y대 의대에 들어가야 더 잘 살 수 있다고 보면서 수능점수가 더 높은 학생들이 후자로 쏠리는 현상도 나타난다. 이때 '잘 산다'는 것은 무엇을 뜻하는가? 단순히 의사가 되어 병들어 고생하는 사람들을 위해 봉사하면서 삶의 보람을 찾겠다는 의미만은 아닐 것이다. 그것은 요즈음 대기업에 취업한 공대 졸업생들 중 상당수가 '사오정'이 되기 싫어서 의대 입시 준비를 고려한다는 추세에서 여실히 드러난다.

기득권 유지, 신분 상승의 무기가 된 교육

한창 꿈과 낭만에 부풀어서 이웃과 더불어 가치 있게 사는 삶을 설계해야 할 젊은이들이 왜 이렇게 되어가는 것일까? 그들이 어릴 적부터 부모들이 '너는 공부를 잘 해서 남보다 좋은 대학, 그것도 제일 좋은 대학에 꼭 들어가야 해. 그래야 평생 행복하게 살 수 있어'라는 말을 일상적으로 주입했기 때문일 수 있다. 그리고 학교의 평가라는 것이 성적 우선이라서 처지는 학생들은 사람대접을 못 받기 때문에 어떤 수단을 써서라도 남보다 앞서야 한다는 강박감이 굳어져서 청년기까지 이어지는 것이다.

21세기가 되기 전부터 그랬지만 이제 한국 사회에서 학벌은 상위계층의 기득권 유지와 확대, 중하위 계층의 신분 상승을 위해 가장 필요한 발판이자 사다리가 되었다. 《한겨레》가 연재하는 기획기사 '살림살이 나아졌나'(2009년 2월 24일자)를 보면 서울 금천구에 사는 한 주부(38세)는 1남 2녀(초등학생 2명과 중학생 1명)를 위해 넉넉지 않은 살림인데도 한 달에 100만 원 가까운 돈을 들이지만 다른 집에 비하면 턱없이 모자라다고 여기고 있다. 모두 가려고 애쓰는 특목고에 보내려면 중학생한테 한 달에 학원비로 60만 원이나 들기 때문에 엄두를 못 낸다고 한다. 초등학교에 들어가기 전부터 한 달에 100만 원을 내고 영어유치원에 다니는 아이들이 수두룩한 상황이라서 국제중학교는 꿈도 꿀 수 없다고 한다.

위의 기사를 보면, '표준 강남 엄마'라고 자처하는 49세 여성은 2008년에 고3이던 딸과 고1이던 아들을 위해 한 달 평균 480만 원을 썼다고 한다. 그 엄마는 이렇게 했다.

"둘 다 수학이 약하니까 수학 과외는 기본이고, 언어영역도 전문 과외 선생을 붙였어요. 과목당 한 명에 60만 원씩이었으니 과외비만 240만 원이 든 셈이죠." 여기에 학원 종합반 수강료가 각각 100만 원씩 200만 원이고, 입시가 코앞인 고3 딸에게는 불안한 마음에 사회탐구 인터넷 강의(40만 원)도 끊어줬다. 남편 한 달 수입의 60~70퍼센트를 쏟아부어도 사교육비는 늘 모자랐다. "제가 부동산에서 아르바이트 해서 모은 1000만 원도 전부 쏟아부었죠. 거기다가 1000만 원짜리 마이너스 통장까지 만들었어요."

"그래도 대치동이 아닌 방배동이라 그 정도"라는 것이었다. 아침도 못 먹고 늘 시험에 찌들어 있는 아이들을 보는 건 더더욱 견딜 수 없었단다. "중간·기말고사 2번씩에 3·6·9·11월에 보는 학력평가, 여름·겨울 방학 끝나고 개학과 동시에 치르는 학교 자체 시험이 2번, 간간이 보는 사설 모의고사까지 모두 합하면 1년 내내 한 달도 거르지 않고 시험을 치릅니다. 애들 잡는 거죠."

여기까지 인용하고 보니 이 글을 쓰고 있는 나도 숨이 턱 막힌다. 도대체 제 정신 가진 사람들이 '교육정책'을 펼치고 있는 나라인가? 이명박 정부 들어 청소년들과 학부모들의 고통은 훨씬 더 심해졌다. 대통령은 '공교육 만족도를 두 배로 높이고 사교육비를 절반으로 낮추겠다'고 공언했는데, 정작 일선의 교육행정은 학교에서 점수 경쟁이 더 치열해지는 현상을 빚어냈다. 고등학교는 물론이고 초·중등학교에까지 '우열반'이 생겨서 학생들을 성적을 기준으로 '인종차별'하고 있다. 일제식민지시대의 잔재라는 '일제고사'가 되살아나서 일부 학교 교사들이 성적을 조작하는 일까지 벌어졌다.

한국 사회의 교육이 '총 없는 전쟁'으로 확산 일로를 걷는 데 대한 비판이 들끓자, 이명박 정부는 2009년 7월 7일부터 '학원 불법영업 포상금제'를 시작했다. 사설학원들이 밤 10시 이후에 수업을 하거나 불법·편법으로 운영하는 것을 신고하면 20만 원 이상의 포상금을 주겠다는 것이다. 이른바 '학파라치'다.

한국학원총연합회 소속 전국보습교육협의회 회원 3000여 명은 7월 17일 오전 서울 대학로에서 'MB 교육정책 시정 촉구 총궐기대회'를 열고 "이명박 정부는 특목고, 영어 몰입식 교육, 국제중 허가 등의 교육정책으로 국민들이 사교육기관을 선택하지 않을 수 없게 만들어놓고, 이제 와 자신들의 실책을 학원에 떠넘기기 위해 학원을 공공의 적으로 만들어버렸다"고 비판했다.

학원이 수천 곳이 넘는다는 서울 강남의 대치동에서 단속 공무원의 수가 10명이 못 된다고 해서 학파라치들에게 그 '업무'를 맡기면 부유한 가정의 자녀들이 비밀 고액과외 시장으로 빠져나갈 것은 분명하다. 이미 카파라치, 쓰파라치, 청파라치, 땅파라치를 '활용'하고 있는 정부가 사교육 시장에까지 '민간 고발 제도'를 도입했으니 '국민 상호감시'를 어디까지 확대할 작정인가.

점수 위주 교육으로 창의력과 사고력을?

이명박 대통령은 2009년 2월 하순 '라디오 주례연설'에서 아래와 같이 말했다.

> 이 시대가 필요로 하는 인재는 창의력과 폭넓은 사고력, 예술적
> 인 감수성을 갖춘 사람입니다 …… 대학입시에서 현재와 같은 점
> 수 위주 선발 방식은 벗어나야 합니다 …… 대학의 자율성은 사

교육을 조장하는 것이 아닌 공교육을 정상화하는 쪽으로 맞춰져
야 합니다.

어린 학생들을 일제고사 성적에 따라 줄을 세우고, 공교육이 암기 위
주의 시험을 뼈대로 하고 있고, 입시 강박증이 아이들을 짓누르고 있는데
어떻게 '창의력과 폭넓은 사고력, 예술적인 감수성을 갖춘 사람'이 될 수
있겠는가?

실제로 필자는 2008년 3월부터 세 학기 동안 수도권의 한 대학에서 학
생들에게 글쓰기를 가르쳐보았다. 그들은 대학에 갓 입학한 젊은이들로
서 수능 점수를 따진다면 보통 수준일 것이다. 내가 놀란 것은 100명쯤 되
는 학생 중에 중·고등학교 시절에 편지를 써본 사람이 대여섯 명밖에 안
된다는 사실이었다. 그러니 대학에 들어와서 보고서(리포트)를 작성하는
일이 얼마나 어려웠을까? 그런데 더욱 놀라운 것은 그런 학생들을 한 학
기 15주(30 시간) 동안 가르치고 나니 열 명 중 아홉 명 이상이 일기, 짧은
수필, 편지 같은 것을 제대로 쓰게 되었다는 사실이다. 한 마디로 중·고
등학교에서 글쓰기는 물론이고 말하기도 전혀 가르치지 않은 셈이다.

근래 우리나라를 휩쓸고 있는 영어 열풍은 어린이들을 '문화적 미아'
로 만들 수밖에 없을 것이다. 제 나라 말도 제대로 못하는 나이에 교사가
'쇼핑'이라고 하면 '아니에요, 샤핑이 맞아요'라면서 깔깔 웃어대는 아이
들을 어떻게 할 것인가? 엄마가 '너 오렌지 줄까?' 하고 물으면 '아니, 어
륀쥐 줘요'라고 고쳐 말하는 아이들 머릿속에서는 어떤 생각이 자랄까?
우리말보다 영어를 훨씬 많이 공부하다 보면 어린 시절부터 '미국이 최
고'라는 생각이 굳어질 것이다. 그야말로 문화적 사대주의자들을 대대적
으로 길러내는 일 아닌가. 살아가는 데 필요하다면 영어를 포함해서 미국

의 문화를 배우는 것은 좋은 일이다. 그런데 판단력이 제대로 서지 않은 어린이들에게 그 나라 말만을 가르치는 것은 문화적 주체성을 뿌리부터 잘라버리는 일이 될 수도 있다.

미국의 교육에서 배워야 할 것들

그렇다면 미국의 문화, 특히 교육과 관련해서 무엇을 배워야 할까?

미국의 의무교육은 12년으로, 초등교육 6년, 중고등고육 6년이다. 공립학교는 1만 6000여 개의 학군이 있고 사립은 그보다 훨씬 적은 1000여 개다. 사립학교는 국가의 보조 없이 자체적으로 운영한다. '명문 사립고등학교'에 다니려면 한 해 3~4만 달러가 들어가니 우리나라 돈으로는 한 달에 300만 원(환율을 1250 대 1로 계산)에서 400만 원 가량이 되는 셈이다.

미국에서 대학에 진학하려면 SAT(Scholastic Aptitude Test), ACT(American College Testing), AP(Advanced Placement) 중 하나를 선택해서 치러야 한다. SAT는 한국의 수학능력시험과 비슷하지만 영어와 수학 시험만을 치른다. ACT는 여러 과목별로 시험을 보아야 한다. AP는 대학과정을 과목별로 고등학교 때 미리 공부하는 것으로서 일정한 점수를 넘으면 대학 학점으로 인정받을 수 있다. AP와 비슷한 제도가 한국에는 없다.

이 나라 공교육에서 인문계와 실업계 구분이 없는 것은 특이한 일이다. 반드시 대학에 가지 않아도 자기만 열심히 하면 충분히 먹고 살 수 있는 나라, 이것이 우리가 알고 있는 미국의 이미지다. 2007년 8월 우리나라에서 학벌 위조가 문제되었을 때《워싱턴 포스트》는 '한국 학벌 위조 파문'이라는 기사를 실었다. 왠지 낯 뜨거워지는 이유는 두 가지 때문이다. 하나는 학벌 아니면 성공할 수 없다는 사회 분위기, 또 하나는 거짓이 너무 쉽게 통용되는 우리의 허술함 때문이다(《미국, 명백한 운명인가, 독선과 착각인가》, 231쪽).

미국에도 일부 학부모와 학생들 사이에 '아이비리그 열풍'은 있다. 그러나 우리나라에서처럼 고위 공직자나 대학 교수가 되려는 사람들이 '아이비리그 학교'를 나왔다고 졸업장을 위조한 사실이 드러나면 그의 인생과 전문직 경력은 그날로 끝나고 만다.

그런데 학벌보다는 개인의 능력과 실용성을 중시하는 미국에서 정작 심각한 것은 졸업률이 60퍼센트 미만인 고등학교가 10퍼센트를 넘는다는 사실이다. 우리나라에서는 대다수 학생이 적어도 고등학교만은 졸업하는 현상과는 아주 대조적이다. 그런가 하면 미국에서는 특정의 소수 대학들을 빼면, 다수 대학은 2년제 커뮤니티 칼리지community college를 포함해서 입학하기가 수월한 편이지만 졸업하기가 쉽지 않다. 고등학교 때보다 공부의 강도가 높고 해야 할 일이 너무나 많기 때문이다. 2008년 10월 국내 언론매체들에 보도된 재미동포 김승기 씨의 콜럼비아대 박사학위논문 〈한인 명문대생 연구〉에 그런 사실이 잘 드러나 있다.

하버드, 예일, 코넬, 콜럼비아 등 미국 14개 명문대에 입학한 한인 학생 1400명을 대상으로 분석한 결과 중퇴율이 44퍼센트나 되었다고 한다. 유태인(12.5퍼센트), 인도인(21.5퍼센트), 중국인(25퍼센트)보다 훨씬 높은 비율이다. 왜 그럴까?

이 논문은 "학부모들의 지나친 입시 위주 교육방식이 한인 학생들이 중도에 학업을 포기하게 하는 주된 이유이며, 이것이 학교생활과 미국 사회 진출에 걸림돌이 되고 있다"고 지적했다. 한국 학생들은 "중학생만 돼도 하루의 대부분을 학교나 학원에서 보낸다. 그런 환경 탓에 한국 학생들은 자율이 보장되는 대학생활에서 사회가 요구하는 이상적인 인물로 성장하기보다 남보다 뛰어난 학생으로 만족하는 경우가 많다." 어렵사리 미국 명문대에 들어간 한국 고등학교 졸업생들은 군대처럼 일상생활을 통제당하던 버릇 때문에 무제한의 자유를 누릴 수 있는 그곳 분위기에 적응을 못하고 자율적으로 공부하는 학생들에게 뒤처져서 학업을 포기하는 사례가 많다고 한다. 이런 현상을 보고 아이비리그 중 한 대학의 입학처장은 "학문적으로 성공한 학생보다는 늘 행복한 학생을 뽑았을 때 커뮤니티 자체가 행복한 캠퍼스로 바뀐다"고 말했다. 요즈음 우리나라 고등학생들 중 진실로 '행복한 학생'을 어디서 찾아볼 수 있을까?

'제 나라 글쓰기' 부터 바로 해야

앞에 썼듯이 대학에서 1학년 학생들에게 글쓰기를 가르치고 있는 사람으로서 필자는 한국이 미국에서 가장 먼저 배워야 할 것은 '제 나라 글을 제대로 쓰도록' 하는 제도를 만들어서 실행하는 일이라고 믿는다. 미국의 대다수 대학은 입학시험에서 '에세이'를 요구한다. 단순한 논문이나 수필이 아니라 응시생이 살아온 과정, 특히 어려움을 극복해내던 때의 의지와 정신적 성장, 지역사회에서 또는 국제적으로 봉사한 경험, 창의력을 개발하려고 노력한 사실 등을 스스로 써내는 것이다. 우선 글을 논리적으로 써야 하지만 내용도 중요하다. 요즈음 우리나라 주요 대학들이 그나마 치르던 논술조차 줄여나가고 있는 현상과는 아주 대조적이다. 미국의 대학들은 에세이를 잘 쓸 능력이 없으면 수학능력이 모자라다고 본다. 그리고 남이 써준 에세이로 합격한 학생은 대학 수업과정에서 그 사실이 드러나서 자퇴할 수밖에 없다고 한다. 요즈음 고등학교를 서열화하고 특목고 출신을 우대했다는 의심을 받는 대학은 물론이고 우리나라 교육계 전체가 아래와 같은 사실을 귀담아 들어야 할 것이다.

미국의 대학 입시는 우리와 많이 다르다. 성적 자체만으로 평가하자면 내신과 SAT가 중요하다. 그중 내신은 '성장세'를 가장 높이 평가한다. 1학년에 D를 받았지만 2학년에 B를 받고 3학년에 A를 받을 수 있는 학생, 그 가능성에 높은 점수를 준다. 이 말은 곧 아이의 성적 자체보다 얼마나 발전했는지 어떤 과정을 통해 노력하고 공부했는지, 어떤 가능성이 있는지를 본다는 뜻이다(앞의 책, 273쪽).

버락 오바마는 미국 교육제도의 장점을 잘 활용해서 공부한 사람이다. 고등학교 시절에 친아버지가 없는 가정에서 '흑인의 정체성'에 관해 고민하면서 술, 담배, 마리화나에 빠졌던 오바마는 어머니의 자상한 배려 덕분에 로스앤젤레스 근교의 옥시덴털 칼리지로 진학한다.

LA 남부에 불규칙하게 퍼져 있는 흑인 빈민가에서는 멀리 떨어진 전원풍의, 나무가 무성한 캠퍼스다. 오바마는 흑인 학생들과 쉽게 어울릴 수 있었다. 그들 중 많은 학생은 빈민가 출신이었는데 자신들이 자란 모래투성이의 위험한 거리에서 벗어난 것을 즐거워했다(《버락 오바마의 삶》, 119쪽).

그는 옥시덴탈이 만들어 준 틀과 자신이 영향받기 쉽다고 생각한

나쁜 습관과 방종에서 벗어나기로 결정하고 콜럼비아로 옮겼다. 동시에 그는 LA 교외의 불규칙한 확장 지구에서 벗어나 '진정한 도시의 중심부'에서 흑인 이웃들과 살아보고 싶었다.

……

오바마는 유혹으로부터 벗어나야 한다고 생각해 바와 여자를 좋아하는 명랑한 룸메이트와의 밤거리 진출을 거절한 채 공부에 집중했다. "지겨운 녀석이 돼 가고 있구나"라고 룸메이트가 말했다. 오바마는 하루에 약 4.5킬미터로를 달리고, 일요일에는 금식을 했으며 성실히 기록을 남겼다. 그가 말하기에는 '매일의 성찰과 아주 형편없는 시'였지만, 또한 10년 후 그가 회고록을 쓸 때 자료로 쓰게 될 글들을 쓰기 시작했으므로, 그 말이 사실임을 부인할 수 없다(같은 책, 131쪽).

우리는 여기서 오바마가 정신적 방황에서 완전히 벗어나서 날마다 자신을 성찰하는 글을 쓰고 건강을 위해 운동과 식생활에 정신을 집중했음을 알 수 있다. 그는 "수업이 없거나 공부를 하지 않을 때는 걸어서 도시 여기저기를 탐색했다. 그리고 실직자와 버림받은 자들의 무리, 노숙자들이 피난처로 사용하는 쥐와 강도가 들끓는 주택, 마약 거래상들이 구걸하는 눈부신 도시의 '콧노래' 밑에 숨겨진 것을 보았다."

창의력과 사고력을 기른 오바마의 '자기 학습'

오바마는 콜럼비아대에 다니면서 단순히 지식 위주로 공부하지 않고 사고력과 창의력을 높이면서, 뉴욕 맨해튼의 '막장 인생'을 보고 듣는 산교육을 스스로 한 것이었다. 그가 대학을 졸업하고 시카고로 가서 '친구

들이 비웃을 만한' 연봉 1만 달러, 자동차 구입 보조금 2000달러의 인권운
동단체에 취업한 것은 바로 그런 자기 교육의 당연한 귀결이었다고 보아
야 할 것이다.

　연방 상원의원 시절 오바마는 교육에 관한 정부의 정책과 조치들을 비
판적으로 보면서 개혁의 방향을 제시했다.

> 정부는 지난 20년 가까이 쇄신과 개혁 언저리에서 맴돌며 어설픈
> 시도를 벌이다 평범한 성과에 만족하고 말았다. 이런 결과는 부분
> 적으로 새로운 발상을 하지 못하는, 시대에 뒤떨어진 이념 대립에
> 서 비롯된다. 많은 보수주의자들은 이런 주장을 펼친다. 학업 성
> 취도를 끌어 올리는 데는 많은 돈이 필요하지 않고, 공립학교의
> 여러 문제점은 불운한 관료 조직과 비타협적인 노동조합 때문에
> 빚어진 것이라는 것이다. …… 반면 진보주의자들은 더 많은 재정
> 을 투입해야만 교육성과를 향상시킬 수 있다는 주장을 펼치면서
> 가능하지도 않은 현상 고수에 집착하는 경향이 있다. …… 따라서
> 우리가 할 일은 학업 성취도에 가장 큰 영향을 미칠 수 있는 개혁
> 이 어떤 것인지 찾아내 필요한 자금을 투입하되, 성과가 없는 개
> 혁은 폐기하는 것이다(《버락 오바마, 담대한 희망》, 235~236쪽).

　이런 교육관을 가진 오바마 대통령은 낙제 학생 방지법, 영유아 조기
교육, 모든 아동들을 위한 유아원 신설, 자녀 및 부양가족 경비에 대한 세
제 혜택, 교사 채용과 양성 제도의 개선 같은 정책들을 실행에 옮기겠다
고 공약한 바 있다.

　우리나라 국민들이 잘 알고 있듯이 노무현 전 대통령은 교육에 관한

한, 개인적으로 어린 시절부터 모진 고생을 한 사람이다. 앞에 썼듯이 그는 가난 때문에 중학교 때도 한 해를 쉬어야 했고, 성적이 뛰어난 데도 대다수 학생이 지망하는 '명문 인문계' 고등학교에 갈 수 없었다. 그리고 그에게는 SKY대는커녕 그 어떤 대학의 졸업장도 없었다. 그런 학력을 가진 젊은이가 한국 사회에서 취업이나 승진에서 겪는 불이익과 모멸감은 이루 말할 수 없다. 노무현은 사법시험 합격, 판사 임관, 변호사 활동, 민주화운동 적극 참여, 가난하고 소외된 이들을 위한 봉사 등으로 학벌사회의 장벽을 넘을 수 있었을 것이라고 생각한다.

그는 대통령 임기 중 교육의 삼불정책(고교 등급제, 대학입시 본고사, 기여입학제 금지)에 관해서만은 추호의 양보도 하지 않았다. 대한민국의 주류라고 자부하는 명문고들과 SKY대 출신의 정치인, 고위관료, 대자본가, 조중동을 비롯한 보수언론이 끈질기게 삼불정책 폐지를 주장했는데도 그가 완강하게 그 정책을 지켜낸 것은 두드러진 업적으로 기록될 것이다. 이명박 정부가 들어선 뒤 황폐해지는 교육 풍토, 청소년들에게 강요되는 비인간적 경쟁을 보면 노무현 시대를 새삼 그리워하는 학생들과 부모들이 많을 것이다.

필자는 '노무현 대통령이 재임 중에 훨씬 더 강력한 교육 개혁을 추진했으면 좋았을 텐데' 하는 아쉬움을 품고 있다. 그것은 서울대를 꼭짓점으로 하는 대학 서열의 피라미드를 완전히 혁파함을 의미한다. 이런 개혁은 아주 복잡하고 기득권 세력의 강력한 저항에 부닥칠 것이 분명하지만 필자는 1996년부터 이런 주장을 해왔으므로 여기에 그 요지를 간략히 소개하겠다.

'고대민국'이라는 말은 곧 '서울대의 나라'를 연상시킨다. 지금

은 고려대 출신이 대통령이라서 그렇게 말하는 듯한데, 1990년
대 중반에는 서울대를 나온 사람들이 대한민국을 지배한다는 뜻
으로 '서울대의 나라'를 썼다. 내가 일하던 신문의 1996년 2월
9일치에 '서울대 폐교론'이라는 제목으로 칼럼을 쓴 기억이 난
다. 지금도 그렇지만 '서울대 하나가 온 대학과 교육정책을 좌지
우지하는 현실'을 개혁하지 않고서는 국가도 가정도 청소년들도
건강을 지킬 수 없을 것이라는 믿음으로 그런 글을 썼다. 나는 현
실적으로 서울대를 없애는 일은 불가능하다는 전제를 하고 서울
대가 우리나라의 교육을 병들게 하는 현상을 제거하자는 뜻으로
폐교론을 주장했다. 서울대를 정점으로 하는 대학의 피라밋 체제
가 다른 대학들의 열등의식을 갈수록 심하게 만들고, 서울대 출
신의 국가 권력 과점 현상이 민주화에 장애가 된다고 보았던 것
이다. 그래서 서울대를 그 정점에서 떼어내기 위해 대학원대학으
로 개편해야 한다고 제안했다(《프레시안》 2009년 5월 14일자, '서울대
폐지론은 유효한가').

■ 권력-재벌-언론의 '합중국'으로 가려는 한국

2009년 봄기운이 돌기도 전에 우리나라 국회는 한나라당이 언론 관련
법을 기습적으로 상정하려는 '작전'을 시작함으로써 태풍에 휩싸인 듯했
다. 2월 25일 오후 한나라당 소속인 고흥길 문화체육관광방송통신위원회
(문방위) 위원장이 전체회의에서 방송 관련 법안 22건을 '일괄 상정한다'
고 소리치자 야당인 민주당 의원들이 '국회법 위반'이라고 거세게 항의하

면서 그를 향해 몸을 던지는 사태가 벌어졌다.

민주당은 문방위 위원장이 "국회법에 정한 의사일정 변경 절차를 밟지 않았고, 의안이 사전이 아니라 사후에 배포됐으며, 상정된 의안에 미디어법이라는 법안이 없으므로 효력이 없다"고 주장하면서 '상정 무효'를 선언했다. 그날은 '공교롭게도' 이명박 대통령이 취임한 지 한 해가 되던 날이었다.

전국언론노동조합(언론노조)은 "정권이 언론악법을 상정한 만큼 전면 제작거부를 포함해 지난 연말보다 더욱 강도 높은 파업 투쟁에 들어가겠다"고 밝혔다. 26일 MBC를 시작으로 SBS와 YTN을 비롯한 지상파와 케이블 방송사의 노동조합들이 파업을 벌임으로써 2008년 12월 하순에 한나라당의 '일시 후퇴'로 멈춘 언론계의 총력투쟁이 재개되었다.

언론노조 최상재 위원장은 총파업에 들어가면서 "'언론 장악 7대 악법'의 핵심적인 내용은 재벌과 조·중·동 족벌신문들에게 모든 방송을 넘겨주겠다는 것"이자 "신문 지원기관들을 통폐합해서 군소 신문과 지역 신문의 생사여탈권을 정부의 손아귀에 틀어쥐겠다는 것"이라고 말했다. 그는 또 "인터넷에서 자신들을 비판하는 네티즌들을 가혹하게 처벌해 입에 재갈을 물리겠다는 뜻"이라면서 "국민의 재산인 전파를 주인인 국민들에게는 단 한 번 의견도 묻지 않고 재벌과 조·중·동 족벌신문에 넘길 수는 없는 일"이라고 주장했다.

언론계와 야당, 시민단체들의 '반미디어법' 투쟁이 격렬해지자 한나라당 박희태 대표는 3월 2일 민주당 정세균 대표를 만나서 방송법과 신문법, 인터넷티브이IPTV법, 정보통신망법 등 언론 관련 4개 법안들을 6월 임시국회에서 처리하기로 합의했다. '100일 휴전'에 들어가기로 한 것이다.

그 휴전은 임시국회에서 열전으로 폭발했다. 한나라당은 임시국회가 끝나기 전에 언론 관련 법안들을 통과시키려고 야당과 협상을 계속하다가 도저히 타협책을 찾을 수 없다고 일방적으로 발표한 뒤 7월 22일 국회에서 우리나라 헌정사에 커다란 오점을 찍는 '의회 쿠데타'를 저질렀다.

이에 앞서 야당의 물리적 저지를 막기 위해 법안을 직권상정하겠다고 여러 번 공언한 김형오 국회의장은 정작 그날, 이윤성 부의장에게 의사진행을 넘겨버리고 본회의장에 모습을 드러내지 않았다. 한나라당 의원들이 의장석을 둘러싸고 민주당과 민노당 의원들이 거세게 항의하는 가운데, 오후 3시 36분 이윤성 부의장은 언론 관련 법안을 직권상정하고 제안설명을 비롯한 일체의 절차를 생략한 채 3개 법안을 차례로 표결에 부쳤다. 야당 의원들의 항의와 육탄 방어 때문에 제 자리를 찾지도 못한 한나라당 의원들이 의결 정족수인 148석을 채웠는지를 거수나 다른 방법으로 확인하지도 않은 채(국회 사무처 직원들이 육안으로 확인했는지는 모르겠지만) 전자투표가 진행되었다.

심각한 문제는 이른바 'MB 미디어 악법'의 핵심인 '방송법' 표결 과정에서 터졌다. 그 과정에서 표결 참가 의원이 정족수인 148명에 못 미치는 145명이라서 방송법이 부결되자, 이 부의장은 '표결 불성립'을 선언한 뒤 다시 표결해서 통과시켰다. 전광판에서 부결을 확인하고 환호하던 야당 의원들과 방청석의 언론노조 회원들은 2차 투표는 국회법에 명시된 '일사부재의'에 어긋난다고 항의했다. 한국헌법학회 회장인 김승환 전북대 교수는 한나라당의 재투표를 가리켜 "미쳐도 단단히 미쳤다"면서 "국회법 14조 3항을 들어 재투표를 실시했다고 주장했지만 이 조항에는 투표수가 명패 수보다 많은 경우에 한한다고 명시돼 있고, 이번 경우는 전자투표였는데 어떻게 그런 일이 가능한가"라고 비판했다. 민주당은 '방송법 효력정지가처분신청'과 '권한쟁의심판'을 헌법재판소에 청구하겠다고 발표했다.

민주당 정세균 대표는 7월 24일 "의원직을 사퇴하고 언론악법 폐기 100일 대장정에 들어가겠다"고 선언했고, 민주당 의원총회는 총사퇴를 결의했다. 한명숙 전 총리는 23일 '국민 무서움을 보여주어야 할 때입니다'라는 제목으로 성명을 발표했다.

> …… (한 전 총리는) 언론법 표결처리과 관련해 "재투표와 대리투표 등 유례없는 불법이 자행되었다"며 "이명박 대통령과 한나라당은 자신을 비판하는 자유언론을 질식시키고 관제·친위 언론에게 모든 권력을 쥐어주고자 언론 쿠데타를 시도한 것"이라고 주장했다.
> 한명숙 전 총리는 "어제 우리는 민주주의가 죽어가는 현장을 지켜봐야 했다. 이윤성 부의장의 의사봉 소리는 민주주의의 주검을 관에 가두는 대못질 소리였다. 국민의 가슴에도 대못이 박혔다"며 "아! 국민이 피 흘려 만들어온 대한민국의 민주주의가 이렇게 덧없이 죽어가고 있다"고 한탄했다(《프레시안》 7월 24일).

2009년 7월 하순의 언론법 '결전장'에서 가장 얄궂은 곡예 솜씨를 보인 사람은 한나라당 박근혜 의원이었다. 그는 직권상정이 강행되기 며칠 전에 국민 다수가 반대하는 언론 관련 법안의 "표결에 참석하게 된다면 반대표를 행사하기 위해서"일 것이라고 공언하고 나서, 한나라당 법안을 국민이 납득할 수 있게 수정하는 쪽으로 당 지도부와 대화를 하는 듯 보였다. 그런데 자신의 의견이 어떻게 반영되었는지를 전혀 밝히지도 않은 채 그는 '의회 쿠데타' 시간에 이렇게 하고 있었다고 한다.

이근행 언론노조 문화방송 본부장은 박근혜 전 한나라당 대표를 지목해 "하마터면 깜빡 속을 뻔했다"며 강한 어조로 비난했다. 그는 "한나라당이 22일 직권상정 후 강압적으로 표결처리를 하고 있을 때 한나라당 안상수 원내대표실에 앉아 있던 사람이 박근혜 전 대표였다"며 "마치 공주처럼 이야기를 하고 있는 모습이 얄미웠다"고 말했다.

그는 이어 박근혜 전 대표를 따르는 친박연대와 관련해서도 "본회의장에서 사기극을 벌인 이들은 정치가가 아니라 쓰레기"라며 "앞으로 친박연대 박멸계획에 나서겠다"고 목소리를 높였다(《프레시안》 7월 23일).

이명박 대통령과 한나라당, 일간지 시장에서 강력한 주도권을 잡고 있는 조·중·동은 왜 언론법 체계를 대대적으로 뜯어고치는 일에 그렇게도 집착할까? 앞에 인용한 언론노조 위원장의 말에 그들의 의도가 요약되어 있지만 더 상세하게 알아보기로 하자.

이명박 정부는 방송 관련법들을 개정하면 2조 9000억 원의 생산유발효과가 나오고 2만 1000개의 일자리 창출이 이루어질 것이라고 주장한다. 그런데 정작 자본을 투자해야 할 기업들은 '현재 방송산업 자체가 포화상태여서 쉽게 수익을 낼 수 없다'고 보고 있다. 우리나라는 오래 전부터 방송채널사용 사업자PP들에 대한 투자를 허용하고 있지만 수준이 높거나 상품성이 강한 콘텐츠가 아직 나오지 않고 있다. 이런 상황에서 대자본을 가진 기업들이 유선 또는 위성 방송에 투자할 리는 없으므로 그런 데서 생산유발 효과와 고용 창출이 일어나는 것은 불가능에 가깝다고 보아야 할 것이다. 설령 그들이 언론사업에 진출할 의지가 있다 하더라도 소수 재벌이나 조·중·동 같은 족벌언론처럼 지상파, 또는 종합편성이 가능한 케이블 텔레비전 쪽에 뛰어들어 경쟁을 할 수가 없다. 그 기업들이 가진 자본과 힘이 상대가 되지 않기 때문이다. 그리고 MBC 같은 회사를 완전히 민영화 해서 기업들의 투자를 유치한다 해도 가뜩이나 경영난에 시달리고 있는 그 방송사가 전문직을 다수 고용해서 양질의 콘텐츠를 생산함으로써 일시에 수익성을 높일 수는 없는 일이다.

이렇게 보면 이명박 정부와 한나라당이 성급하게 밀어붙인 방송 관련 법안들은 다른 데 목적이 있다고 보아야 할 것이다. 그것은 다음과 같은 발언에서 여실히 드러난다. 한나라당 언론법 '밀어붙이기'의 주역 중 한 사람인 정병국 의원은 2009년 2월 3일 한국방송학회가 주최한 '방송법 개정안 대토론회'에서 "방송법 개정안을 경제 살리기 법이라고 말하고 있으나 여론 다양성이 첫 번째이고 일자리 창출 등 산업적 효과는 부수적인 것"이라고 말한 바 있다.

그렇다면 '여론 다양성'이라 함은 무엇을 뜻하는가? 2009년 3월 한국 사회의 여론이 다양하지 않다는 말인가? 한 마디로 여론은 다양함을 넘어 '백가쟁명' 수준이다. 이명박 정부가 들어선 뒤 급속히 '체제 옹호' 성향을 보이고 있는 KBS, 본래 보수 일변도로 달려온 조·중·동 그리고 일부 보수적 군소매체들을 빼면 일간지와 지상파부터 인터넷 매체들에서까지 다양한 정보와 의견들이 펼쳐지고 있다. 검찰이 인터넷 논객 '미네르바'를 구속한 뒤 네티즌들 중 일부가 움츠러들기는 했지만 여론의 다양성과 치열함은 예전 그대로다. 이것은 1987년 6월항쟁 이래 나날이 커져온 언론자유의 열매다. 그리고 보수 세력이 '잃어버린 10년'이라고 탄식하던 시기에 그 자유는 더욱 신장되었다. 그들에게는 이 언론자유가 불편할 것이다.

조·중·동은 여러 해 전부터 일간지 시장의 70퍼센트 이상을 점유하고 있다. 그런데 만약 세 신문이 지상파를 하나씩 갖거나 뉴스와 일반 콘텐츠를 종합편성할 수 있는 케이블 텔레비전을 거느리게 된다면 신문과 방송 겸영을 통해 한국 사회의 여론을 더 다양하게 만들 수 있을까? 전혀 있을 수 없는 일이다. 그들은 오히려 훨씬 강화된 복합매체의 위력으로 여론을 정권과 보수 세력에 유리하게 이끄는 쪽으로 나가려고 할 것이다. 다시 말하면 여론의 다양화가 아니라 단일화를 기도하리라는 뜻이다.

베를루스코니와 루퍼트 머독의 언론 독과점

정치권력이나 대자본이 언론을 장악하면 국정 운영과 사회 풍토가 어떻게 되는지를 잘 보여주는 나라는 이탈리아다. 그 나라의 현직 총리인 실비오 베를루스코니Silvio Berlusconi(1936~)는 정치인이면서 이탈리아 최대의 재벌을 거느린 기업인으로서 은행과 언론매체들 그리고 프로축구단을 소유하고 있다. 그는 1978년에 피니베스트라는 미디어 그룹을 설립했는데 이 업체는 현재 미디어와 금융을 함께 경영하고 있다. 3개의 전국 아날로그 텔레비전 채널, 다양한 디지털 텔레비전 채널들과 여러 개의 시사잡지들을 포함하면 그가 거느린 매체들은 이탈리아 미디어시장의 절반 가까이를 차지한다. 이탈리아의 실질적 통치자가 언론재벌의 총수라는 사실을 다른 나라 사람들은 어떻게 받아들여야 할까?

그는 세계적으로 유명한 이탈리아 프로축구단인 AC밀란의 구단주인 동시에 이탈리아의 대은행과 보험회사 그룹의 공동소유주이다. 그는 이명박 정부가 들어서서 강하게 추진하고 있는 금산분리 완화를 일찌감치 몸소 보여준 '선구자'다. 금융과 산업의 분리를 완화하는 것을 넘어서 아예 금산통합을 이루었다고 보아야 할 것이다. 이렇게 해서 그는 미국의 경제전문지 《포브스》가 2008년에 선정한 '이탈리아의 제3위 부자'가 되었다. 개인 자산은 무려 94억 달러였다.

이탈리아에서 가장 부패한 정치인이자 기업인이라는 평을 듣던 그가 어떻게 해서 그렇게 막강한 권력과 거대한 부를 쌓을 수 있었을까? 두 말할 나위도 없이 그 권력과 부의 최대 원천은 언론이었다. 그는 1994년에 전진이탈리아당을 창당한 뒤 다른 정당들과 연합해서 제2차 세계대전 뒤 이탈리아 최초의 우파 정권을 세웠으나 연정의 붕괴로 7개월 만에 물러난다. 그는 1998년에 전직 총리로는 처음으로 '마피아 지원' 혐의로 불구속기소되지만, 2001년 5월의 총선거에서 우파연합이 승리함으로써 다시 총리직에 오른다. 그러나 그가 소유한 AC밀란이 연루된 승부 조작 사건이 여론을 악화시키는 바람에 2006년 총선에서 패배하고 다시 총리 자리를 떠난다. '놀랍게도' 그는 2008년 4월 총선에서 우파연합의 압승으로 세 번째로 총리직을 차지한다.

그는 정치권에 들어가기 전부터 그리고 그 뒤에도 위증, 뇌물 공여, 불법 정치자금 제공, 분식 회계, 공무원 매수, 세금 포탈, 횡령 등 온갖 위법 행위로 사법처리 대상이 되곤 했다. 다른 사람이라면 정치적으로나 도덕적으로 파탄에 빠졌어야 마땅한 '이력'이다. 그러나 이탈리아 텔레비전 시청자의 절반 가까이를 잡고 있는 3개의 전국 채널과 그 나라 1위의 광고·홍보회사, 최대의 출판사를 거느리고 있는 그는 여론 재판을 유유히 벗어나서 재기를 거듭할 수 있었다. 베를루스코니는 국영방송인 RAI가 자신을 강하게 비판하는 프로그램을 내보내면 '총리로서' 방송을 중단시키기도 했다. 당시 미국의 '프리덤 하우스'는 경제선진국이라는 이탈리아의 언론자유를 세계 77위라고 평가한 바 있다.

총리이자 기업인이자 언론재벌인 베를루스코니의 행태가 빚어낸 이탈리아의 정치적 후진성은 2009년 한국 사회에서 권력과 재벌과 보수언론의 노골적인 결합이 이루어지면 어떤 사태가 벌어질는지 걱정하게 하는 교훈이 되기에 충분하다.

'세계 미디어의 황제'라고 불리는 루퍼트 머독Keith Rupert Murdoch (1931~)은 베를루스코니와는 다른 면에서 언론을 돈벌이 수단으로 최대한 이용하고 때에 따라 정치권력과 유착한 인물이다. 오스트레일리아에서 태어난 그는 아델라이드라는 도시에서 신문을 창간하면서 언론사업을 시작한다. 그리고 자신의 회사인 '뉴스 코포레이션'을 영국, 미국, 아시아의 미디어시장으로 진출시키면서 '미디어 제국' 건설의 기초를 닦는다. 2008년 《포브스》의 '세계 400대 부자'에 따르면 머독은 83억 달러의 재산을 가진 세계 109위의 자산가다. 베를루스코니보다 재산은 조금 적지만 언론재벌로서의 영향력은 세계적으로 더 강력하다.

머독은 1981년에 영국의 《더 타임스》와 자매지인 《선데이 타임스》를 인수하면서 세계의 언론인들을 놀라게 한다. 영국에서 역사와 권위를 자랑하던 신문이 외국인의 손에 넘어갔기 때문이다. 1980년대와 1990년대 초에 머독의 매체들은 영국의 보수당 소속 총리인 마가렛 대처를 지지하다가 나중에는 노동당 당수인 토니 블레어 쪽으로 돌아선다. 머독과 블레어의 유착과 비밀 회합들은 영국에서 정치적 쟁점이 된다. 머독이 계산에 따라 좌와 우를 가리지 않고 오갔기 때문이다.

머독은 1973년에 미국의 미디어 업계에 진출한 뒤, 미국 시민만이 텔레비전 방송국을 소유하도록 규정한 그 나라 법에 따라 미국으로 귀화한다. 1996년에 머독은 24시간 케이블 뉴스 방송인 〈폭스 뉴스 채널〉을 설립하고, 당시 최대이던 CNN의 점유율을 꾸준히 잠식해서 마침내 '케이블 뉴스 채널 1위'라고 선언한다.

머독이 전세계에서 소유한 175개 신문들은 2003년에 미국이 이란을 침공했을 때 전쟁을 지지하는 사설들을 쓴다. 그런 까닭 때문인지 부시 2세 대통령은 폭스 뉴스만을 본다는 보도가 나오기도 했다.

머독 소유의 일간지 《뉴욕 포스트》는 2000년에 힐러리 클린턴의 뉴욕 주 상원의원 출마에 반대했는데, 머독 자신은 2006년 5월 힐러리 상원의 원의 정치자금 모으기를 주관했다는 보도가 있었다. 2007년 8월 그는 미 국 최대의 경제신문 《월스트리트 저널》을 소유하고 있는 '다우 존스'를 인수한다. 영국의 《더 타임스》부터 《월스트리트 저널》까지 세계 유수의 신문들과 주요 방송사들이 그의 손 안으로 들어간 것이다.

언론을 돈벌이와 재산 불리기에 철저히 이용하면서 정치적으로 보수 와 진보를 가리지 않고 유착관계를 맺는 머독의 행각은 오직 '자유언론' 의 대의에 봉사하려는 세계의 언론인들에게는 매우 혐오스러울 것이다.

좀 다른 이야기지만, 2009년 3월 초 이명박 대통령이 오스트레일리아 를 국빈방문하고 있던 때 《오마이뉴스》 6일자에 이색적인 기사가 실렸다. 'MB연설 수십 분간 박수가 안 나온 이유'라는 제목의 그 기사는 한국 교 민들이 벌인 '이명박 규탄 시위'에서 나온 이슈를 이렇게 소개한다.

첫째, 미디어법 개정을 반대한다. 호주에서도 미디어재벌 루퍼트
머독에 의해서 비슷한 시도가 있었지만 국민 여론으로 막아냈다.
한국의 미디어법 개정은 규제 완화와 미디어산업 활성화라는 그
럴듯한 명분으로 포장됐지만 결국 수구족벌신문의 방송 참여를
허용하는 방안일 뿐이다.

가시밭길 헤쳐온 한국 언론의 앞길

우리나라 현대 언론사는 독립과 자유를 위한 투쟁, 민족공동체에 대한 봉사와 배신, 부당한 권력에 맞서는 저항, 부도덕한 지배체제에 대한 굴종과 야합의 역사라고 볼 수 있다. 1883년 9월 《한성순보》가 최초의 근대신문으로 창간된 이래 1898년 9월 《황성신문》이 첫 일간지로 선을 보임으로써 우리 겨레는 서구식 언론을 접하게 되었다. 그뒤 한 세기 하고도 10여년이 넘는 기나긴 세월에 얼마나 많은 언론인들이 일제의 식민지배를 떨쳐버리려고 붓과 몸으로 싸웠고, 얼마나 많은 언론사 경영자들과 기자들이 외세에 아부하면서 영화를 누렸는지는 통계를 낼 수 없는 일이다.

그러나 한 가지 분명한 사실은 1920년 3월과 4월에 창간된 《조선일보》와 《동아일보》가 90년 가까이 언론의 그런 양면성을 대표해왔다는 것이다.

> 《조선일보》는 친일경제단체인 대정실업친목회를 배경으로 조진태, 민영기, 예종석 등이 주동이 되어 1919년 1월에 《조선일보》조합을 결성하고 창간 준비를 서두르다가 1920년 3월 5일 '신문명 진보주의'를 사시로 내세우고 합병 후 첫 한국인 민간신문으로 제일 먼저 창간되었는데 총독부로서는 민족지를 자처하는 《동아일보》와 노골적으로 친일을 표방한 친일지의 발행을 허가할 필요가 있었다고 볼 수 있다(《일제하 민족언론사론》*, 최민지 지음. 1978년 5월, 일월서각, 47~48쪽).

---

* 위의 책은 1970년대 초반에 《이대학보》 편집국장을 지낸 최옥자가 '최민지'라는 필명으로, 일제식민지시대의 '문화정치'와 언론기업, 《동아일보》와 《조선일보》를 비롯한 신문들의 보도 행태와 친일 행적을 당시 지면들을 상세히 검토하고 분석해서 쓴 것이다. 출간 당시부터 한국언론사 연구에 획기적으로 공헌했다는 평가를 받은 바 있다.

그런데 동아, 조선과 또 하나의 일간지인 《시사신문》의 창간을 일제가 허용한 배경에는 1919년 3.1독립운동의 기폭제라고 할 수 있는 조선인들의 '지하언론'을 지상으로 노출시켜서 통제하려는 의도가 숨어 있었다.

일견 《조선일보》와 《시사신문》은 일제의 식민정책을 지지하고 호응하고 있는 친일 매국세력에서 출원한 것이었으므로 그의 발행허가는 당연하다 치더라도 민족지임을 자임하는 서구식 자유민주주의를 제창하며 일제에서의 해방, 독립, 주권을 염원하는 민족의 대변지를 하겠다는 《동아일보》를 허가한 것은 문제로 삼지 않을 수 없다. 《동아일보》를 민족 독립운동의 기수로 독립운동을 하라고 허가하지 않은 것만은 분명할 것이다. 적어도 일제가 제창하는 식민 정책에 부응하거나 일제의 조종에 놀아날 수 있는 기회주의적 속성을 가진 무리라고 판단하였거나 기업 이윤의 확보나 출세주의 때문에 일제에 저항하기보다는 타협할 것으로 판단되었거나, 충분히 일제의 한반도 경략에 이용할 가치가 있다고 확신한 나머지 허가했음은 분명하다 할 것이다. 이렇게 보면 《동아일보》나 《조선일보》의 사시가 대동소이함이 우연이 아님은 분명하다(위의 책, 49쪽).

이런 판단은 《동아일보》가 창간된 뒤 몇 해 지나지도 않아서 드러낸 친일논조에서 그 정확함이 여실히 입증된다. 《동아일보》는 1924년 1월 2일부터 '민족적 경륜'이라는 사설을 연속으로 실었는데, '일본을 부인하는 무장항일 노선의 무모함을 지적하면서 일본의 주권 아래 법률이 허하는 범위 안에서 활동해야 한다는 자치운동으로서의 전향을 제시한' 부분이 독립운동가들은 물론이고 청년지식인들의 격분을 일으켰다. 그 대목은 1919년 3.1운동 직후 중국 상하이에 세워진 대한민국 임시정부를 부정하는 것이나 마찬가지였기 때문이다(이 연속사설의 집필자는 춘원 이광수였다).

《동아일보》와 《조선일보》의 '친일 경쟁'

애초에 친일신문으로 출발한 《조선일보》는 1933년, 평북 정주에서 《동아일보》 지국장을 하다가 금광에서 노다지를 캐내 일약 백만장자가 된 방응모의 손으로 넘어간다.

호남의 대지주로서 일찍이 방직업에 진출해서 성공한 산업자본가 집안의 맏형 격이자 보성전문(고려대학교의 전신) 교주인 김성수의 《동아일보》와 역시 대자본가인 방응모의 《조선일보》는 '민족지'라는 간판을 내던진 채 끝없이 상업적 경쟁을 하면서 전라도와 평안도의 갈등을 부추긴다.

그런데 두 신문이 일치하는 점이 딱 한 가지 있었다. 일제의 '조선통치'와 침략전쟁을 찬양하고, 조선의 젊은이들을 전쟁터의 총알받이로 내모는 선동을 하고, 미영귀축米英鬼畜을 저주하는 점에서는 완전히 '하나의 신문'이 되었던 것이다.

1937년 7월 7일, 일제가 '지나사변'이라고 부른 중일전쟁이 일어난 지 얼마쯤 지난 뒤 《동아일보》와 《조선일보》의 지면에는 일제의 침략군을 '아군' 또는 '황군'이라고 부르는 기사들이 나타나기 시작한다. 그리고 그 전쟁에서 일제가 압도적 승세를 굳혀가자 두 신문에는 일본의 죽은 천황과 산 천황에 대한 아부의 글이 넘쳐나고, '조선 청년들이 거룩한 전쟁에 나가야 한다'는 사설들이 실린다.

명치천황의 어성덕을 흠앙하는 3일의 명치절! 구름 한 점 없이 맑게 개인 한울은 하늘까지도 이날을 축복하는 것 가탓다(《동아일보》 1937년 11월 4일자 사설).

지원병 제도의 실시는 조선민중에게도 병역의 의무를 부담시키는 제일보이다. …… 남南 총독의 영단은 역대 총독이 상상도 하지 않던 병역의 의무를 조선민중에게 부담시키는 제일보…… (《동아일보》 1938년 4월 3일자 사설)

요컨대 금번 지원병 제도의 실시는 위정당국에서 상上으로 일시동인一視同仁의 성려聖慮를 봉체奉體하고 하下로 반도민중의 애국열성을 보아서 내선일체의 대정신으로 종래 조선민중이 국민으로서의 의무를 다하지 못하고 잇던 병역의무의 실현을 제일단계를 실현케 하는 것이다(《조선일보》 1938년 6월 15일자 사설).

《조선일보》가 '성전 1년'을 맞이해서 1938년 7월 8일자 1면에 실은 기사에는 감격과 흥분이 넘친다. "국민감격의 긔념일 7월 7일을 마지하는 전반도는 도시와 농산어촌을 물론하고 …… 물적 심적 총동원의 구든 각오를 가지고 호국의 영령에 밧치는 조의와 출정장병의 로고를 생각하는 의의 깁흔 온갖 행사를 거행하얏다."

위의 사설과 기사를 보면 조선총독부의 기관지인 《매일신보》와 다를 바가 거의 없다. 신문을 일제에 대한 아첨과 충성 서약으로 도배하던 《동아일보》와 《조선일보》였지만, 조선총독부는 '대동아공영권 확립을 위한' 언론통폐합 방침에 따라 1940년 8월 10일 《동아일보》와 《조선일보》를 폐간시킨다. 두 신문사는 강제폐간을 당하면서도 이렇게 읊조린다.

이제 당국의 언론통제에 대한 대방침에 순응함에 따라 본보는 뒤를 보아 한됨이 없고 또 앞을 보아 미련됨이 없는 오늘을 마지하게 되엇으니……(《동아일보》'폐간사')

지나사변 발발 이래 본보는 보도보국의 사명과 임무에 충실하려고 노력하엿고 더욱이 동아(시아) 신질서 건설의 위업을 성취하는 데 만의 일이라도 협력하고저……(《조선일보》'폐간사')

김성수와 방응모의 친일행위

그렇게 치욕스럽게 신문사 문을 닫은 뒤에도 《동아일보》 사주 김성수는 조선 청년들에게 징병에 응하라는 글을 쓰거나 국민총력조선연맹, 홍아보국단 등 전쟁협력단체 임원으로 참여하고 '명사들의 각도 순회강연 강사'로 나간다. 《조선일보》 사주 방응모는 《조선일보》가 폐간되자 잡지 《조광》을 독립시켜 친일논조를 펼치는가 하면, 일제 군대에 고사포를 기증하고 전쟁협력업체인 조선항공공업회사의 중역으로 일하기도 한다. 바로 이런 사실들이 70년 가까이나 지난 요즈음에도 《동아일보》와 《조선일보》가 극구 부인하는 창업주들의 '친일행위'이다.

2009년의 한국 언론을 이야기하면서 왜 《동아일보》와 《조선일보》의 식민지시대 행적을 자세히 되돌아보는가? 바로 그런 신문 제작과 사주들의 행태가 지금도 방식을 달리하면서 국민과 독자들을 기만하고 있기 때문이다.

물론 두 신문에서는 이승만 정권시절에 젊은 기자들이 독재를 비판하다가 고난을 당하기도 했고, 박정희의 5.16쿠데타 뒤에는 한동안 사주와 사원들이 군사정권의 불법성과 반민주성을 지적하기도 했다. 그러나 이 글의 앞부분에 썼듯이, 1975년 3월 12일부터 《동아일보》가 유신독재와 야합해서 자유언론실천운동의 주역들을 대량 해직하고,《조선일보》역시 같은 운동을 하던 기자 33명을 해임한 이래, 두 신문은 1998년 2월 25일 김대중 정부가 들어서기까지 철저히 권력의 편에 서 있었다.《조선일보》《동아일보》보다 역사는 훨씬 짧지만《중앙일보》도 비슷한 길을 걸어왔다.

조 · 중 · 동의 공통점들

이제는 대중에게 하도 많이 알려져서 익숙한 복합명사가 된 '조중동'은 많은 공통점을 지니고 있다.

첫째, 사주나 경영책임자가 아무리 불법적이고 부도덕한 일을 저질러도 자기 신문을 통해 국민과 독자들에게 진상을 제대로 알리거나 사과하는 일이 결코 없다는 점이다.

김대중 정부의 국세청은 1999년 6월 말 보광그룹에 대한 세무조사를 시작한 뒤 홍석현《중앙일보》사장을 특가법상 조세 포탈 혐의로 검찰에 고발한다. 그는 2000년 5월 대법원에서 징역 3년에 집행유예 4년, 벌금 30억 원을 선고 받는다. 이어 2005년 6월에는《동아일보》의 김병관 명예회장이 법인세와 증여세 등 43억 6000만원을 포탈하고 회사자금 16억 원을 횡령했다는 이유로 대법원에서 징역 3년에 집행유예 5년과 벌금 30억 원을 확정 판결받는다. 그 다음으로 2006년 6월에는《조선일보》의 방상훈 전 사장이 조세 포탈과 횡령 혐의로 징역 3년에 집행유예 4년과 벌금 25억 원이라는 2심 선고에 대해 대법원에서 확정 판결을 받는다.

이들의 형량과 벌금은 대체로 비슷한데, 사회적 통념으로 따지면 '죄질'이 아주 '불량'한 것이었다. 그러나 세 사람은 길지 않은 옥살이를 마치고 보석으로 풀려난다. 사건 당시 조중동은 각기 '정권 차원의 언론 탄압'이라고 주장했으나 대법원의 판결을 받고 나서도 그렇게 우길 수는 없는 일이었다. 1, 2심과 최종심에서 탈세 또는 횡령이 명백하게 드러났으니 말이다.

그런데 자기 회사의 실질적 사주가 파렴치한 행위로 법의 심판을 받아도 지면에 보도를 하지 않거나 못하던 언론인들이 정작 대통령의 친인척 비리에 대해서는 세세한 부분까지 들추어내면서 비판했으니 국민들이 '형평성을 잃은 보도와 논평'이라고 꾸짖어도 어쩔 수 없는 일이었을 것이다.

창업주로부터 세습되는 부도덕성

조중동의 문제는 실질적 사주들의 부도덕성에서 그치지 않는다. 그들의 '선대'인 창업자와 그 후계자들이 저지른 공개적 친일행위, 고위관리로서 지은 중죄 같은 것을 아예 없는 일로 만들려고 하거나 감싸 안으려고 하는 것이 조중동의 일관적인 태도다. 이것은 민족의 역사를 바로 기록해서 후손들에게 알리는 데 아주 크고 높은 장애물이 될 뿐 아니라 그렇게 하는 신문 자체의 종사자들을 '공동의 사실 왜곡자'로 만들어버린다. 앞에 말한 《동아일보》 김성수와 《조선일보》 방응모의 친일행위를 끝없이 덮거나 부인하는 행태가 바로 그것이다. 《중앙일보》의 경우, 창업자인 이병철이 삼성 회장이던 1966년에 터진 '한국비료 밀수사건' 때 그 회사 기자들은 물론이고 외부의 '전문가들'까지 동원해서 '재벌의 사카린 밀수' 사건을 변호하려고 들었던 사실이 언론사에 뚜렷이 기록되어 있다. 그리고 2008년 봄에 김용철 변호사가 천주교 사제단과 함께 '삼성그룹의 비리'를 폭로했을 때 《중앙일보》는 물론이고 《조선일보》 《동아일보》도 '삼성을 감싸는' 보도와 논평을 주로 실었다는 비판을 받았다.

우리는 조중동에서 선대의 부도덕하거나 위법적인 공적 행위가 후대로 '상속'되고 있다는 사실에 주목해야 한다. 할아버지나 아버지가 저지른 잘못을 아들이나 손자가 시인하고 '우리 대에서는 그런 잘못을 되풀이하지 않겠다'고 선언하면 될 텐데 후세들은 결코 그렇게 하지 않는다. 그들이 가문의 체면이나 언론사의 상업적 목적 때문에 선대의 잘못을 감추거나 변명하는 것은 길게 보면 참으로 어리석은 짓이다.

1960년의 4월혁명 때 내무부장관으로서 '발포명령'에 책임이 있다고 해서 법원에서 극형을 선고 받은 《중앙일보》 초기 경영자 홍진기와 삼성의 이병철이 사돈 간으로 그 신문을 키워오면서 권력과 재벌의 유착을 꾀했다는 사실은 보도의 '금기'처럼 되어 있다고 알려졌다.

《동아일보》의 창업자가 친일행위를 한 사실이 명백히 드러났다면, 그의 아들과 손자와 증손자는 그것을 당당히 인정하고 '우리는 그 아픈 역사를 교훈 삼아 공정하고 자유로운 신문을 만들겠다'고 선언하면 그것으로 끝이 될 것이다. 《조선일보》의 경우도 마찬가지다.

조 · 중 · 동이 신문과 방송을 겸영하게 되면

창업자들이 기본적으로 그런 역사를 지닌 조중동은 신문과 방송의 겸영을 위해 한나라당의 언론법안이 국회를 통과하게 하는 일에 '올인'하다시피 했다. 만약 그렇게 된다면 가뜩이나 여론시장에서 위세를 떨치고 있는 세 언론사의 영향력은 공룡처럼 커질 것이다.

미국의 주류 언론에도 문제는 많지만, 그 악영향이 조중동처럼 심각하지는 않다. 《뉴욕타임스》《워싱턴 포스트》《보스턴 글로브》《월스트리트 저널》《로스앤젤레스 타임스》 같은 대신문들의 사주나 최고경영자가 한국 돈으로 30억 원이나 되는 탈세 또는 횡령을 했다면 어떤 일이 벌어졌을까? 그것을 독자들이 너그럽게 보아준다 하더라도 그 사실을 은폐하거나 왜곡하려고 했다면 신문사가 문을 닫을 정도로 강력한 비판이 일어났을 것이다. 이 글의 앞에서 보기로 든 부시 2세 정부 때의 '엔론 회계부정' 사건을 주류 언론이 모른 척했다면 여론이 그 회사들에 대해 '자격 정지'를 선고하지 않았겠는가.

정치와 관련해서 한국의 신문들이 미국에서 반드시 배워야 할 것이 있다. 특히 대통령 선거철만 되면 자기들이 지지하는 후보를 기사와 논평으로 강력하게 지원하면서도 공론화하려는 노력은 아예 하지 않은 조중동이 그렇다. 미국의 신문들과 정기간행물들은 선거일이 다가오면 어느 후보를 지지한다는 공식 견해를 사설이나 사고를 통해 밝힌다. 2008년 11월 대선에서 오바마를 지지한 일간신문은 《뉴욕타임스》《보스턴 글로브》《워싱턴 포스트》《로스앤젤레스 타임스》《시카고 트리뷴》을 포함해서 296개, 주간지는 111개였다. 그 일간지들의 발행부수를 합치면 3000만 부가 넘었다. 이에 비해 매케인을 지지한 일간신문은 《뉴욕 포스트》《보스턴 헤럴드》를 비롯한 180개, 주간지는 32개였고, 일간지 발행부수 총계는 1200만 부에 가까웠다. 언론이 어떤 후보를 지지하는 이유와 근거를 당당히 밝히면 독자들의 선택에 크게 도움이 될 것은 물론이다.

노무현을 죽음으로 몰고간 '공범'은 언론

노무현 전 대통령은 스스로 죽음의 길을 선택했다. 그러나 박연차게이트를 도화선으로 검찰이 이틀이 멀다 하고 '노무현 죽이기' 작전을 밀어붙이지 않았다면 그리고 조중동을 비롯한 한국의 거의 모든 언론이 검찰의 일방적 발표나 '빨대'를 통한 피의사실 공표를 스포츠 중계하듯이 보도하지 않았다면, 그가 부엉이바위에서 투신하는 사건이 벌어졌을까?

미국, 영국, 프랑스, 독일, 일본 같은 선진국들에도 '황색 저널리즘'과 상업주의로 치닫는 신문과 방송은 적지 않다. 그런데 2009년 봄 우리나라에서 벌어진 노무현 죽이기에서 진보언론조차 그런 성향의 보도와 논평을 내보내고, 조중동과 KBS가 테러에 가까운 난폭한 기사와 '논설'을 양산한 것은 한국언론사의 치부로 기록되어야 마땅하다고 생각한다.

언론인의 으뜸가는 사명은 진실 보도와 공정한 논평이다. 진실을 가려내서 독자와 시청자에게 전달하고 그 진실을 바탕으로 가치 평가를 바르게 하려면 수많은 사실을 이성과 논리로 판별하는 과정을 거쳐야 한다. 그런데 이 사건에서 거의 모든 언론은 대검 중수부 수사기획관이라는 사람이 '브리핑'이라는 이름으로 거의 날마다 박연차의 입에서 나온 말들을 전달하는 것을 받아쓰다시피 했다. 어느 신문이 1면이나 눈에 잘 띄는 지면들에 시커멓게 뽑은 제목들을 보자.

- 노 전 대통령 퇴임 뒤 활동자금? 노건평 사위 회사 투자자금?
- 500만 달러 '투자 위장' 노무현 쪽에 건네졌을 의혹 커져
- 권양숙씨 차용증 없이 10억 빌렸나
- 형님 이어 부인까지 … 노무현 전 대통령 '정치적 파산'
- 노 전 대통령, 재직중 알았으면 '포괄적 뇌물죄' 가능성
- '판도라 상자' APC 계좌 확보 … '500만 달러' 베일 벗나

위의 큰 제목들(주로 헤드라인들)은 '?', 의혹, '정치적 파산'이라는 투의 단정, '가능성' '판도라 상자'처럼 확인된 진실이 아니라 추측과 의문으로 구성되어 있다. 이것은 한 진보적 신문에서 골라본 보기다. 그러니 조중동과 KBS가 어떠했을는지는 능히 짐작할 수 있을 것이다.

신문사나 방송사에 입사한 수습기자들은 교육과정에서 피의사실공표

죄와 무죄추정의 원칙을 반드시 배울 것이다. 전자는 "검찰·경찰 기타 범죄수사에 관한 직무를 행하는 사람이나 감독·보조하는 사람이 직무상 알게 된 피의사실을 기소(공판 청구) 전에 공표하는 죄"로서 3년 이하의 징역 또는 5년 이하의 자격정지에 처한다(형법 제126조). 후자는 "형사피고인은 유죄의 판결이 확정될 때까지는 무죄로 추정된다"는 헌법 제27조 5항에 근거를 두고 있다. 이 두 법조항에 따르면 대검 중수부 수사기획관은 거의 날마다 피의사실공표죄를 저지른 셈이 된다. 그리고 그것을 검증 않고 받아쓴 언론인들도 '공범'이라는 비판을 받아야 할 것이다.

더욱 심각한 것은 노무현 전 대통령이 검찰에 나가서 조사를 받던 때는 형사피고인이 아니라 단순한 피의자였는데도 언론이 지면과 전파로 '유죄 판결'을 내려버렸다는 사실이다. 그 자신이 변호사인 노무현은 이런 무차별 공세를 견뎌내면서 대법원에서 최종 판결을 받을 때까지 무죄추정의 원칙을 적용받으리라고 기대할 수가 없음을 잘 알고 있었을 것이다.

…… 노 전 대통령 쪽의 가장 큰 반발을 샀던 것은 KBS의 '스위스 P사 명품시계'였다. KBS의 지난달(4월) 22일 〈뉴스9〉 톱뉴스는 '노 전 대통령 회갑 선물로 부부에 억대 시계'라는 제목으로 "지난 2006년 9월, 박연차 회장은 노무현 당시 대통령 부부에게 고가의 명품 시계 2개를 건넸"는데 "보석이 박혀 있어 개당 가격이 1억 원에 달하는 이름만 대면 알만한 스위스 P사의 명품 시계였다. …… 검찰이 시계 선물을 뇌물죄로 기소할 경우 노 전 대통령 부부는 또 한 번 도덕성에 치명상을 입을 것으로 보인다"고 보도했다. 이 보도는 …… 수사기간 내내 노 전 대통령의 부도덕성을 설명하는 사례로 따라다녔고, 노 전 대통령 보도에 대한 황

색 저널리즘을 거론할 때 대표적으로 인용되는 사례이기도 하다
(《미디어 오늘》 2009년 5월 27일자).

　　노무현 전 대통령의 서거 이후 언론은 두 진영으로 다시 갈라졌다. 진보 쪽의 《한겨레》와 《경향신문》은 검찰의 발표를 '받아쓰기' 식으로 보도한 것을 반성하면서 고인의 영결식과 500만여 명의 추모 물결을 대대적으로 전했다. 두 신문은 1면 전체를 비롯해서 여러 면을 1987년의 6월항쟁을 보도하듯이 편집했다. '추모정국'을 평가절하하려는 조중동과는 대조적이었다. 그런데 특히 두드러지게도 《동아일보》는 두 신문을 향해 '박연차게이트와 노무현 수사 보도에서 당신들도 우리와 다를 것 없었다'는 투의 공격을 가함으로써 《한겨레》와 《경향신문》 그리고 진보적 시민단체들의 호된 반격을 받았다.

오바마시대와 한반도

오바마시대와 한반도

남한의 대북정책이 걸어온 길

개나리와 진달래가 꽃망울을 틔우려고 하는 초봄이면 한반도의 남과 북에서 어김없이 벌어지는 '연례행사'가 있다. 남쪽에서는 대규모의 '한미 합동 군사훈련'이 시작되고, 북쪽에서는 '북침전쟁 연습'이라는 선전 공세가 펼쳐진다. 2009년 3월에는 그것이 아주 살벌하게 전개됐다. 한국군과 미국군이 '키 리졸브Key Resolve'라는 이름의 군사훈련을 하기로 한 9일부터 20일까지 12일 동안 북한이 남북간 군사통신을 차단하겠다면서 먼저 육로를 통한 왕래를 막았다. 9일 오전 개성으로 들어가려던 남쪽 사람들 700여 명이 '입국'을 거부당하고 개성공단에서 일하는 한국인 80여 명이 서울로 돌아오지 못하는 중대 사건이 벌어졌다.

극한 대립으로 되돌아간 남북관계

북한 당국이 하루만에 왕래를 재개시킴으로써 긴장은 누그러졌으나 군사통신은 회복되지 않았다. 하루 동안 남쪽의 신문과 방송은 그 사건을 대서특필하면서 혹시 '서해교전' 비슷한 긴급상황이라도 벌어지지 않을까 걱정했지만 그렇게까지 험악한 일은 일어나지 않았다.

그러나 4월에 들어서자 마자 북한의 '로켓 발사'를 둘러싸고 한반도와 주변의 긴장이 고조됐다. 북한이 로켓을 발사대에 설치하고 연료를 주입하기 시작했다는 뉴스가 세계 여러 나라로 퍼져나가면서 한국과 미국 그리고 특히 일본 정부는 최대한으로 정보수집 작업을 계속했다. 일본은 그 발사체가 미사일이건 로켓이건 미사일방어MD망으로 '요격'하겠다고 잔뜩 별렀다. 그런데 정작 4월 5일 오후 북한의 《조선중앙통신》은 "우리의 과학자, 기술자들은 국가우주개발전망 계획에 따라 운반로켓 '은하 2호'로 인공지구위성 '광명성 2호'를 궤도에 진입시키는 데 성공했다"고 보도했다.

북한이 발사한 것이 미사일이 아니라 위성이라는 사실이 밝혀졌지만, 한국과 미국 정부는 극히 민감한 반응을 보였다. 북한의 '발사 성공' 보도가 사실이라면 그 로켓은 1단계부터 3단계까지 추진체가 정상적으로 분리됨으로써 대륙간탄도미사일ICBM의 기능을 할 수 있는 5000킬로미터 이상의 사정거리를 가졌을 것이기 때문이다.

북한이 인공위성을 발사한 4월 5일 직전까지만 해도 성공 가능성은 아주 낮을 것이라는 전망이 우세했다. 미국의 권위 있는 연구기관인 랜드연구소의 수석 정치학자 함재봉 박사는 4일 《연합뉴스》와의 전화 인터뷰에서 "북한의 로켓 발사가 실패할 가능성을 80~90퍼센트 정도로 보지만 만약에 성공하면 북한이 군사분야에서 엄청난 기술적 진보를 전 세계에 과시하는 결과를 가져올 것"이라고 말했다. 그러나 '북한 인공위성 발사 성공' 뉴스에 대한 반론이 곧 나왔다. 4월 5일 오후에 소집된 국회 국방위원회 전체회의에서 이상희 국방장관은 "지금까지 판단하기로는 1~3단계 탄체가 모두 해상에 추락한 것으로 보인다"면서 "어떤 물체도 궤도에 진입하지 못한 것으로 판단하고 있다"고 말했다.

실제로 북한이 1998년 8월에 그 이전보다 성능이 크게 개선된 '대포동 1호' 미사일 발사에 성공하자 미국의 클린턴 행정부는 '베를린 합의'를 거쳐서 2000년에 '북미공동성명'을 발표한 바 있다. 그때 미국은 미사일 회담 중에는 장거리 미사일을 더 이상 발사하지 말라고 요구했고, 그것을 받아들인 북한은 '평화체제로의 전환, 경제협력, 내정 불간섭'이라는 큰 성과를 얻어냈다. 부시 2세 행정부 들어 그런 합의는 사실상 무효가 되어버렸지만, 북한정권이 이런 전략을 미국과 그 맹방들에 대한 최대 무기로 삼는 성향은 그때부터 확고하게 굳어졌다고 보아야 할 것이다.

필자는 2009년 4월의 북한 인공위성 발사 사태를 계기로 우리가 살고 있는 한반도를 다시 한 번 생각해보았다. 제2차 세계대전이 끝나면서 남북으로 분단된 지역은 한반도였고, 동서로 나누어진 나라는 독일이었다. 독일은 1989년 11월 9일 '베를린 장벽'이 무너진 뒤 1990년 10월 3일에 통일되었다. 오랫동안 프랑스의 지배를 받다가 제2차 세계대전 뒤 다시 프랑스의 식민지가 될 뻔했던 베트남은 1954년 '제네바 협정'에 따라 남북으로 나뉘어 전쟁을 치르다가 1975년 4월 30일 통일되었다. 그리고 1967년 남북으로 갈라진 예멘은 1990년 5월 22일 하나가 되었다.

독일은 분단 45년 만에 서독 중심의 흡수통일, 베트남은 북베트남이 전쟁에서 승리한 결과로 21년 만에 무력통일, 예멘은 남과 북이 여러 차례 회담을 가진 것이 열매를 맺어서 무장을 해제하고 23년 만에 평화통일을 이루었다. 그런데 한반도는 1945년에 남과 북으로 갈라진 지 64년이 지난 2009년 현재까지 '세계 유일의 분단국가'로 남아 있다.

한반도의 분단국가라는 것은 단순히 한 나라가 두 나라로 갈라져 있는 상태만을 가리키지는 않는다. 남쪽의 대한민국이 1945년 8월 15일, 북쪽의 조선민주주의인민공화국이 9월 9일 정부 수립을 선포한 이래 1950년 6월부터 3년 남짓 '동족상잔'의 전쟁을 치른 뒤 남과 북은 정전협정이 아닌 휴전협정을 맺고서 아직도 적대 관계를 계속하고 있다. 서독과 동독이 수십 년 동안 대치하다가 큰 무력충돌 없이 통일된 것과는 달리 한반도에서는 걸핏하면 특수부대의 상호 침투, 간첩 보내기, 비무장지대를 사이에 둔 비방전, 해상의 돌발적 교전 같은 일들이 벌어졌다.

한반도의 군사적 긴장은 동북아시아, 나아가서는 세계의 정치와 경제에 위협적인 요인으로 작용한다. 특히 북한의 핵문제는 한반도에서 민감한 이해관계를 가지고 있는 미국, 중국, 일본, 러시아가 늘 머리를 싸매고 고민해야 하는 난제 중의 난제가 된 지 오래다.

한국의 역대 정부들은 대체로 앞선 정부의 대북정책을 이어 받아서 필요에 따라 크게 손질을 했다. 이승만 정권의 '북진통일'은 다분히 정치적 구호의 성격을 띤 것으로서 한국에 대해 강력한 영향력을 가진 미국이 1953년 7월의 휴전 이래 인정하려 들지 않았으므로 탁상공론처럼 되어버렸다. 1960년의 4월혁명 뒤에 들어선 장면 정권은 '유엔 감시 하의 자유 선거에 따른 통일정부'를 주장했다. 그러나 집권한 지 한 해도 되지 않아서 대학생들과 혁신정당들이 '중립화 통일론'과 '남북 협상론'을 주장하면서 '가자 북으로, 오라 남으로'를 외치는 바람에, 그것을 빌미로 삼은 5.16쿠데타 세력에게 권력을 빼앗기고 말았다.

'반공을 국시國是'의 으뜸으로 내세운 박정희 정권은 처음부터 '선 건설 후 통일'을 강조하다가 1969년에 '닉슨 독트린'이 나오면서 '주한 미군 감축'이 현실로 다가오자 자주국방 정책을 발표한 뒤 대북한 교섭을 추진한다. 박 대통령은 1970년 8월 15일 "남북이 분단 현실을 서로 인정하고 평화정착, 평화공존을 지향"하면서 북한을 협상 대상으로 하겠다는 요지의 '8.15선언'을 발표한다. 한 해 뒤인 1971년 남북 적십자 회담을 북한이 받아들임으로써 한국전쟁 이후 최초로 남한과 북한의 민간기구 대표들이 판문점에서 만난다. 그때 많은 국민들, 특히 월남한 사람들은 감격에 벅차서 금세라도 통일이 될 듯한 느낌에 빠져들었을 것이다. 1972년에는 중앙정보부장 이후락이 비밀리에 북한을 방문해서 김일성 주석을 만나 협의한 결과로, 7월 4일 '자주 통일, 평화 통일, 민족적 대단결'을 3대 원칙으로 한 '남북 공동성명'이 발표된다.

그러나 1972년 10월 17일 박 대통령이 '유신'을 선포한 뒤 남한 사회가 훨씬 더 냉혹한 독재에 시달리게 되면서 재야운동 진영에서는 "박정희가 영구집권을 위해 통일문제를 이용한 것"이라는 비판이 쏟아져 나왔다.

전두환 정권은 1982년 1월 '민주화합 민주통일 방안'을 발표하는데, 당시는 미국의 레이건 대통령이 강력한 반공정책을 펴던 때라서 그쪽 '눈치 살피기'에 여념이 없었다. 하지만 1985년 9월 남북 이산가족 고향방문단과 예술 공연단 교환을 성사시켜 남북 교류사상 가장 큰 성과를 거둔다. 그때 텔레비전으로 생중계된 이산가족의 만남은 당사자들은 물론이고 시청자들까지를 눈물바다에 빠뜨렸다.

노태우 정권은 1988년 "남북이 모든 부문에서 교류를 추진하면서 공동 번영을 추구한다"는 '7.7선언'을 발표한다. 그리고 '88서울올림픽'의 성공에 고무되어 1989년 9월 11일 '과도적 통일체제로 남북연합을 구성하자'는 '한민족공동체 통일방안'을 제시한다. 노 정권 시절에 특기할 만한 일은 1991년 9월 18일 제46차 유엔 총회에서 남한과 북한이 각기 별개 의석을 가진 회원국으로 유엔에 가입한 것이었다. 분단 46년 만에 남과 북이 독립된 국가의 자격으로 유엔 회원국이 된 역사적 사건이었다. 그때까지 남한은 '한반도의 유일한 합법정부'라고 주장하면서 유엔 단독 가입을 추진했는데, 세계 여러 나라 사람들은 그런 결과가 나온 것을 보고 의아해하면서도 통일을 향해 큰 진전을 이룬 '업적'이라고 평가하기도 했다. 남북한의 유엔 공동 가입 석 달 뒤인 12월 13일 서울에서 열린 고위급 회담에서는 '남북 사이의 불가침 및 교류협력에 관한 합의서'(약칭 남북기본합의서)가 채택되어 조인된다. 이것 역시 남북관계의 중요한 진전이었다.

1993년 2월에 들어선 김영삼 정권은 '화해 협력에서 남북연합으로, 그리고 통일국가 완성'이라는 3단계 통일방안을 발표한다. 그러나 그해 3월 북한이 핵확산금지조약을 탈퇴하자 남북 교류는 잠정적으로 중단된다. 1994년에는 남북 정상회담을 위한 예비접촉을 벌였으나 김일성 주석의 사망으로 무산된다. 김영삼 정권은 '문민정부'라고 주장했지만 대북정책을 스무 번도 넘게 고치면서 우왕좌왕했다는 비판을 받았다.

김대중 정권의 대북정책은 '햇볕정책'이라는 한 마디로 요약된다. 이 어휘는 북한의 자존심을 지나치게 자극한다는 지적을 받아 정부의 공식 용어는 '대북포용정책'이다. 이 정책은 김대중 대통령이 취임한 지 아홉 달 만인 1998년 11월 금강산 관광이 시작됨으로써 처음으로 빛을 본다. 그는 2000년 3월 '한반도에서 냉전을 끝내고 평화를 정착시키며 이산가족 문제를 해결하겠다'는 요지의 '베를린 선언'을 발표한다.

남북관계 개선에서 김대중 정권이 이룬 최대의 업적이 '6.15남북공동선언'이라는 점에는 한국은 물론이고 미국을 비롯한 여러 나라 많은 전문가들이 동의한 바 있다. 2000년 6월에 평양을 방문한 김 대통령은 14일 김정일 국방위원장과 네 시간 가까이 회담을 하고 이튿날 그 선언을 공식 발표한다. '통일문제의 자주적 해결, 남측의 연합 제안과 북측의 낮은 단계 연방제 안의 공통성 인정, 인도적 문제의 조속한 해결, 경제협력 등을 비롯한 남북 간 교류의 활성화 등'을 뼈대로 하는 '6.15선언'은 분단 이후 처음으로 남과 북의 국정 책임자가 합의해서 만든 공식 문서다.

현대그룹 정주영 명예회장이 1998년 6월 시작한 '소떼 방북'은 같은 해 10월과 2000년 8월로 이어진다. 그리고 정치·경제·문화 분야의 남북 교류가 활발하게 이루어지고, 식량을 비롯한 대북 원조도 물량이 상당히 커져서 보수 세력으로부터 '퍼주기'라는 비난을 받는다. 또 1999년 6월 15일 서해 연평도 부근 해상에서 일어난 제1차 '서해교전'과 2002년 6월 29일 비슷한 해역에서 터진 제2차 교전 때문에 남북 간에 긴장이 감돌았으나 무사히 위기를 넘긴다.

노무현 정권은 김대중 정권의 '대북포용정책'을 대체로 이어받는다. '참여정부'는 '12대 국정과제'의 맨 앞을 차지하는 외교안보 분야에서 '한반도 평화체제 구축'을 목표로 삼고 있었다. 한반도의 통일을 이루려면 공존정책을 통해 남북 간의 긴장을 누그러뜨리고 북한을 자극하지 않으며 경제적 지원을 함으로써 포용정책이 열매를 맺도록 하자는 것이다.

그러나 이런 정책은 2003년 3월 6일 '대북 송금 의혹 특별검사 법안'이 국회를 통과하기 전후에 심각한 논란을 일으킨다. 김대중 정권 시절에 통일·외교 부문의 핵심으로 일하던 사람들이 남북정상회담을 비롯한 주요 대북사업을 성사시키려고 북한정권 고위층에게 거액의 돈을 보냈다는 혐의가 사실로 드러나면 사법처리 하겠다는 것이 그 법안의 취지였다. 실질적으로 김대중 정권을 계승한 노 정권이 이렇게 강경한 자세를 보이자, 민주당의 전통적 지지자들이 강력하게 반발한다. 그리고 북한도 남북 협력과 '통일사업'을 위해 비밀을 지키면서 주고받은 자금을 공개하는 것은 남북관계를 악화시킬 것이라면서 참여정부에 대해 싸늘한 반응을 보인다.

그뒤 노무현 대통령은 남북관계에서 냉탕과 온탕을 오락가락 하다가

2007년 10월 2일 군사분계선을 걸어서 넘어가 평양에서 김정일 국방위원장과 회담을 한다. 그 결과가 '남북관계 발전과 평화번영을 위한 선언'(10.4선언)이다. 선언의 8개 기본 조항은 '6.15남북공동선언 고수와 적극 구현'을 시작으로, '상호 존중과 신뢰' '긴장완화와 평화보장' '정전체제 종식과 평화체제 구축' '경제협력사업 확대 발전' '사회문화 분야의 교류와 협력 발전' '인도주의사업 적극 추진' '해외 동포들의 권리와 이익 위한 협력 강화'로 이루어져 있다. 이 선언의 알맹이들이 실현된다면 평화공존체제는 확고하게 굳어질 것으로 보였다.

그런데 문제는 '10.4선언'이 남쪽에서 12월 19일의 대통령 선거를 앞두고 한나라당의 이명박 후보가 승세를 굳히던 무렵에 나왔다는 것이었다. 이 후보가 당선되면 그 선언을 이어받아 실천해야 할 텐데 그 점이 불분명했다. 2008년 2월 이명박 정부가 들어선 이래 '10.4선언'은 김대중 정권 시절의 '6.15선언'과 함께 '용도 폐기'된 상태다.

■ 이명박 정권 대북정책의 향방

'비핵/개방/4000'은 이명박 정권의 대북정책을 간단명료하게 표현한 것이다. 이 정치적 슬로건은 한나라당의 이명박 후보가 2007년 대통령 선거 때 내세운 '747'과 쌍벽을 이룬다. '경제성장률 7퍼센트, 국민소득 4만 달러, 세계 7대 강국'을 이루겠다는 목표가 그의 대통령 취임 한 해를 맞이한 시점에 허황한 수치의 나열로 드러났음은 이 책의 앞에서 지적한 바 있다. 여기에 관해서는 대통령 자신과 관련 장관들이 자꾸 목표치를 바꾸어 말하고 있으므로 앞으로 두고 볼 일이다.

혼란에 휩싸인 대북정책

정작 중요한 당면 문제는 대북정책과 남북관계를 둘러싸고 뚜렷한 방향을 제시하지 못하고 있는 이명박 정권의 정치력에 있다. 대통령에 당선된 후 꾸려진 정권 인수위원회 때부터 대북정책은 혼란에 휩싸였다. 무엇보다도 통일부를 없애자는 주장, 그것도 나중에 통일부장관으로 임명된 사람이 그런 주장을 했는데도 당선자가 명확한 지침을 주지 않았다는 것은 2009년 봄의 '갈팡질팡'을 예견할 수 있게 하는 일이었다. 야당을 상대로 '이런 부는 폐지하고 저런 부는 다른 부와 합쳐서 더 크게 하고' 라는 식의 협상을 벌인 끝에 통일부는 가까스로 목숨을 부지했다.

그런데 이명박 정부의 통일부 첫 장관으로 김대중 정부에서 '햇볕정책'을 주도한 경력이 있는 사람이 임명되더니 한 해 가까이 이렇다 할 업적도 남기지 못한 채 물러나야 했다. 그는 야당한테서 '영혼을 팔았다'는 호된 공격을 당하면서도 지난 시절의 '대북 포용정책'에 관해 소신 있는 발언을 하지 못하고 자리만을 지킨다는 인상을 주기에 충분한 언행을 했다.

이 정부는 통일, 평화공존, 남북의 상생, 경제협력을 통한 상호 발전 같은 것을 어떻게 생각하고 있을까? 통일은 아무리 애써도 이루어지지 않을 일이니 추상적 구호로 남겨두자는 것인가? 북한은 한반도에서 사라져야 할 무리들의 집합체이니 대화와 타협의 상대로 삼지 않겠다는 뜻을 가진 것일까? 북한의 집권세력에 대해서 그런 생각을 하는 것이 남한 보수파의 고정관념이라 하더라도 북녘 땅에서 추위와 굶주림에 떨고 있는 사람들, 특히 어린이들을 어떻게 할 것인가? 그리고 남북 간에 군사적 긴장이 높아질 때마다 출렁대는 경제, 외국인 투자자들의 불안, 국민들의 심리적 위축감을 해소해줄 능력을 가지고 있는가? 유감스럽게도 긍정적인 쪽으로는 대답을 하기 어렵다. 어쩌다 이렇게 되었을까? 내가 생각하기에 그

'어쩌다'는 이런 과정을 거쳤다.

북한은 2007년 8월 20일 이명박 후보가 한나라당 대통령 후보로 확정된 시간부터 당선과 취임 직후까지 침묵으로 일관했다. 그러나 인수위에 참여한 중요 인물들이 북한을 무시하거나 헐뜯는 발언들을 했다는 사실이 알려지면서 상황이 바뀌기 시작한다. 북한은 2008년 4월부터 "6.15선언과 10.4선언을 이행하라"고 이명박 정부에 요구하기 시작하더니 갈수록 비난의 강도를 높여 나간다. 특히 김정일 위원장의 '중병설'이 나돌던 무렵 남한 당국과 보수언론매체들이 공개적으로 전파한 '김정일 체제 위기설'이 북한의 상층부를 심하게 자극했을 것이다.

극단으로 돌아서는 북한

이런 과정을 거치면서 북한은 이명박 정부를 향해 극단적인 언사를 퍼붓는 한편 강경한 조치들을 일방적으로 발표한다. 그 일지 중 중요한 것들을 간략히 정리하면 아래와 같다.

- 2008년 3월 24일 ― 김하중 통일부 장관이 북핵과 개성공단을 연계한 발언을 문제 삼아 개성공단에서 남측 당국 인원 전부 철수하라고 요구.
- 5월 30일 ― 북한, 서해상에서 단거리 미사일 3발 발사
- 7월 11일 ― 금강산 관광객 북한군 총격으로 사망. 남한 정부, 남한 조사단의 현장 조사를 요구하면서 금강산 관광 잠정 중단.
- 8월 3일 ― 금강산 지역 북한 군부대 대변인 특별담화. "금강산 관광지구에 머무는 불필요한 남측 인원 모두 추방"
- 10월 2일 ― 남북군사실무회담 북측 대표단, 남측 민간단체의

대북 전단 살포가 개성공단 사업 등에 부정적 영향을 초래할 것이라며 살포 중단 요구.

- 10월 7일 — 북한, 서해 상공에서 단거리 미사일 2발 발사.
- 11월 22일 — 북 조국평화통일위원회(조평통) 대변인 담화에서 "자유민주주의 체제에서 통일하는 것이 최후의 궁극 목표"라는 이명박 대통령의 발언에 대해 남한 정부와 "북남 관계, 통일문제를 논할 여지 없다"고 선언.
- 11월 28일 — 개성관광과 경의선 철도 운행 마지막 실시 후 잠정 중단.
- 2009년 1월 17일 — 북 인민군 총참모부 대변인, 이명박 대통령을 거론하며 "혁명적 무장력은 그것을 짓부수기 위한 전면 대결태세에 진입하게 될 것"이라며 "강력한 군사적 대응조치가 뒤따를 것"이라고 발표.
- 1월 30일 — 북 조평통 성명, "북남 사이의 정치군사적 대결상태 해소와 관련한 모든 합의사항을 무효화"하고 남북기본합의서의 "서해해상군사경계에 관한 조항들을 폐기한다"고 통보.

이런 과정을 거쳐 2009년 봄이 오기도 전에 북한은 미사일이나 위성 발사에 관한 '계획들'을 흘리면서 남한과 미국, 일본을 비롯한 여러 나라들을 긴장시키다가 3월 9일 한미합동군사훈련을 이유로 개성공단에 남한 사람들을 하루 동안 '억류'하는 강경책을 쓴다. 북한이 남한을 상대로 전달한 의사 중 가장 극단적인 것은 2009년 1월 17일에 나온 인민군 총참모부의 성명이다. 그것을 계기로 조평통은 '남북한이 전쟁 접경의 상태에 이르렀다'고 주장했다.

금강산댐과 '서울 불바다'

박정희, 전두환, 노태우, 김영삼, 김대중, 노무현 정권을 되돌아보면 남북관계가 전쟁 직전이라는 느낌을 줄 정도로 살벌해진 적이 더러 있었다. 대표적인 사건은 전두환의 집권 시기인 1986년 10월 말에 정부가 터뜨린 '북한의 금강산댐(입남댐) 건설 계획'이었다. 당시 이규호 건설부 장관은 "북한이 비밀리에 200억 톤을 저수할 수 있는 금강산댐을 건설할 계획을 세웠는데, 만약 댐이 무너지면 서울은 12~16시간 안에 물바다가 되고 여의도 63빌딩의 3분의 2까지 물이 차고, 국회의사당은 지붕 부분만 남게 된다"고 주장했다. 그 무렵 텔레비전들은 '오늘 전두환 대통령은'으로 시작되는 '땡전뉴스'로 밤 9시 뉴스를 열곤 했는데, 그런 방송이 하나같이 물에 잠긴 63빌딩과 국회의사당을 시뮬레이션으로 보여주니 국민들은 겁에 질려 덜덜 떨 수밖에 없었다.

북한이 88서울올림픽을 방해할 목적으로 이 댐을 세웠다고 당국은 설명했다. 성금 모금운동이 벌어졌다. 코흘리개 어린이부터 지팡이를 쥔 어르신까지 줄을 섰다. 정부는 11월 26일 대응댐인 '평화의 댐' 건설계획을 세웠고, 이듬해인 87년 2월 28일 강원 화천군 동촌리에서 첫 삽을 떴다.

89년 5월 27일 댐 높이 80미터에 이르는 공사가 완료됐다. 하지만 거기까지였다. 93년 감사원 감사 결과 이 금강산댐 소동은 비등하는 대통령 직선제 요구를 잠재우려는 '국면전환용 사기극'임이 만천하에 밝혀진 것이다. 정부의 충격적인 발표가 있었던 86년 10월 30일은 이른바 '건국대 사태'로 국면이 요동쳤던 때였다. 전두환 정권은 금강산댐 발표 직후인 31일 3000여 명의 경찰을 건국대에 투입, 대학생 1525명을 연행했다(《경향닷컴》2009년 2월 27일자, '어제의 오늘'에서).

'금강산댐' 사건은 국민 사이에 엄청난 위기의식을 일으켰지만 전두환 정권이 '집권 연장'의 수단으로 조작했음이 드러나면서 한바탕 소동으로 막을 내렸다.

'금강산댐' 공포에 버금가는 것으로 '서울 불바다' 발언이 있었다. 김영삼 정권 시절인 1994년 3월 판문점에서 열린 남북회담에서 북측 대표인 조평통 서기국 부국장 박영수가 남측 대표인 통일원 차관 송영대에게 삿대질을 하면서 "서울은 여기서 멀지 않다. 전쟁이 일어나면 불바다가 되고 말 것"이라고 말하는 장면이 남한 텔레비전에 생생하게 방영되자 온 나라가 발칵 뒤집힌다. 기겁을 한 사람들이 비상식량을 챙기고 피란을 준비하는가 하면 서울이 정말로 북의 미사일이나 장거리포의 공격을 당하지나 않을까 두려워한 이들도 많았다. 텔레비전방송사들이 그 장면을 하도 자주 돌려대는 데다가 보수적 신문들이 공포를 '확대 재생산'했기 때문이다.

그 무렵은 1993년에 시작된 '제1차 북핵 위기'로 한반도에 전쟁 분위기가 감돌던 시기였다. 미국의 클린턴 행정부가 북한이 핵을 포기하지 않으면 영변의 핵시설을 공중 폭격할 것이라는 보도가 나오던 바로 그때였다. 그런데 남한의 보수적 신문과 방송이 박영수의 발언을 거두절미하고 보도한 사실이 나중에 밝혀졌다. 그는 미국이 한국에서 팀스피릿 훈련을 재개하고 패트리엇 미사일 반입을 추진하겠다는 데 남측이 북측 제재에 동참하려는 것은 엄중하게 말하면 전쟁 선언으로 간주할 수밖에 없다는 요지의 말을 남북회담장에서 한다. 그러고 나서 "그쪽이 전쟁을 강요한다면 피할 생각은 없다. 불로 불을 다스린다는 말이 있다. 그러나 그 결과에 대해서는 남쪽에서 심사숙고해야 할 것이다. 여기서 서울은 멀지 않다. 전쟁이 일어나면 불바다가 되고 말 것이다"라고 말한다. 그런데 이 마지막 대목이 남쪽 언론에서 '서울 불바다'로 압축된 것이다. 그렇게 된 데에 북측 대표의 거친 언동이 일조했음은 물론이다. 지미 카터 전 미국 대통령이 특사로 평양을 찾아가서 그 위기를 해결한 뒤에야 불바다 공포가 사라졌다. 나중에 알려진 일이지만, 카터는 그해 6월 17일부터 이틀간 김일성 주석과 회담하면서 '북핵 위기' 해결에 합의한 뒤 김영삼 대통령과 김 주석의 남북 정상회담을 7월 25~27일 평양에서 열기로 남한 측과 협의하겠다는 데 의견을 모았다(정상회담은 7월 7일 김 주석이 사망함으로써 무산된다).

'금강산댐'과 '서울 불바다'는 상당히 과장된 것이었다. 정권과 보수 세력이 사실을 왜곡하거나 살을 붙여서 국민의 위기의식을 조장한 면이 다분히 있었다. 그러나 2009년의 시점에서 남북 간에 벌어지는 일들은 대체로 정확히 전달된다. 어떤 발언이나 정치적 공세를 서로 자기 쪽에 유리하게 포장하는 경향은 있지만, 양측의 언론매체를 통해 그 내용이 전해지기 때문에 1980~1990년대처럼 없는 사실을 꾸며내거나 과장하기는 어려워진 것이다.

극한적 대립은 자제했어야

바로 이런 면에서 이명박 대통령은 북한을 향해 너무 일방적인 공세를 취하면서 대화의 통로를 스스로 차단했다는 비판을 감수해야 할 것이다. 오바마가 2009년 1월에 대통령으로 취임하면 부시 2세 재임기와 달리 북한과 활발하게 대화를 하면서 6자회담도 유연하게 진행할 것이라고 예상하고 북한과 극한적 대립을 하는 일을 자제했더라면 남북관계가 이렇게까지 악화되지는 않았을 것이다. 아래의 글은 이런 면에서 정확한 지적이라고 본다.

핵문제를 두고 미국과 북한 양측이 가지는 이익과 목표를 고려할 때 북미 관계의 접근과 협상을 통한 해법 강구는 예상된 수순이다. 오바마 행정부는 부시 행정부의 실패를 거울삼아 조심스레 대북 접근을 모색했을 것이다. 북한도 북미관계 정상화가 체제 안정을 담보하는 최적의 조건이라고 공언해왔던 터라 그 목표를 향해 움직였을 것이다.
…… 남북관계가 적어도 대화의 틀을 유지하고 있었고 최소한의 협력구도를 유지하고 있었다면 한국은 북미관계의 접근 과정을 중재하고 평화 위주의 촉진 정책을 구사하며 외교적 능력을 발휘할 수 있었을 것이다. 이른바 선순환 구도 속에서 한국은 외교력을 전개할 수 있었을 것이다.
북한과 미국이 팽팽한 기싸움을 벌일 때 남북관계에 최소한의 신뢰가 있었다면 아마도 북한은 한국을 통해 미국에 접근하는 방도도 모색할 수 있었을 것이다. 소위 '통남통미' 구도다. 버락 오바마 대통령도 지난 10년 동안 남북관계의 진전을 주시하고 있었던 터라 북한에 대한 접근방법에 한국의 대북관계를 충분히 활용했을 법하다(김기정 교수(연세대 정치외교학과)의 '위기 증폭 게임 시작된 남북관계', 《프레시안》 2009년 3월 11일자).

이명박 정권이 남북관계에서 안고 있는 또 하나의 중대한 문제는 지난 정부들이 북한을 상대로 이루어낸 합의나 선언을 이어받지 않으려 한다는 사실이다. 이런 태도를 보면 부시 2세가 대통령이 된 뒤 '클린턴 말고는 무엇이나Anything but Clinton'를 외치다가 전임자의 업적까지 허사로 돌려버리고 나라를 위기로 몰아넣은 일이 연상된다.

노태우의 7.7선언조차 외면

그런데 더욱 심각한 것은 이명박 정권이 '잃어버린 10년'이라고 하는 김대중·노무현 정부 시기에 이루어진 업적을 부정하면서 '김대중·노무현 말고는 무엇이나'에 집착하는 데 그치지 않고, 그와 보수적 뿌리를 함께 하는 노태우 집권기에 나온 '7.7선언'과 '남북기본합의서'조차 실천하려 들지 않는다는 점이다. 이런 자세로 북한을 대하면 '비핵/개방/4000'을 달성할 수 없음이 자명한데 말이다.

이명박 정권이 역대 정부에서 현 정부로 이어지는 대한민국의 정통성을 주장하려면 전임 대통령들이 북한과 함께 발표한 합의서와 선언을 당연히 집행해야 한다. 노무현 대통령 임기 말에 나온 '10.4선언'을 세부적으로 실천에 옮긴다면 최소한 북한의 자원을 개발하고 원자재를 확보하는 사업에서만도 막대한 경제적 이득을 얻을 수 있을 것이다.

그런데 2009년 3월 하순부터 남북관계는 근래 30여 년 중 최악이라고 할 만한 상태로 치닫기 시작했다. 3월 23일 외교통상부가 정례브리핑에서 "대량살상무기WMD 확산방지구상PSI에 전면 참여하는 것을 검토하고 있다"고 발표하자 북한은 30일에 북에 체류하던 현대아산 직원 유 아무개씨를 '체제 비판' 혐의로 체포한다. 같은 날 조평통은 "남의 PSI 참여는 북에 대한 선전포고로서, 단호한 대응조치를 취할 것"이라고 말한다. 4월 19일 이명박 정부가 "PSI 전면참여를 연기하겠다"고 발표하자 21일 개성공단에서 남북 당국간 접촉이 열린다.

노무현 서거와 북의 2차 핵실험

이렇게 다시 대화의 통로를 조금이나마 찾게 된 남북관계는 5월 23일 노무현 전 대통령이 서거한 지 이틀 뒤인 25일 북한이 제2차 핵실험을 함으로써 다시 벼랑 끝으로 치닫는다. 미국 국가정보국은 2006년 1차 핵실험의 폭발력이 1킬로톤에도 못 미친 데 비해 이번 것은 수 킬로톤 급이라고 추정했다.

이명박 정부가 5월 25일 'PSI 전면 참여'를 선언하자 27일 북한의 조평통은 "전시에 상응한 실제적인 행동조치로 대응할 것"이라고 발표한다. 남북이 제동장치가 없는 자전거를 타고 비탈길을 내려가는 상태가 되어버린 셈이다.

남북한의 극한 대립이 '냉전시대'로 돌아가는 양상을 띤 가운데 이명박 대통령은 6월 16일(미국 현지시각) 워싱턴에서 버락 오바마 대통령과 정상회담을 갖고 "한미관계를 군사동맹 수준을 넘어 포괄적 전략동맹으로 확대하는 것을 뼈대로 한 '한미동맹을 위한 공동비전'"에 합의했다. 오바마 대통령은 이 문서에서 "한국이 핵무기 공격을 받을 경우 미국이 핵과 재래식 무기를 동원해 대신 보복해줄 것"이라고 확약한 셈이다. 이스라엘과 팔레스타인 분쟁을 중립적으로 해결하려고 노력하고 이란을 비롯한 아랍세계에 합리적이고 온화한 태도로 접근해서 좋은 평가를 받은 오바마가 유독 한반도 문제에 관해서는 레이건이나 부시 부자 비슷한 행보를 하고 있다는 비판이 미국과 한국의 진보진영에서 나왔다.

《뉴욕타임스》는 16일자 1면 기사에서 "오바마 행정부가 핵부품이나 무기를 실은 것으로 의심되는 북한 선박에 대해 공해상에서 정선과 수색을 요구하도록 미 해군에 지시할 것"이라고 보면서 "이것은 미국이 여러 해 동안 북한을 다루는 데 있어 가장 대결적인 조처"라고 규정했다.

이명박의 대북 초강경 발언

오바마 대통령의 환대에 고무되었는지, 아니면 작심하고 한 것인지, 이 대통령은 워싱턴에서 북한을 향해 초강경 발언을 쏟아낸다.

> 이 대통령은 정상회담 직후 백악관 로즈가든에서 열린 공동기자 회견에서 "북한은 60년 전 한국을 침범했고, 이후 수많은 위협을 했지만, 강력한 한미 공조에 의해 전쟁을 억제할 수 있었다"면서 "북한은 전쟁에 대한 미련이 있지만 실행에 못 옮길 것"이라고 말했다. 현직 대통령이 북한 문제와 관련해 공식적으로 '전쟁'을 언급한 것은 이례적인 것이다. 불필요하게 북한을 자극하는 '대단히 비외교적인 언사'(김용현 동국대 교수), '북한이 일을 저지르기를 바라는 속셈'(정세현 전 통일부 장관)이라는 지적이 제기됐다 (《경향신문》 6월18일자, 이용욱 기자의 기사에서).

이명박 대통령이 6월 4일 7대 종단 대표들과 가진 간담회에서 "그동안 일관되게 6.15와 10.4선언을 포함해 모든 남북간 협의를 존중해야 하고, 이것의 이행방안을 만나서 협의하자고 이야기해왔다"고 한 말을 기억하는 사람들은 어리둥절해질 수밖에 없을 것이다. 그의 이런 갈팡질팡을 도대체 어떻게 해석해야 할까?

▨ 북한은 어디로 가야 하나

북한문제에 관해서는 남한은 물론 미국, 중국, 일본 그리고 유럽 여러

나라에 셀 수 없이 많은 전문가들이 있다. 이 문제가 세계적으로 그만큼 중요하다는 뜻이다. 핵무기로든 다른 무엇으로든 북한이 뉴스의 초점이 될 때마다 전문가들은 앞을 다투면서 상황을 분석하고 앞날을 전망한다.

그 대표적인 사례가 2008년 9월 남한에서 시작되어 다른 나라들로 널리 퍼진 '김정일 위원장 와병설'이다. 북한정권 수립 60주년 기념일인 9월 9일(9.9절) 노농적위대의 열병식에 그가 참석하지 않은 사실이 확인되자 남쪽의 정보기관 고위직이 그의 '건강 이상설'을 언론에 띄운다. 그 소식은 그야말로 삽시간에 온 세계로 퍼져나간다. 이런 현상을 보고 북한정권 쪽에서는 김 위원장의 군부대 시찰, 대학생 축구경기 관람, 담화 발표 사진을 잇달아 텔레비전에 내보낸다. 그러나 남쪽의 보수언론과 정보기관의 '전문가들'은 '어떤 사진은 옛날에 찍은 것으로서 가짜'라고 주장한다.

그들은 거기서 그치지 않고 김 위원장이 뇌졸중으로 쓰러져서 중국 또는 프랑스의 전문의사한테 수술을 받은 듯하다면서 의사들을 추적한다. 나라 밖의 기자들도 '그 의사들 찾기 경쟁'을 벌인다. 그러나 김 위원장이 2009년 1월 23일 평양을 방문한 중국 공산당 대외연락부장과 대표단을 접견했다는 《조선중앙방송》의 텔레비전 화면이 나오자 '와병설'은 사그러든다.

남쪽의 언론이나 권력이 북한에서 일어나는 일들을 근거가 박약한 소문을 바탕으로 흥미 위주로 전달하거나 자기들의 '희망사항'을 기정사실처럼 만들려고 하면 남북관계에는 악영향밖에 올 것이 없다.

'군사적 강성대국 건설'과 '이밥에 고깃국'

북한은 해마다 1월 1일이 되면 '신년공동사설'을 발표한다. 《로동신문》《조선인민군》《청년전위》 등 북한의 대표적 언론매체들이 공동사설

형식으로 싣는데, 남한의 대통령 신년사와 비슷하다고 볼 수 있다. 북한 정권 수립 이듬해인 1946년 1월부터 김일성 주석이 전국 인민에게 방송하는 형식을 취하던 '신년사'는 그의 사후인 1995년부터는 김정일 위원장이 직접 발표하지 않고 '공동사설'로 나오게 됐다.

'총진군의 나팔소리 높이 울리며 올해를 새로운 혁명적 대고조의 해로 빛내이자'라는 제목의 2009년 신년공동사설은 이 해를 "당의 부름 따라 전 인민적인 총공세로 강성대국 건설의 모든 전선에서 역사적인 비약을 이룩하여야 할 새로운 혁명적 대고조의 해"로 규정했다. 이 대목은 김정일 위원장이 2008년 말 천리마제강을 방문했을 때 '강성대국 건설' 목표인 2012년까지 4년 남았음을 상기시키면서 '새로운 혁명적 대고조'를 강조한 일과 맥을 같이하는 것으로 보인다. 그리고 공동사설에는 '총공격전' '전 인민적 총공세' 같은 격렬한 용어가 나온다.

    …… 공동사설이 나오면 이를 관철하는 대회나 강연 및 학습이 전국적 차원에서 대대적으로 전개된다. 공동사설은 당의 공식적인 지도적 지침을 담고 있기 때문에 주민들에게는 이를 숙지하고 이행하는 노력이 강요된다. 올해의 경우 공동사설 관련 강연회에서 다소 이례적으로 '이밥에 고깃국'이라는 말이 재등장했다고 한다. '이밥에 고깃국'은 지난 1950년대 북한의 '천리마 운동' 시절 북한식 사회주의의 미래로 정의된 바 있다. 이번 강연회에서 "수령(김일성)님께서 그토록 소원하시던 이밥에 고깃국을 먹는 세상이 우리 장군(김정일)님에 의해 실현되고 있다"고 강조했다는 것이다(정영태 통일 연구원 선임연구위원의 시론 '이밥에 고깃국과 미사일', 《서울경제》 2009년 3월 12일자).

필자는 북한이 2012년까지 건설하겠다고 하는 '강성대국'이 어떤 나라를 말하는지에 관해 구체적인 정보를 보지 못했다. 한 가지 분명한 것은 '강성대국'이 자본주의 국가들이 말하는 경제력과 군사력의 총합이나 거기서 한 걸음 더 나아가서 문화적 수준까지를 의미하지는 않는다는 사실이다. 왜냐하면 북한이 4년 안에 연평균 국민소득을 4~5만 달러로 끌어올리거나 미국이나 일본 같은 군사력을 갖게 될 가능성은 없기 때문이다. 그렇다면 북한정권이 말하는 강성대국은 '남한과 외세에 맞설 수 있도록 강한 군사력을 키우고 인민들이 이밥에 고깃국을 먹을 수 있을 정도로 경제를 발전시킨다'는 뜻이 아닐까?

북한이 오래 전부터 식량난에 시달린다는 사실은 세계에 널리 알려진 사실이다. 특히 1990년대 말에 KBS가 방영한 다큐멘터리 '꽃제비'는 굶주린 어린이들이 먹을 것을 찾아 헤매는 비참한 모습을 생생히 보여주었는데, 바로 그 때문에 북한 당국은 한동안 그 방송사를 극도로 적대시했다.

필자는 2006년 11월에 금강산지구에서 열리는 문화행사에 참석하려고 북한 땅을 처음 밟았다. 우리 일행을 태운 버스가 군사분계선을 넘어서자마자 도로 양 옆에 일정한 거리를 두고 서 있는 군인들이 버스 안의 남한 사람들이 군사시설을 촬영하는지 감시하고 있었다. 현대아산의 안내원이 그러지 말라고 신신당부를 해도 카메라 셔터를 누르다가 적발되는 사람이 나오면 군인들이 어김없이 차를 세우고 그를 끌어낸다고 한다. 그 군인들의 얼굴에는 핏기가 거의 없었다.

동해안의 한 호텔에서 하루 밤을 자고 나서 이른 아침에 금강산 구경을 가는데, 도로 연변의 집단부락에서 출근하는 사람들이 보였다. 온정리지역은 남쪽 사람들의 관광 덕분에 다른 데보다 비교적 생활형편이 나으리라고 짐작했는데, 그들의 얼굴은 '이밥에 고깃국'을 자주 먹은 혈색이 아니었다. 그들을 보면서 남쪽에서 보통 수준으로 사는 사람들이 쇠고기를 놓고 '한우냐 호주산이냐'를 따지는 장면이 생각났다.

필자는 어린 시절은 물론이고 대학에 다니던 1960년대까지 굶어본 적이 있어서 굶주림이 얼마나 큰 고통인가를 잘 알고 있다. 특히 예닐곱 살 적이던 한국전쟁 시기 하루에 한 끼밖에 찾아 먹지 못한다는 것은 코흘리개들에게 고문이나 다름없는 일이었다. 쌀밥은커녕 불어터진 보리밥 한 덩어리도 없어서 배가 홀쭉해지면 속이 쓰리다 못해 뒤틀리는 듯하던 것을 지금도 또렷이 기억한다.

'햇볕정책'으로 불리던 대북포용정책을 펼친 김대중 정부 시기에 식량이 모자란 북한에 쌀이나 밀가루, 라면 같은 먹을거리를 많이 보내고, 노무현 정부가 그것을 이어받은 것은 인도주의적 차원에서 당연한 일이었다. 보수 세력 중에서 극단적인 사람들과 언론매체가 '퍼주기'라고 비난했지만, 남북의 평화공존을 위해서 그것은 반드시 해야 할 일이었다.

북한이 목표로 하는 '강성대국'이 자기방어를 하기에 충분한 군사력을 기르고 인민들에게 이밥에 고깃국을 먹일 정도의 경제 발전을 뜻하는 것이라면, 내 개인적 생각으로는 군사력은 제한적으로 유지하고 경제에 치중하는 것이 북한 사람들을 위해서 더 나은 길일 것 같다. 왜냐하면 남한이 무력으로 북한을 침공해서 통일하는 것은 현실적으로 가능하지도 않고, 전쟁이 일어나면 남과 북의 치명적 무기들이 한반도를 '석기시대'로 돌려보낼 수도 있기 때문이다.

북한도 중국과 베트남식 '개혁 개방'을

필자는 북한이 핵이나 미사일을 '전가의 보도'로 삼아 남한과 미국을 상대로 '위기 게임'을 벌이는 것은 한시적인 효과를 거둘 수 있을 뿐, 장기

적으로는 북한 사회의 발전에 큰 도움이 되기 어렵다고 본다. 물론 핵실험
이나 위성 또는 장거리미사일 발사에 성공하면 김정일 위원장 체제를 공
고히 하고 후계자 선정을 용이하게 할 수 있다는 이점이 있을 것이다. 그
리고 북한이 실전에 쓸 수 있는 핵탄두와 그것을 실어 나르는 로켓이나 미
사일을 보유한다는 사실만으로도 엄청난 부담을 안게 되는 한국과 미국
그리고 일본을 '심리적 인질'로 삼아 여러 협상에서 유리한 위치를 차지할
수도 있을 것이다. 그러나 그것은 어디까지나 일시적 효력일 뿐이다.

통계를 보면 2009년 미국의 국방비는 5287억 달러로 세계 1위, 한국은
219억 달러로 11위였다. 그런데 국민총소득GNI이 2007년 기준으로 남한
의 36.4분의 1밖에 되지 않는 북한이 미국과 한국, 게다가 일본에 맞서 군
비 경쟁을 할 수는 없는 일이다. 2009년 4월 5일 발사한 인공위성에 들어
간 돈이 한국 돈으로 따지면 2000~5500억 원이라는 것이 전문가들의 추
산이므로, 그런 천문학적 액수가 북한경제에 얼마나 큰 부담이 될 것인
지는 쉽게 짐작할 수 있는 일이다.

북한이 '위기의 게임' 전략을 벗어나서 국제사회를 향해 개방을 하고
경제 교류를 활발히 하도록 유도할 수 있는 절호의 기회는 미국 정부가
2008년 10월 11일, "조선민주주의인민공화국이 핵 검증 요구를 받아들였
다"면서 "테러지원국 명단에서 삭제한다"고 발표한 직후였다. 그것도 북
한을 '악의 축'이라고 계속 비난하던 부시 2세가 결정한 조치였으니 미국
과 한국을 비롯한 6자회담 참여국들이 강하게 밀어붙였다면 북한이 개방
을 진지하게 고려할 수 있었을 것이다.

그러나 부시는 이미 오래 전에 '레임 덕'이 되어버린 상태에서 임기 말
에 북한을 상대로 '최대의 외교적 업적'을 만들려고 했던 터라 동조세력
을 얻기 어려웠다. 그리고 한국의 이명박 대통령이 북한정권에 대화의 여

지를 주지 않았으므로 그 절호의 기회는 날아가고 말았다.

필자는 충분하지는 않았지만 중국과 베트남에서 '개혁·개방'의 효과를 직접 볼 기회가 여러 번 있었다. 맨 처음은 1993년 9월의 베트남이었다. 그때 한 신문사에서 일하던 필자는 '통일 베트남'을 취재하고, 1965~1975년의 베트남전에 참여한 한국 군인들이나 노무자들과 그 나라 여성들 사이에서 태어난 '라이따이한'(한국 혼혈아 또는 튀기라는 뜻의 낮춤말)의 실태를 알아보려고 어렵사리 그 나라를 찾아갔다.

호치민시(옛 사이공)의 탄손녓 국제공항에서 가까운 시장통 옆의 숙소에서 아침에 눈을 뜬 필자는 마치 기관총을 난사하는 듯한 요란한 소리에 놀라 창문을 열었다. 어두컴컴한 가을날 새벽녘인데 오토바이들이 큰 도로를 메운 것 같았다. 나중에 알게 된 사실이지만 그렇게 이른 시간부터 움직여도 하루에 미화로 1달러를 벌기가 쉽지 않다는 것이었다. 낮에 돌아본 번화가에는 동냥을 하는 어린이들이 넘쳤다. 그 아이들은 한국 돈으로 100원쯤 줄 때까지 끈질기게 나를 따라다녔다.

그런데 가만히 보니 어른들도 입성은 초라하고 얼굴에는 핏기가 없어도 눈에는 생기가 돌았다. 사이공 함락으로 베트남이 통일된 1975년 4월 30일 이래 지속되던 폐쇄적 환경이 1986년 정부가 '도이모이'(쇄신 또는 개혁이라는 뜻) 정책을 채택한 뒤부터 조금씩 숨통을 텄기 때문이었을 것이다. 그 정책은 "시장경제원리를 적극 도입함으로써 경제 분권화를 추진하자"는 것이었다. 베트남은 공산당 독재의 정치적 노선을 포기하지 않고, 당이 경제정책을 주도하면서도 시장경제원리를 바탕으로 민간부문의 공존을 허용하는 경제 개혁을 추진했다.

도이모이 정책을 채택한 1986년 이래 1991년까지 베트남의 GDP 성장률은 연평균 5퍼센트 정도였으나 1992년부터 1997년 외환위기까지는 연평균 8.8퍼센트를 기록했다. 베트남 정부가 적극적으로 외자를 유치하고, 1994년 2월 미국의 경제제재가 해제됨으로써 국제사회의 자금 지원이 본격적으로 이루어져서 그런 결과를 낳았던 것이다. 바로 이것이 북한이 개혁 개방을 할 때 참고해야 할 중요한 교훈이다.

실제로 김정일 위원장은 2007년 10월 16일 베트남의 농 득 마잉 공산당 서기장이 평양을 방문했을 때 정상회담에서 "베트남의 도이모이, 곧 개혁정책과 경제발전 방향을 배우겠다"고 말했다고 한다. 그로부터 며칠 뒤인 10월 하순에 북한의 김영일 총리를 단장으로 하는 대표단이 베트남을 방문해서 '산업현장을 견학하면서 경제발전 학습에 열중하는 장면'이 남한 텔레비전에 방영된 바 있다. 그러나 어쩐 셈인지, 북한이 베트남식 개혁·개방을 추진하려는 계획을 세우고 실행에 들어갔다는 소식은 아직까지도 들리지 않는다.

필자는 호치민시에 머무는 동안 베트남 전쟁 전까지 '동양 최대'였다는 쫄롱 시장을 찾아보았다. 도이모이 8년째이던 1993년 가을 그 시장에는 어느 자본주의 국가 못지않게 활기가 넘치고 있었다. 생활필수품을 비롯한 온갖 상품이 산더미처럼 쌓여 있고, 상인들과 손님들의 흥정은 우리나라 동대문이나 남대문시장과 비슷했다. 그뒤 이런 저런 일로 베트남을 찾아갈 때마다 경제는 눈에 띄게 성장하고 있었다.

그러나 오랜 세월 외세의 식민 지배를 받고, 여러 차례 전쟁에 시달린 베트남이 짧은 기간에 한국, 홍콩, 싱가포르 같은 경제 성장을 이룰 수는 없었다. 1887년부터 1945년까지 프랑스의 식민지였고, 제2차 세계대전 중에는 일제 군대에게 점령당하기도 했으며, 1959년부터 1975년까지 미국이 개입한 전쟁에 휩쓸리고, 1979년에는 또 중국과 전쟁을 치른 그 나라의 상처는 너무 깊었다.

필자가 1999년 여름 한 언론사 대표로서 베트남 국영통신사의 초청을 받아 수도 하노이에 갔을 때 주베트남 한국대사관의 주선으로 응우엔 티 빈Nguyen Thi Binh 여사를 만났다. 1927년 생으로 그때 72세이던 그는 베트남의 부총리였다. 필자는 20대 중반이던 1968년 봄부터 '빈'이라는 이름을 신문에서 무척 많이 보았다. 여성인 그가 파리에서 열린 '베트남 평화회담'에 남베트남민족해방전선(속칭 베트콩) 대표로 참석해서 미국 대표 헨리 키신저를 상대로 끈질긴 설전을 벌인 것은 아주 유명한 일화였다.

집무실에서 만난 빈 부총리는 작은 키에 온화한 얼굴이었다. 내가 놀란 것은 부총리라는 그가 우리나라 여성들이 한국전쟁 뒤에나 입던 '유똥 원피스' 차림이라는 사실이었다. 필자가 한국이 베트남전에 참여한 아픈 역사를 조심스럽게 이야기하자 그는 "우리는 과거를 잊지는 않지만 일단 화해를 하면 앞만 보고 나간다"고 말했다. 그러면서 "한국이 베트남과 다시 수교했으니 많은 도움을 주기 바란다"고 당부했다. 그의 표정은 담담하면서도 어떤 확신에 차 있었다. 필자는 도이모이가 바로 그런 겸손과 자신감 그리고 경제 발전을 위해서는 유연하게 외국의 지원을 받아들이는 자세를 바탕으로 하고 있음을 확인할 수 있었다.

북한의 체제 안정과 권력 세습

북한이 2012년까지 '강성대국 완성'을 하려면 '체제 안정'이 필요하다는 것이 전문가들의 견해다. 미국의 부시 2세 행정부 시기에 북한이 가장 불안해 한 것이 바로 그 점이었다. 그런데 오바마 대통령은 당선자 시절부터 부시와는 달리 북한과 핵문제를 비롯한 현안들을 해결하기 위해 직접 협상하겠다고 공언해왔다. 하지만 오바마 행정부의 외교정책 우선순위에서 북한은 이라크나 아프가니스탄 뒤에 있다. 게다가 2009년 들어 북한정권이 밀어붙여온 미사일이나 위성 발사 계획 때문에 미국이 선뜻 대화를 하자고 제안하기도 어렵고, 동맹국인 한국 정부의 동의를 얻기도 쉽지 않았을 것이다.

북한의 체제 안정은 '김일성 주석-김정일 위원장'으로 이어져온 최고 권력자의 자리에 누가 앉아서 '선대의 유업'을 확고하게 계승하느냐를 의미한다고 보아야 할 것이다. 특히 김 위원장의 건강이 좋지 않은 상태라서 이 문제는 북한정권에서 가장 중대한 현안임이 분명하다.

2009년 새해 초에 일본의 《마이니치신문》이 "김정일 위원장의 3남 정운이 후계자로 내정되었다"고 보도하자 남한은 물론이고 미국, 일본의 언론이 열띤 취재 경쟁을 벌인 끝에 그 신문의 오보라는 쪽으로 결론이 났다.

그런데 그로부터 반년 뒤인 6월에 접어들어, 일본의 《아사히신문》이 "김 위원장이 후계자로 3남인 정운을 지명했음을 북한 노동당 간부가 중국 공산당 간부에게 전한 것으로 밝혀졌다"고 보도했다. 미국의 북한 전문가들은 이것을 기정사실로 받아들이면서 김정운이 권력을 안정적으로 승계할 수 있느냐는 김 위원장의 건강 상태에 달려 있다고 보아야 한다는 견해를 밝혔다고 한다. 남한의 언론은 그가 스위스에서 교육을 받던 시절의 일화를 비롯해서 어머니 고영희에 관한 이야기, 형인 정남과 정철에 얽힌 사연들까지 경쟁적으로 보도했다.

이제 겨우 만 25세인 청년이 세계에서 가장 오래 된 세습정권을 안정적으로 이끌어갈 수 있을지는 미지수지만, 그의 할아버지가 그랬듯이 아버지가 '승계 선행작업'을 치밀하게 진행한다면 북한 사회의 속성으로 미루어 볼 때, '샛별 장군' 또는 '영명한 지도자'의 등장이 가능하다고 볼 수 있을 것이다.

김정운이 권력 세습에 성공한다 하더라도 '강성대국'을 이루기 전에 해결해야 할 일들이 너무나 많다. 가장 시급한 것은 굶주리는 많은 인민들의 고통을 덜어주는 일이다. 그리고 북한 사회는 미국 국무부, 프리덤하우스 같은 민간단체뿐 아니라 남한의 국가인권위원회까지도 발표한 '북한의 인권은 세계에서 지독히 열악하다'는 조사자료를 '근거없는 비방'이라고 일축할 단계를 이미 넘어선 것 같다. 중국도 베트남도 개혁·개방 이전에는 인권 탄압을 감추려고 애썼지만 그 뒤에는 그런 자세를 누그러뜨리면서 실제로 인권을 조금씩이나마 개선할 수 있었다.

필자는 북한이 단기간에 그 사회를 바깥 세계에 완전히 공개하기는 어렵다고 생각한다. 그러나 계속 폐쇄적인 정책을 유지하면 빈곤을 벗어나고 경직된 체제를 개선할 길을 찾기 어려울 것이므로 점진적인 개방을 추구하는 쪽으로 나가야 한다고 본다.

한국의 이명박 정권도 북한체제가 무너지면 흡수통일할 수 있으리라고 기대해서는 안 될 것이다. 1989년에 베를린 장벽이 붕괴된 뒤 동독을 흡수한 서독은 통일비용을 엄청나게 치르고서도 아직 후유증에 시달리고 있다. 그 시기에 동독은 국민소득 1만 달러가 넘는 동유럽 사회주의권 1위의 '부자나라'였는데도 그랬다. 그에 비하면 북한은 세계 하위권의 빈국에 속한다.

남쪽의 정권이 미국과 협력해서 일정한 기간 북한의 '체제 안정'을 보장하면서 개방을 유도한 뒤에 평화공존을 굳히고 통일의 길을 모색하는 것이 지혜로운 방법이 아닐까?

노무현 이후의 한국 – '민주대연합'으로

한 국가의 현재와 미래를 좌우하는 가장 강력한 요소는 권력이다. 특히 헌법으로 대통령중심제를 택하고 있는 나라에서는 국가원수가 국정에 대해 절대적 권한을 갖고 있는 것이나 마찬가지라서 대통령이 국정 운영과 정치를 잘하는 나라는 흥하고 그렇지 못한 나라는 뒷걸음 친다. 특히 한국처럼 '제왕적 대통령제'를 둔 나라가 그렇다.

우리나라는 2009년 후반기인 지금 온갖 분야에서 대립과 갈등을 겪으면서 과거로 뒷걸음질 치고 있다. 역사의 발전이 아니라 퇴행이 일어나고 있는 것이다. 가장 큰 원인은 이명박 대통령의 독선과 오만, 국가 경영능력의 모자람에 있다고 보아야 할 것이다. 그리고 그를 에워싼 집권세력이 나라의 주인인 국민들의 여론을 외면하고 군림하려 드는 행태도 2007년 대통령 선거에서 이명박 후보에게 표를 던진 유권자들이 등을 돌리게 하는 요인이다. 경제는 침체의 늪을 벗어나지 못하고, 교육은 정책의 혼란과 사교육 시장의 '공룡화'로 무정부상태에 빠지다시피 했다. 보수언론은 권력을 바르게 비판하기는커녕 그 중심축이 되어 국민 다수의 여론을 호도하기에 앞장서고 있다.

이런 '어둠의 시대'에 이명박 정권의 일방통행을 고발하고자 청소년들이 촛불을 들었고 어른들은 뜨겁게 호응했다. 2008년 5월부터 8월 초까지 열렸던 집회와 시위가 바로 그것이다. 하지만 공권력의 무자비한 폭력에 밀려 한동안 촛불을 내릴 수밖에 없었다. 그리고 2009년 5월 23일 노무현 전 대통령의 서거는 그 촛불들에서 떨어지던 농보다 더 뜨거운 눈물과 함성을 낳았다. 아무리 어려운 환경에 부닥치더라도 쉽게 포기하지 않고, 그것을 극복하고 다시 솟아오르는 역동성을 보여온 민초들이 다시 일어선 것이다.

"500만이 전직 대통령의 빈소를 찾은 것은 그저 노무현이라는 한 개인을 추도하기 위해서가 아니었을 것이다. 국민들은 그의 죽음에서 우리 사회가 지난 10년간 이룩해온 민주주의의 죽음을 보았던 것이다. 서울대에서 시작된 시국선언은 나라 안팎으로 퍼져나간다. 전국의 교수들, 북미대학 교수들, 각 대학 총학생회, 문화계와 법조계를 거쳐, 이제는 불교, 천주교, 개신교의 3대 종단까지 나섰다. 영화인들의 시국선언도 있었다. 지금 국민들은 표 하나 잘못 던진 것이 얼마나 섬뜩한 현실을 낳는지 학습하는 중이다. 국민은 부글부글 끓고 있다(진중권 중앙대 겸임교수, 'MB도 나라 망치고 싶지 않겠지만…… 그의 머릿속에 각인된 건 삽 한 자루', 《오마이뉴스》 2009년 6월 18일).

이명박 대통령의 머릿속에 깊이 새겨진 것은 '삽 한 자루뿐'이라는 표현은 진중권 특유의 독설이라기보다는 '산업사회를 넘어 산업이후사회

post-industrial sosciety, 곧 정보사회로 진화하고 있는' 한국을 '토목공사 시대'로 되돌리려고 하는 그의 경제의식 수준을 날카롭게 지적하는 말이다. 진중권은 "김대중, 노무현 정권에 대해서는 나 역시 누구 못지않게 비판적이나, 적어도 이 두 정권은 MB처럼 시대착오적이지는 않았던 것으로 기억한다"며 "김대중 정권은 '지식기반사회'를 얘기했고, 노무현 정권은 IT와 인터넷을 좋아했다. 적어도 이 두 정권은 '미래의 경제에서는 상품이 물질이 아니라 정보(지식)의 형태를 취할 것이며, 공작기계보다는 컴퓨터가 생산의 도구로 사용될 것'이라는 인식 정도는 갖고 있었다"고 덧붙였다.

필자는 이명박 대통령의 머릿속에는 '삽 한 자루'뿐 아니라, '부자들을 위한 세상 만들기' '경쟁을 끝없이 강요해서 극소수만 살아남게 하기' '나의 신앙이나 이데올로기가 아닌 것을 부정하기' '남의 부도덕은 철저히 추궁하고 나의 부도덕은 지워버리기' 같은 고정관념이나 허위의식도 들어 있지 않을까 생각한다. 한 국가의 살림을 맡은 지도자는 선거를 통해 자신에게 국정 운영을 위임한 국민 다수를 위해 일해야 한다. 그런데 오늘날 이 대통령이 그렇게 하고 있지 않다는 것은 여러 여론조사에서 여실히 드러나고 있다.

그렇다면 이명박 대통령은 독재자인가? 이 문제를 둘러싸고 2009년 6월 중순 뜨거운 논쟁이 벌어졌다. 6월 11일에 열린 '6.15남북공동선언 기념식' 특별강연에서 김대중 전 대통령이 이명박 정부를 강하게 비판한 것이 그 논쟁을 촉발했다. 그의 강연 요지는 이러했다. "우리나라 도처에서 이명박 정권이 민주주의를 역행하고 있다고 하는데, 노무현 장례 정국의 500만 문상객을 보더라도 국민의 심정이 어떤지 알 수 있다. 민주주의는 나라의 기본이다. 이승만, 박정희, 전두환 세 대통령이 있었지만 국민의

힘으로 정권을 교체했다. 우리 국민은 독재자가 나왔을 때 반드시 이를 극복하고 민주주의를 수호했다. 행동하지 않는 양심은 악의 편이 된다."

이 강연 내용을 두고 한나라당과 보수강경 세력은 '이 대통령이 독재자란 말이냐'면서 격렬하게 반발했다. 김 전 대통령이 꼭 집어서 그렇게 표현하지는 않았지만 그렇게 해석할 소지는 다분했다고 볼 수 있을 것이다. 한국 사회여론연구소가 6월 17일 발표한 여론조사 결과를 보면 김 전 대통령의 주장에 '공감이 간다'가 51.7퍼센트, '공감이 가지 않는다'가 35.5퍼센트였다. '공감' 쪽이 이보다 더 압도적으로 나타난 여론조사 결과들도 있었다.

중요한 것은 이명박 대통령이 독재자인가 아닌가 하는 표현이 아니라 그가 국정 운영을 독선적으로 하면서 그를 정점으로 하는 권력집단을 상명하복 식으로 이끌어가고 있는가 아닌가이다. 여론조사기관이 이런 방식으로 질문을 한다면 어떤 결과가 나올 것인지는 자명하다고 본다.

2007년 제17대 대통령 선거에서 한나라당 이명박 후보와 보수진영, 그 중에서도 특히 조중동이 가장 강조한 것은 '잃어버린 10년'을 되찾자는 것이었다. 김대중의 국민의정부와 노무현의 참여정부가 나라를 송두리째 망쳐놓았다는 뜻이다. 그들은 두 정부가 경제를 나락에 떨어뜨리고 '햇볕정책'이나 '포용정책'이라는 이름으로 북한에 '퍼주기'를 일삼는 '좌파적 편향'을 보였다는 점을 유난히 강조했다. 그리고 참여정부 시기를 '무능'의 대명사라고 단정하면서 '무능보다는 부패가 낫다'고 주장하는 사람들도 있었다. 이명박 후보를 찍어야 '유능한 경제대통령'이 나온다는 직설적 표현이었다. 많은 유권자들이 '경제 살리기' 공약에 솔깃해서 지지표를 던진 것이 이명박 후보 압승의 결정적 요인이 되었다는 것은 여론조사기관들의 조사 결과를 보면 잘 알 수 있다.

그들이 '잃어버린 10년'이라고 주장하는 기간의 절반을 차지하는 참여
정부에 대한 평가는 단행본으로 나온 것도 있고 언론의 칼럼이나 논설로
쓰인 것도 많다. 부정적 평가를 대표하는 책으로는 《노무현 시대의 좌절》
(한반도사회경제연구회 엮음, 창비, 2008년 12월)을, 긍정적 평가로는 《노무현
과 함께 만든 대한민국》(제16대 대통령비서실 짓고 엮음, 지식공작소, 2009년
5월)을 꼽을 수 있을 것이다.

《노무현 시대의 좌절》은 '진보의 재구성을 위한 비판적 진단'이라는
부제를 달고 있는데, 대학교수 9명과 연구기관에 근무하는 전문가 4명이
각자의 전공분야에 관해 쓴 글들을 모은 것이다. 제1장 '노무현 정부 평
가-예견된 실패?'의 필자들(조형제·김양희)이 아래와 같이 주장한 것은 이
책의 전반적 흐름을 대변하고 있다.

"노무현 정부를 어떻게 평가할 것인가? (그) 정부가 이룩한 긍정
적 성과가 전혀 없었다고 보기는 어렵다. (그) 정부는 권위주의
타파, 정경유착 근절 등에서 획기적이었다고 볼 수 있다. 정책수
립 및 집행과정을 시스템화하여 투명하게 만들었다는 점을 높게
평가하는 견해도 있다. 또한 경제정책에서 인위적인 경기부양을
자제하고 안정적 경제운영을 구현했다는 긍정적인 평가도 있다.
그럼에도 불구하고 전반적으로 볼 때 노무현 정부가 실패했다는
데 이견을 제시할 사람은 거의 없는 것처럼 보인다. (그) 실패는
그 자체에 국한된 것이 아니라 진보개혁진영 전체의 실패로서 받
아들일 필요가 있다. (그) 진영의 많은 인사들이 (그) 정부에 직·
간접적으로 관여했기 때문에 우리 누구도 노무현 정부의 실패에
서 자유로울 수 없는 것이 현실이다(11~12쪽)."

제2장부터 12장까지 제목들만 보아도 '노무현 정부 실패론'의 논리와 근거가 일목요연하게 드러난다. 제2장 잘못된 정치전략과 지지기반의 와해, 제3장 동북아정책, 정세의 과소평가와 역량의 과대평가, 제4장 모순 덩어리, '통일·외교·안보정책', 제5장 성장전략의 부재와 미숙한 분배전략, 제6장 적극적 복지정책, 그러나 실패한 지지동원, 제7장 노동정책, 사회통합을 위한 노동개혁의 실종, 제8장 비정규직정책, 안일한 인식과 무력한 대응, 제9장 주택정책, 집값 안정은 시시포스 신화인가, 제10장 지역정책, 창대한 시작과 초라한 결실, 제11장 과학기술정책, 성장론에 포획된 국가혁신체제, 제12장 교육정책, 민주적 공공성 확보의 실패, 제13장 노무현 시대를 넘어: '새로운 진보'의 제도 구상

내가 여기서 《노무현 시대의 좌절》이라는 책을 거론하는 것은 그 실증적 분석과 결론 그리고 대안 모색의 옳고 그름을 따지기 위해서가 아니다. 책의 제목을 《이명박 시대의 좌절》로 바꾸고 제1장부터 13장까지 똑같은 주제들로 글을 쓴다면 어떤 내용이 될지를 생각해보자는 것이다.

《노무현과 함께 만든 대한민국》은 초판 1쇄를 펴낸 날이 2009년 5월 29일로 되어 있다. 노무현 전 대통령 영결식과 노제가 거행된 바로 그날이다.

이 책의 첫 머리에는 2007년 6월 2일, 그러니까 17대 대통령 선거를 여섯 달 남짓 앞두고 한나라당과 조중동의 노무현 공격이 절정으로 치닫고 있던 때, 그가 '참여정치포럼'에서 한 특별강연의 전문이 '저는 그냥 제가 할 도리를 그저 다한 것입니다'라는 제목으로 무려 60쪽에 걸쳐 실려 있다.

"…… 끊임없이 참여정부를 흔들고 깎아내리는 사람이, 언론이 있습니다. 여론이 또 그런 언론을 따라갑니다. 참여정부에 참여했던 사람들 중에도 여기에 동조하는 사람들이 있습니다. ……

정말 참여정부가 실패했는가, 과연 무능한 정부인가 정말 한 번 따져보고 싶습니다. 설사 실패라는 평가가 나오더라도 남은 기간 동안 참여정부의 성공을 위해 최선을 다할 생각입니다."

"경제 얘기 하겠습니다. 제일 시비가 많은 분야이지요. 지난 4년 내내 위기, 파탄, 실패란 말로 흔들었습니다. 오늘 여러분들이 《있는 그대로 대한민국》이라는 책자를 보셨을 것입니다. 보니까, 올라갈 것은 다 올라가고 내려가야 할 것은 다 내려가고 있었습니다."

"참여정부는 진보를 지향하는 정부입니다. 참여정부는 역시 평화를 지향하는 정부입니다. 국민의정부하고 똑같습니다. 좀 다른 게 있어야 하는데…… 통합주의를 하나 합시다. 지금도 사인해 달라고 하면 '사람 사는 세상'이라는 문구를 씁니다. 계속 애용하고 있습니다. 사람 사는 세상에 참여정부의 핵심 사상이 담겨 있다고 생각합니다. 사람이 사람으로 대접받는 사회, 이것은 자유와 평등, 인권과 민주주의를 포함하는 개념이라고 생각합니다."

위의 '무능한 참여정부론' '경제 파탄과 실패'라는 말이 참여정부의 본질과 실적에 걸맞지 않는다고 보는 국민들이 이명박 정부 1년 반이 되는 지금 그 말들을 대입하면 어떤 답을 얻을까? 그리고 이명박 정권이 '사람이 사람으로 대접받는 사회'를 만들려고 노력하고 있다고 믿을까?

진보주의자들은 역사는 발전한다고 믿는다. 그런데 이명박 정부가 들어선 이래 역사가 퇴보하고 있음이 분명하다고 본다면 그 역사의 수레바

퀴를 다시 앞으로 되돌리기 위해서 우리는 무엇을 해야 하는가? 필자는 한 마디로 '민주대연합'에 그 답이 있다고 생각한다. 노무현의 죽음은 역사의 역행에 대한 국민의 각성을 일으켰다. 그 열기는 1987년 6월항쟁 시기의 민주화 열망에 못지않은 것이다.

6월항쟁 직전부터 전두환의 장기집권 음모에 맞서는 투쟁을 주도한 조직은 민주헌법쟁취국민운동본부(약칭 국본)였다. 국본은 1987년 5월 27일, 민주통일민중운동연합(약칭 민통련)과 당시 야당인 통일민주당이 주축이 되어 여러 사회운동 세력과 종교계, 학생운동 조직들과 연대해서 결성한 단체였다. 국본은 그해 6월 10일, 성공회 서울주교좌대성당에서 열린 '박종철군 고문치사 조작, 은폐 규탄 및 호헌철폐 국민대회'를 계기로 대대적인 민주화 시위를 일으켰고, 최루탄에 맞아 숨진 연세대생 이한열 군의 장례식을 주관하면서 '군사독재 퇴진 운동'이 절정으로 치닫게 했다. 결국 전두환은 노태우를 후계자로 만들었고, 노태우는 '6.29선언'을 통해 대통령 직선제를 수용한다고 발표하기에 이르렀다.

심각한 문제는 그때부터 생기기 시작했다. 직선제만 되면 민주 세력의 승리가 확실하다고 본 김영삼, 김대중 진영은 국본에서 자신의 대리인들을 통해 단일후보가 되려는 경쟁을 치열하게 벌였다. 결과는 잘 알려져 있다시피 '후보단일화' 실패였고, 국본은 그때부터 전국적 운동의 구심점에서 탈락할 수밖에 없었다.

필자는 2009년의 민주대연합은 국본의 성공과 실패 과정을 냉철하게 다시 점검한 뒤에 결성되어야 한다고 믿는다. 여기에 참여할 정당과 사회단체들은 무엇보다도 민주주의를 살리는 것이 가장 중요한 과업이라는 데 동의해야 할 것이다. 진보냐, 중도좌파냐, 중도우파냐를 따지거나 주도권을 어느 정당이나 개인이 잡느냐에 집착한다면 1987년 국본의 성공을 재현하기는커녕 실패만 되풀이할 가능성이 클 것이기 때문이다. 민주당도 민노당도 진보신당도 동등한 자격으로 참여하고, 민주주의 살리기에 동의하는 사회단체들과 학생운동 세력이 결합해서 '겸허하고 헌신적인' 지도부를 구성한다면 좋은 열매를 맺을 수 있으리라고 믿는다. 2009년 7월 22일의 '의회 쿠데타' 이후 '민주대연합'의 역사적 필요성은 더욱 커졌다.

2009년 4월 경기도 교육감 보궐선거와 국회의원 및 지방자치제 단체장, 의원 재보선 결과에서 나타났듯이 한나라당은 패배를 거듭하고 있다. 노무현 전 대통령의 서거 이후, 바닥을 헤매던 민주당 지지율은 짧은 기간이나마 한나라당을 앞질렀다. 2009년 10월의 재보선과 2010년의 지자제 선거까지 이런 추세가 계속된다면 2012년의 대통령 선거를 통해 '민주정부'를 다시 세우는 일이 가능해질 것이다.

'노무현 고백에세이' 《여보, 나좀 도와줘》(2005년 5월, 새터)의 마지막 대목에 나오는 글을 여기 옮기면서 이 책을 마무리하겠다.

> 87년의 6월항쟁은 운동의 최절정기였다. 국민들의 폭발적인 지지 속에 우리는 신명이 나서 뛰어다녔다. 운동권 내부의 갈등은 모두 정리되고 모두들 하나같이 똘똘 뭉쳤다. 이 땅에서 독재를 몰아내고 '새 세상'을 만들고자 최루탄 사이를 헤집고 다녔다.
>
> ……
>
> 그때 나도 그 대열 속에 휩쓸려 함께 행진을 하고 있었다. 몇몇의 학생들이 '어머니'라는 노래를 부르기 시작했다. 그러자 그 노래는 마치 들불처럼 앞뒤로 번져 나갔다.

사람 사는 세상이 돌아와

너와 나의 어깨동무 자유로울 때

우리의 다리 저절로 덩실

해방의 거리로 달려 가누나

아아 우리의 승리

죽어 간 동지의 뜨거운 눈물

아아 이글거리는 눈빛으로

두려움 없이 싸워 나가리

어머님 해맑은 웃음의 그날 위해

나는 노래를 부르며 힘차게 걸어가는 청년들의 모습을 바라보며
그만 나도 모르게 눈물을 쏟아버렸다.
아, 사랑하는 친구들, 정의를 위해 자기를 던져 싸워 온 동지들,
꿈과 희망을 포기하지 않는 젊은이들…….